主编

任翔

中华优秀传统文化

六百篇·启蒙本

北京师范大学出版集团
BEIJING NORMAL UNIVERSITY PUBLISHING GROUP
北京师范大学出版社

中华优秀传统文化六百篇·启蒙本

主编　任翔　　副主编　李云龙

编委　李英杰　孙凤霞　侯静雯　郭婉玉

⊙本书为教育部哲学社会科学研究重大委托项目"中国阅读文化建设的战略与策略研究"（17JZDW03）、国家语委"十三五"科研规划重点项目"中华优秀传统文化教育的目标、内容及实施策略研究"（ZD1135-83）及北京市教育科学"十四五"规划优先关注项目"中华优秀传统文化融入课程体系研究"（CIEA22018）的研究成果。

前　言

　　中华优秀传统文化是中华民族语言习惯、文化传统、思想观念、情感认同的集中体现，凝聚着中华民族普遍认同和广泛接受的道德规范、思想品格和价值取向，具有极为丰富的思想内涵。加强中华优秀传统文化学习，是构建中华优秀传统文化传承体系，推动文化传承创新的重要途径。基于课题研究和充分调研，我们整体编写了"中华优秀传统文化六百篇"。本书旨在帮助国民特别是青少年通过有序、有效学习中华优秀传统文化，感知和领会优秀传统文化的思想内容美与语言形式美，提高传统文化的阅读能力、鉴赏能力和践行能力。为切实推动全民阅读文化经典、提升思想道德素养、实现新时代美好生活奠定基础。

　　本书编写原则有三：一是坚持学习者视角。依据学习者的认知特点和身心发展规律、语言文字演化和形成规律、传统文化创造性继承转化和创新性发展规律，由浅入深、由易到难、循序渐进地编排学习内容，充分尊重读者的不同阅读习惯和接受水平。二是坚持经典性原则。系统梳理了百余年语文教材传统文化选篇及历史和思政教材的传统文化内容，分析了近年中高考试题的传统文化内容，调查了我国台湾地区和日本的传统文化课程设置及教学状况，吸收了历史上影响深远的《昭明文选》《乐府诗集》《古文观止》《古文辞类纂》《经史百家杂钞》和《唐诗三百首》等，以及近年出版的多种传统文化读物的优长。基于历史考察、现实需求和统计分析，选取了流传久远、影响深广和新时代中国人特别是青少年必读可读的 603 篇（首/章）作品。三是坚持学以致用精神。引导学习者随时随地反复研读领悟，内化于心、外化于行，融于生活，融于工作，融于语言文字表达和做人做事，涵养文化气质，正所谓"腹有诗书气自华"，从而成为一个真正的文化人、文明人。

本书重点围绕中华优秀传统文化的思想理念、传统美德和人文精神三大内容展开，突出天人合一、自强不息、厚德载物、贵和尚中、家国情怀等主题。从经、史、子、集里选择文质兼美之作，注重选篇的思想性、审美性和可读性的统一，深入挖掘和阐发其中讲仁爱、重民本、守诚信、崇正义、尚和合、求大同的时代价值，以期全面而准确地帮助读者领悟中华文化的精髓和真谛。选篇上起先秦，下迄民国，涵括诗歌、辞赋、故事、语录、杂记、尺牍、碑铭、序跋、诏奏、论辩、杂说、哀祭以及小说、戏曲等主要体裁，多角度、多维度呈现中华优秀传统文化的思想道德之美和语言文字之美，以护文明之火种，传永续之文脉。

本书是我国历代优秀诗文的荟萃，是新时代中国人学习优秀传统文化的必读篇目。本书力求体现整体系统、分层分级、可学可用，科学呈现传统文化学习梯度，按照读者的接受能力，依次分为启蒙级、初级、中级和高级四个层级，相当于小学、初中、高中和大学分别应达到的阅读水平，对应这四个层级，整体编写启蒙本、初级本、中级本和高级本，形成中华优秀传统文化经典阅读体系。在总体设计上，以优秀传统文化学习为根本，以民族精神的薪火相传和爱国主义的牢固树立为核心，启发引领国民特别是青少年对传统文化由知识层面学习向能力提高、智慧增长和修为养成逐步提升。通过本书的学习，国民特别是青少年可以了解经典篇目、熟知经典篇目、读懂经典篇目，具备基本的传统文化阅读能力、鉴赏能力和践行能力。

本书选篇大体依据经、史、子、集的编排方式，择取经、史、子、集中的精粹，由浅入深分类编排。经、史、子的选篇自成序列，集部选篇涵括文章和文学两大类，这些选篇，分则自成序列，合则互为一体。以期使读者通过系统学习，形成良好的道德品质和行为习惯。

"经史子"编排。经、史、子的编排参考《三字经》记载的历代文人阅读经验，即由"孝经"（含《小学》）到"四书"再到"诸经""诸子"最后到"诸史"的学习序列。使读者从中感知蕴含在选篇中的道德规范、思想品格和价值取向，能正确处理个人与他人、个人与社会、个人与自然的关系，学会心存善念、理解他人、关心社会、尊重自然，形成乐于奉献的良好风尚，做一个高素养、讲文明、有爱心的中国人。

"集部"编排。一是文章编排。文章学习循序渐进，启蒙级主要学习蒙学经典，重点学习声律与属对，培养学习传统文化的兴趣和语感；初级主要学习杂记类文章，重点学习传统杂记类文章的文体结构、记叙方式及叙事、描写和抒情的技巧；中级主要学习传统实用类文章，重点学习实用类文章的文体结构、说明方式及说明、抒情和议论的技巧；高级主要学习传统论说类文章，重点学习论说类文章的文体结构、议论方式及议论、辩驳和解说的技巧。二是文学编排。文学学习整体系统，启蒙级主要学习浅易古诗词、神话故事、寓言故事和成语故事，初步了解传统节日、廿四节气及各类故事的基本知识和内容，体会汉语的音韵美和节律美；初级主要学习《诗经》、绝句律诗和笔记故事、历史故事、人物传记、山水游记及台阁名胜记，了解《诗经》、绝句律诗和杂记文的基本知识和内容，体会诗文的音律美和情感美；中级主要学习乐府（含古诗）、词曲和尺牍文、家书（含家训）、碑铭文、序跋文及古典小说，基本掌握乐府、词曲和实用文及古典小说的知识和内容，理解诗文的情感美和意境美；高级主要学习辞赋、古体诗和诏奏文、论辩文、杂说文、哀祭文、史传文及古典戏曲，掌握辞赋、古体诗和论说文及古典戏曲的知识和内容，把握诗文的意境美和哲理美。此外，各单元篇目除专门设计外，概以作者时代或成书先后为序。凡同一时代作者，按生卒年先后为序。如作者生卒年不详，则在题解里予以说明。另外，选篇以原篇目为题，如《报任安书》；若出自某书而原书未设置篇目，即以某书为题并注明选录情况，如《论语》二十九章。所选篇目全部出自权威版本。

本书以单元形式呈现，每本书设 9 个单元，共计 36 个单元，单元设置以文体为纲，以能力和素养为要，逐级螺旋上升。各单元均设计 3 个板块，分别为"导与引""文与解"和"思与行"，这 3 个板块前后关联，形成一体。

导与引。以简约的文字概述本单元的文体知识、选篇情况、学习方法及通过本单元学习应达到的能力和素养的目标。文体知识，简要阐述单元文体的发展历程及变化特点；选篇情况，明示本单元选篇的类型、数量及特色，便于学习者了解；学习方法，根据本单元选篇体裁，提出适合本单元的学习方法，便于操作。希望通过本单元学习，实现预期的能力目标和素养目标。

文与解。包括题解、选篇、注释和解读。题解，除启蒙本外，初级本、中级本和高级本均设有题解，简介作者生平、写作背景及篇题含义，力求要言不烦，言之有据，如在同一本书里出现多篇选文的同一作者，其生平简介安排在首次出现的题解里；选篇，精选历代流传的经典篇目，其中不少篇目曾入选百年中小学语文教材，已成为融入一代又一代中国人血脉里的文化基因；注释，解释字词句，标注疑难字及古今不同的读音，解释常用的文法、重要的句式和句子大意，包括历史典故、地理沿革、职官制度、各种称谓、文学流派和现象、重要人物和事件等，力求简明准确；解读，在精心研读选篇、历史文献及历代名家解读基础上，根据本书编写要求，深入浅出地阐释选篇的主要内容、文体结构和写作特色，深入发掘选篇的思想内涵及时代价值，便于读者更好地理解与接受。

思与行。为巩固提升单元学习效果，更好地体现知行合一理念，有效落实中华优秀传统文化传承目标，达到学以致用、学以成人的目的，本书在各单元后辟"思与行"栏目。具体涵括三个方面：一是记诵与积累。记诵与积累是中国传统教育的重要读书方法，整理本单元的名言佳句、成语、典故、对联等，以启发引导学习者的兴趣，日积月累，集腋成裘，为其读书作文奠基。二是熟读与精思。传统教育非常讲究读书与思考，熟读以精思为基础，精思以熟读为凭依，两者相互为用，互为表里。在熟读本单元选篇的基础上，围绕本单元内容设计问题，引发读者深入思考，准确领悟中华文化的要旨。三是学习与践行。学习是基础和前提，践行是学习的重点和关键，要以学促行，以行达信，实现学、行、信三者有机融合，力图体现课题研究中凝练、总结而成的"学行信教育模式"。从本单元里择取与优秀传统文化传承目标相契合的内容，特别是蕴含在选篇里的美德教育、劳动教育、审美教育、家庭教育等主题，以此设计问题，使学习者在日用而不觉中践行，养成自觉遵守学校守则、履行家庭义务、践行社会公德的习惯，从而树立坚定的理想信念，信守中国方式、信奉中国智慧、信仰中国精神。

为提高本书的审美品质，特精选中国绘画、书法等不同门类的 162 幅艺术作品作为插图，其中启蒙本 52 幅，初级本 40 幅，中级本 34 幅，高级本 36 幅。所选插图涵盖了不同题材，既有表现社会生活的人物画，又有表达思想观念的山水画，还有托物寄情的花鸟画，皆为中国绘画史上的杰作，代表了中国绘画艺术的高峰。而所选书法作品涵盖了楷书、行书、草书等不同形式，均有极高的思想内涵和艺术价值，表现了中国书法艺术的审美追求。这些作品原作多数收藏于海内外著名的博物馆、美术馆，是不可多得的艺术珍品。本书用此作插图，与所选名篇佳作相互映衬，既能调动读者的阅读激情，又能帮助读者通过插图更全面深入地理解诗文背后蕴含的深邃意旨，激活其生命力、影响力和感召力，开辟守正创新的新境界。

　　本书不但内容整体编排，封面也整体设计。四本书象征一年四季和人生四个阶段。四季颜色分别对应四本书。启蒙本用象征春季万物萌生的草绿色，初级本用象征夏季热烈奔放的朱红色，中级本用象征秋季沉稳大气的金黄色，高级本用象征冬天辽阔浑厚的月白色。春兰、夏竹、秋菊、冬梅是中国四季植物的代表，也是中国人普遍认同的文化人格的象征，表现了中国人对时间秩序和生命意义的深切感悟。春夏秋冬与梅兰竹菊交相辉映，四本书，四个季节，伴随人生四个阶段，让中华优秀传统文化学习演绎为人生的一篇和美乐章。

任　翔

2023 年元旦于北京师范大学

目　录

第一单元　古诗初阶

思与行 ……………………………………………… 44

第二单元　歌唱之诗

第三单元　传统节日诗词

第四单元　廿四节气诗词

第五单元　神话故事

第六单元　寓言故事

第七单元　成语故事

第八单元　声律启蒙

第九单元 《孝经》和《小学》

第一单元　古诗初阶

导与引

　　孔子曰："不学诗，无以言。"读古诗，是体会和理解文学的第一步，也是增强文学修养的基本方法。现在让我们从阅读纯真质朴的古诗开始，轻叩浩如烟海、灿若星辰的古诗大门，去感受丰厚博大的诗歌文化。中国有悠久的诗歌传统，在多姿多彩的古诗世界里，有一类古诗，与自然融为一体，和童心自然相通，充满浓厚丰富的生活气息。这些诗作语言精练，视角独特，想象丰富，意境优美，它们都无一例外地表达了诗人真挚饱满、细腻丰富、温润淳厚的情感。

　　明代学者李贽说过，"天下之至文，未有不出于童心焉者也"。本单元从童趣、山水、田园、耕读、咏物五个方面，精选了蕴含诗人浪漫天性的诗词34首，这些诗歌贴近儿童生活，反映儿童心理，展示儿童视野，立体呈现了古代儿童生动活泼的生活场景、天真可爱的精神风貌、纯洁友善的心灵世界。

　　学习这些古诗，要反复诵读，感受诗歌的语言美、音韵美和情感美，并结合"思与行"，积累古诗里的优美诗句，欣赏诗歌插图，体会诗歌的内容与意旨，领悟读书与做人的道理，培养自己的阅读能力和审美情趣。

1

古朗月行①（节选）

李 白

小时不识月，呼作白玉盘。②
又疑瑶台镜，飞在青云端。③

【注释】

①［朗月行（xíng）］乐府古题，属《杂曲歌辞》。 ②［呼作］称
为。"呼"传达出儿童的天真烂漫之态。［白玉盘］白玉做成的、晶莹
剔（tī）透的盘子。 ③［疑（yí）］怀疑。［瑶（yáo）台］传说中西
王母居住的宫殿。［青云端］青云的顶端。

【解读】

《古朗月行》是唐代大诗人李白的诗作。诗人通过瑰丽的
想象和强烈的抒情，以儿童独特的视角，抒写了对月亮天真的
认识，并以"白玉盘""瑶台镜"比喻月亮，生动形象地表现了
月亮的形状、色彩和月光的皎洁可爱，读来令人感到新颖别
致。特别是"呼""疑"这两个字，写出了小孩子的生动的情
志，更显儿童的天真烂漫，看似信手拈来，却是情采并茂。

［宋］马远《对月图》

小儿垂钓

胡令能

蓬头稚子学垂纶，侧坐莓苔草映身。①
路人借问遥招手，怕得鱼惊不应人。②

【注释】

①〔蓬（péng）头〕头发散乱。〔稚（zhì）子〕小孩。〔垂纶（lún）〕垂钓。"纶"指钓鱼用的线。〔莓（méi）苔（tái）〕青苔。〔映〕遮蔽（bì），掩藏。 ②〔借问〕向人打听。〔鱼惊〕鱼儿受到惊吓。〔应（yìng）〕回应，答应，理睬。

【解读】

《小儿垂钓》是唐代诗人胡令能的儿童诗。这首诗写了垂钓和问路两方面，前两句重在写形——垂钓，着重写了小儿的体态，他"蓬头""侧坐"，"莓苔""草"也不是单纯的写景，展现的是小儿藏在草丛中的样子；后两句重在传神——问路，着重写了小儿的神情，第三句生动地描绘了儿童"遥招手"的动作，第四句则解释了"遥招手"的原因是"怕得鱼惊"。全诗从形、神两方面将垂钓小儿的形象刻画得栩栩如生，寥寥数语便呈现出一幅童趣盎然的画面，生动地再现了儿童天真的心理，是一首情景交融、形神兼备的儿童诗佳作。

池上二绝（其二）

白居易

小娃撑小艇，偷采白莲回。^①
不解藏踪迹，浮萍一道开。^②

【注释】

　　① ［小娃］未成年的小孩儿。［撑（chēng）小艇（tǐng）］撑着小船。"小艇"指小船。［采］采摘。［白莲］白色的莲花。　② ［藏（cáng）］隐藏。［踪（zōng）迹］行动所留的痕迹。［浮萍（píng）］水生植物，浮在水面，叶下面有须根。

【解读】

　　《池上》是唐代大诗人白居易的儿童诗。诗人叙写了一个天真活泼的小娃，在莲花盛开的夏日，撑着一条小船，到池中偷摘白莲花，可回来时早已忘记自己是在"偷采"，"不解"自己要悄悄隐藏踪迹以免被人发现，相反却大摇大摆地划着小船往回赶，小船把水面上的浮萍荡开一条水路，留下了一道清晰的波痕。这首小诗将稚气的小娃塑造得可爱、可亲、可信，诚如刘永济在《唐人绝句精华》里所言，"此二十字写小娃天真如在眼前，有画笔所不到者"。

宿新市徐公店①二首（其一）

杨万里

篱落疏疏一径深，树头新绿未成阴。②
儿童急走追黄蝶，飞入菜花无处寻。③

【注释】

①〔宿（sù）〕住宿。〔新市〕地名，一说在湖北京山市东北，一说在浙江德清。〔徐（xú）公店〕一个姓徐的人家开的客店。"公"是古代对男子的尊称。 ②〔篱（lí）落〕篱笆。〔疏（shū）疏〕稀疏。〔径（jìng）〕小路。〔树头〕树干以上的部分。〔阴〕光线为茂盛树叶遮挡而形成的树荫。 ③〔急走〕奔跑。"走"意为跑。

【解读】

《宿新市徐公店》是宋代诗人杨万里的儿童诗。诗人选取了篱落、儿童、黄蝶、菜花等意象，勾勒了春日的乡村田园风光。诗的前两句着重描写了春天乡村的恬静之美，稀疏的篱笆与幽深的小路相互映照，树上的繁花已渐趋枯落，叶子正在生长但尚不茂密。后两句细腻地描写了儿童捕捉蝴蝶的场景，"急走"与"追"字，让人仿佛看到了可爱的孩童们在菜花地里欢呼雀跃追扑蝴蝶的生动画面。

牧 童①

吕 岩

草铺横野六七里，笛弄晚风三四声。②
归来饱饭黄昏后，不脱蓑衣卧月明。③

【注释】

①［牧童］指放牛放羊的孩子。 ②［铺（pū）］铺开。［横（héng）野］辽阔的原野。［弄］逗弄、玩弄。 ③［蓑（suō）衣］用草或棕（zōng）毛编织而成的、披在身上的防雨用具。［卧（wò）月明］躺着观看明亮的月亮。

【解读】

《牧童》是唐代诗人吕（lǚ）岩创作的儿童诗。诗写了视觉、听觉、味觉、触觉多方面，将青草、田野、笛声、牧童、蓑衣、明月，还有轻拂的晚风统摄其中，勾画了一幅栩栩如生的牧童晚归休憩（qì）图。诗中有景、有情，情景交融，道出了乡村田园生活的恬淡宁静，刻画了牧童随意洒脱的生活状态。这首诗虽说写的是牧童生活的悠然与闲逸，实际上也反映了诗人对安然自乐的田园生活的向往。

村　晚

雷　震

草满池塘水满陂，山衔落日浸寒漪。①
牧童归去横牛背，短笛无腔信口吹。②

【注释】

①〔陂（bēi）〕池塘的岸、水岸。〔衔（xián）〕口里含着。本诗指落日西沉，半挂在山腰，像被山咬住了。〔浸（jìn）〕泡在水中。〔寒漪（yī）〕清凉的水波。　②〔横牛背〕横坐在牛背上。〔腔（qiāng）〕曲调。〔信口〕随口。

【解读】

《村晚》是宋代诗人雷震（zhèn）晚年游览农家时创作的儿童诗。诗首句用两个"满"字写池塘青草茂盛，水已涨到池塘岸边。次句用"衔"和"浸"两个字，形象地再现了落日挂在山头倒映水面的瑰丽景象。在池塘、落日、倒影的映衬下，小牧童"横"骑牛背出现在读者眼前，他手里拿着支短笛，"信口"吹着，悠然地走在回家的小道上。诗人将小牧童快乐活泼的天性生动地呈现给读者。青草、池塘、水波、落日、牧童、老牛和"无腔"的笛声，构成了一幅充满诗情画意的牧童晚归图。

［宋］李唐《牧牛图》

所　见

袁　枚

牧童骑黄牛，歌声振林樾。①
意欲捕鸣蝉，忽然闭口立。②

【注释】

①［牧（mù）童］放牧牛羊的小孩，这里指放牛的孩子。［振（zhèn）］振荡、回荡。说明牧童的歌声嘹亮。［林樾（yuè）］指道旁成荫的树。"樾"，树荫，成荫的树木。　②［意欲（yù）］想要。［捕（bǔ）］捉。［立］站立。

【解读】

《所见》是清代诗人袁枚创作的儿童诗。这首诗描写了诗人偶遇骑在黄牛背上大声唱歌的小牧童，以及牧童听到蝉鸣时瞬间变化的场面。诗的首句用一个"骑"字写出了牧童的姿态，次句用一个"振"字点出他的心情，随之刻画了小牧童天真可爱的形象。后两句先写小牧童发现了树上的鸣蝉，想要去捕捉，然后用"忽然"一词使节奏突转，"闭"和"立"两个动词，把小牧童发现鸣蝉时的惊喜心情淋漓尽致地体现了出来。全诗紧紧抓住小牧童刹那间的表现，生动地塑造了小牧童敏捷、机灵的形象。

山中杂诗

吴　均

山际见来烟，竹中窥落日。①
鸟向檐上飞，云从窗里出。②

【注释】

①［山际］山边、山与天相接的地方。［烟］指山里面的雾气。［竹中］竹林中。［窥（kuī）］从缝隙（xì）中看。②［檐（yán）］房檐。［云从窗里出］指房屋建在云雾缭（liáo）绕的高山之中，云彩好像从窗户里飘出来一样。

【解读】

《山中杂诗》为南北朝文学家吴均所作。全诗素笔淡墨，动静结合，一句一画面，描绘了宁静悠然的山居生活。诗的前两句用"见""来"二字写阵阵雾气从山与山的交接处飘来，用"窥""落"二字写诗人看见落日的余晖（huī）缓缓透过竹子间的空隙；后两句写鸟儿向房檐上快乐地飞去，白云从窗户里轻轻地飘出。这四个诗句连成了生动的画面，如同电影镜头闪过，完整地呈现了山中生活的清幽和闲适，同时也表达了诗人对大自然的热爱之情。

鹿 柴①

王 维

空山不见人，但闻人语响。②
返景入深林，复照青苔上。③

【注释】

①［鹿柴（zhài）］诗人王维在辋（wǎng）川别业（在今陕西省蓝田县西南）的胜景之一。"柴"同"寨""砦（zhài）"，用树木围成的栅（zhà）栏。 ②［但］只。 ③［返景（yǐng）］同"返影"，指太阳将落时被云彩反射的阳光。［复］又。

【解读】

《鹿柴》是唐代著名诗人王维的诗作。诗人描绘了傍晚时分鹿柴空山深林的幽静景色。"空山不见人，但闻人语响"，走进深山密林，不见人影，却能听到有人说话的声音，环视四周，又看不到人影。"返景入深林，复照青苔上"，夕阳斜射进深林，透过枝叶间的缝隙，再照到青苔上。斜晖带来的那片淡淡的光影，和大片无边的幽暗形成了强烈对比，使深林显得更加幽静。诗的绝妙处在于以动衬静，以局部衬全局，诗画一体，清新自然。诚如苏轼的评价，"味摩（mó）诘（jié）之诗，诗中有画；观摩诘之画，画中有诗"。

望庐山瀑布①

李 白

日照香炉生紫烟，遥看瀑布挂前川。②
飞流直下三千尺，疑是银河落九天。③

【注释】

① ［庐山］又名"匡（kuāng）山""匡庐"，中国名山之一，在今江西省九江市。 ② ［香炉（lú）］指香炉峰，位于庐山北部。［紫（zǐ）烟］指日光透过云雾，远望如紫色的云烟。［遥看］从远处看。［挂前川］挂在前面两座山之间。"川"指两山之间。 ③ ［直］笔直。［三千尺］形容山高。这里是夸张的说法，不是实指。［疑］怀疑。［银河］天河。［九天］古人认为天有九层，最高层为九天。

【解读】

《望庐山瀑布》是唐代著名大诗人李白的名诗。全诗紧扣一个"望"字，描绘了庐山瀑布的奇伟之景，展现了庐山山势的壮阔气象，反映了诗人对祖国河山的热爱。诗的首句巧借香炉峰的山势和峰名，把高耸的山峦比作天然的香炉，进而把盘旋在山巅（diān）的雾霭（ǎi）云气比作从香炉中袅（niǎo）袅升起的紫色轻烟；第二句用一个"挂"字突出描写了瀑布如帘而下的壮美景观；第三句则运用夸张手法，描写了大气磅（páng）礴（bó）的"飞流"奔腾而下的绝美景象；最后用一个"疑"字，以"银河"与"九天"作结，进一步凸显了庐山瀑布的雄奇壮丽，可谓神来之笔。

［明］沈周《庐山高图》

登鹳雀楼①

王之涣

白日依山尽，黄河入海流。②
欲穷千里目，更上一层楼。③

【注释】

①〔鹳（guàn）雀楼〕在蒲州（今山西永济）古城城南。楼有三层，下临黄河，为唐代登临胜地。　②〔白日〕太阳。〔依〕傍，沿。〔尽〕消失。〔入海流〕东流入海。　③〔欲〕想要。〔穷〕尽。此指看尽。〔目〕眼睛。"欲穷千里目"正常语序是"目欲穷千里"。〔更〕再。

【解读】

《登鹳雀楼》是唐代诗人王之涣的名作。诗短境阔，虽然只有二十字，但呈现了祖国山河的磅（páng）礴（bó）气势和瑰丽景象，千百年来一直激励着中华儿女昂扬向上、奋发进取。全诗景与情、情与理熔铸一炉，浑然天成。诗的前两句写登楼望见落日紧挨着西山，在恢恢天宇里缓缓沉落；黄河似从天上而来，向着大海奔流。后两句是诗人登楼所悟，"千里""一层"，都是虚指，表现了诗人恢宏的气度与想象，"欲穷""更上"中包含希望和期待，写出了诗人无止境探求真理的心愿。

山 行①

杜 牧

远上寒山石径斜，白云生处有人家。②
停车坐爱枫林晚，霜叶红于二月花。③

【注释】

　①〔山行〕行进于山间。　②〔寒山〕深秋时节的山。〔石径〕石子铺成或石块砌成的山中小路。〔斜（xié）〕不直，曲折。〔生〕产生，生出。　③〔坐〕因为。〔爱〕喜爱。〔霜（shuāng）叶〕经霜的枫叶。〔于〕比。

【解读】

　《山行》是唐代诗人杜牧（mù）的名诗。诗人记述了深秋时节登山赏景的观感。前两句写远眺，"远上""白云生处"都写山之高，"寒"字点明时令，"斜"突出山路的迂回曲折，"有人家"则使画面骤然增加了生气。白云缭绕、山色朦胧，呈现在读者眼前的是一幅幽雅、静穆（mù）的秋山风景图。后两句主要写近观，"停"字看似与题目"山行"矛盾，却突出了枫林晚景的美，使诗人情不自禁地驻足欣赏。"霜叶红于二月花"更是一改"悲秋"的传统，以炫目的红色唱出了一首秋天的赞歌，营造了一种开阔明朗、乐观向上的意境。诚如《唐人绝句精华》所言，"读此可见诗人高怀逸致。霜叶胜花，常人所不易道出者。一经诗人道出，便留诵千口矣"。

［明］萧云从《秋山行旅图》

田园乐

王　维

桃红复含宿雨，柳绿更带朝烟。①
花落家童未扫，莺啼山客犹眠。②

【注释】

①〔复〕并且。〔含〕指桃花上还有雨水。〔宿（sù）雨〕昨夜下的雨。〔更〕还。〔朝（zhāo）烟〕指清晨的雾气。　②〔家童〕童仆（pú）。〔未（wèi）〕没有。〔山客〕隐居山庄的人，这里指诗人自己。〔犹（yóu）眠〕还在睡觉。

【解读】

《田园乐》是唐代诗人王维的组诗，共七首，写的是作者退居辋（wǎng）川别业后与大自然亲近的乐趣，这里选的是第六首。诗中写到春眠、莺啼、花落、宿雨，很容易让人想起孟浩然的《春晓》。尽管两诗写的内容相似，但是意境却很不相同。诗中描写了桃花、柳丝、莺啼等富于春天特征的景物，"红""绿"两个颜色，使景物更加鲜明夺目。诗最后写到春眠，人睡得酣（hān）恬（tián），对身外之境一无所知。花落莺啼虽有动静有声响，但未能惊醒贪睡的人，相反更加衬托出"山客"的居处与心境的宁静。诗人对"静"境的向往，也是他热爱自然的体现。

江畔独步寻花七首（其六）

杜　甫

黄四娘家花满蹊，千朵万朵压枝低。①
留连戏蝶时时舞，自在娇莺恰恰啼。②

【注释】

①〔黄四娘〕杜甫住成都草堂时的邻居。〔蹊（xī）〕小路。〔压枝低〕把花枝压弯了，这里形容花多而密。　②〔留连〕即留恋，舍不得离去。〔娇〕可爱的样子。〔恰恰〕象声词，形容鸟叫声音和谐（xié）动听。

【解读】

《江畔独步寻花七首（其六）》是唐代大诗人杜甫七首绝句组诗中的第六首。诗人记叙了赏花时的场面和感触，通过色彩与动感交相辉映的笔法，生动地向读者传达出田园的春光之美、春花之艳。诗的脉络清晰，层次井然。首句点明赏花地点在"黄四娘家"的小路上，一个"满"字将花的绚烂和盘托出；次句写春花"千朵万朵"，正好呼应了"满"字，"压枝低"三个字生动地描绘了春花的浓密繁茂；第三句写彩蝶因恋花而"时时"舞动着舍不得离去，更增添了花蝶嬉戏的情趣。正当诗人沉浸于花海之际，恰巧传来一串黄莺动听的歌声，将沉醉花丛的诗人唤醒。诗的末句在黄莺自由自在的"恰恰"声中结束，余韵袅袅。

惠崇春江晚景①二首（其一）

苏　轼

竹外桃花三两枝，春江水暖鸭先知。

蒌蒿满地芦芽短，正是河豚欲上时。②

【注释】

①〔惠崇（chóng）〕福建建阳僧，宋初九僧之一，能诗能画。《春江晚景》是惠崇所作画名，共两幅，一幅是鸭戏图，另一幅是飞雁图。
②〔蒌（lóu）蒿（hāo）〕草名，有青蒿、白蒿等种。〔芦芽〕芦苇（wěi）的幼芽，可食用。〔河豚（tún）〕鱼的一种，学名"鲀（tún）"，肉味鲜美，但是卵（luǎn）巢（cháo）、肝（gān）脏、肾脏、眼睛、血液有剧毒。生活在河口，每年春天逆江而上，在淡水中产卵。〔上〕指逆（nì）江而上。

【解读】

《惠崇春江晚景》是宋代著名文学家苏轼为惠崇所绘的《春江晚景》所作的题画诗。作者描绘了早春时节的春江景色，全诗紧扣"早春"时节展开。首句写初春大地复苏，嫩绿的竹林、桃树上绽开的三两枝花，红绿相衬，色彩明丽；次句由江边转到江中，"鸭先知"与"三两枝"桃花呼应，表明早春时节已到，江水温度渐有回升；第三句回到江岸，那满地蒌蒿、短短的芦芽，黄绿相间，显示了春天的活力；末句诗人展开联想，这个时节美味的河豚该上市了，又可一饱口福。这首诗题"鸭戏图"，既再现了原画中的江南春景，又融入诗人合理的想象，使诗画相得益彰（zhāng）。

［清］任伯年《春江戏水图》

乡村四月

翁 卷

绿遍山原白满川，子规声里雨如烟。^①

乡村四月闲人少，才了蚕桑又插田。^②

【注释】

①〔山原〕山陵（líng）和原野。〔白满川〕指稻田里的水色映着天光。"川"指平地。〔子规〕鸟名，杜鹃（juān）鸟。〔雨如烟〕如烟雾一般的蒙蒙细雨。 ②〔才了（liǎo）〕刚刚结束。〔蚕桑〕采桑养蚕。〔插田〕插秧（yāng）。

【解读】

《乡村四月》是南宋诗人翁卷（juàn）的诗作。诗人以清新明快的笔调，融视觉、听觉于一体，出神入化地描绘了江南农村初夏时节的旖（yǐ）旎（nǐ）风光和农忙景象。前两句抒写了乡村的自然之景，"绿遍"和"白满"写出了满眼的绿意和充沛（pèi）的雨水，山坡是绿的，原野是绿的，树是绿的，草是绿的，禾苗是绿的，添上烟雨蒙蒙里声声催耕的杜鹃声，展现在诗人眼前的是一个生机勃勃的世界。后两句则转向繁忙的农事，用"少""才""又"三个字，生动地展现了农家繁忙的劳动场面。这首诗不仅表现了诗人对乡村风光的喜爱，而且表现了他对劳动者的赞美。

渔歌子^①

张志和

西塞山前白鹭飞，桃花流水鳜鱼肥。^②
青箬笠，绿蓑衣，斜风细雨不须归。^③

【注释】

①［渔歌子］词牌名，因张志和写的《渔歌子》而得名，又名《渔父》或《渔父乐》。"子"是"曲子"的简称。　②［西塞（sài）山］在浙（zhè）江湖州。［白鹭（lù）］一种白色的水鸟。［桃花流水］桃花盛开的季节正是春水盛涨的时候，俗（sú）称桃花汛（xùn）或桃花水。［鳜（guì）鱼］淡水鱼，江南又称桂鱼，肉质鲜美。　③［箬（ruò）笠（lì）］竹叶或竹篾（miè）做的斗笠。［蓑（suō）衣］用草或棕毛编织成的雨衣。［不须］不一定要。

【解读】

《渔歌子》是唐代诗人张志和的名作。这首词描写了江南水乡春汛时的山光水色，以及怡然自得的渔人形象。词的前面用山、水、鸟、花、鱼勾勒出春日垂钓的大环境，春江水绿、烟雨迷蒙，雨中青山、江上渔舟，天上白鹭、岸畔桃红，江水猛涨、鳜鱼正肥；后面写渔人在斜风细雨里沉浸于垂钓之中，不想归去。这首词构思巧妙、格调清新、着色明丽、用语活泼，通过对自然风光和渔人垂钓的赞美，表现了诗人向往自由生活的心境，成为一首千古流传的名作。

清平乐·村居①

辛弃疾

茅檐低小，溪上青青草。②醉里吴音相媚好，白发谁家翁媪？③

大儿锄豆溪东，中儿正织鸡笼。④最喜小儿亡赖，溪头卧剥莲蓬。⑤

【注释】

①［清平乐］词牌名。　②［茅檐（yán）］茅屋的屋檐。　③［吴音］吴地的方言。作者当时住在带湖（在今江西上饶市区），这一带的方言为吴语。［相媚（mèi）好］指相互逗趣，取乐。［翁媪（ǎo）］老翁、老妇。　④［锄（chú）豆］锄掉豆田里的草。［织］把柳条等细长的东西编成筐（kuāng）等。　⑤［亡赖（lài）］这里指小孩顽皮、淘气。"亡"同"无"。［卧］趴。

【解读】

《清平乐·村居》是宋代词人辛弃疾闲居带湖期间创作的词。词人紧紧围绕小溪，将茅檐、小溪、青草等景色组合在一个画面里，着重描写了农家三个儿子的活动，展现了大儿锄草、中儿编鸡笼、小儿卧剥莲蓬等生活情趣。词中"卧"字用得极妙，使小儿天真、活泼、顽皮的样子跃然纸上，捕捉到了小儿独特生动、别有妙趣的姿态，为全词增色增辉。词人通过对五口之家的安排，展现了生机勃勃、朴素安适的乡村生活，也表达了词人对乡村宁静生活的向往。

悯农二首①

李 绅

其一

春种一粒粟，秋收万颗子。②
四海无闲田，农夫犹饿死。③

其二

锄禾日当午，汗滴禾下土。④
谁知盘中餐，粒粒皆辛苦。⑤

【注释】

①［悯（mǐn）］怜悯，同情。 ②［粟（sù）］小米，这里泛指一般粮食种子。［子］指粮食颗粒。 ③［四海］全国各地。［无闲田］没有不耕种的土地。［犹（yóu）］仍然。 ④［锄禾］在庄稼地里除草。禾，谷类植物的统称。［当］正当。［午］中午。 ⑤［餐（cān）］一作"飧"，熟食的通称。

【解读】

《悯农二首》是唐代诗人李绅（shēn）的组诗。第一首诗，前两句的"春种""秋收"虽是一般的农事，但通过"一粒"与"万颗"对比，表达了丰收的景象。后两句由"四海无闲田"想到"农夫犹饿死"，叙写了农民辛勤劳动、获得丰收，却两手空空、惨遭饿死的残酷现实。第二首诗，前两句细致地描绘了烈日当空的正午，农民在田里辛勤劳作的景象，后两句则批评人们不珍惜粮食，也体现出对农民辛苦的感叹，表达了诗人对农民真挚的同情。这组诗深刻地反映了我国古代农民的生存状态，全诗风格简洁，语言质朴，不仅在民间妇孺皆知，而且在中国文学史上亦有一定影响。

［宋］吴炳《嘉禾草虫图》

村　居①

高　鼎

草长莺飞二月天，拂堤杨柳醉春烟。②

儿童散学归来早，忙趁东风放纸鸢。③

【注释】

①〔村居〕在乡村里居住。　②〔拂（fú）堤（dī）杨柳〕杨柳枝条很长，垂下来，微微摆动，像是在抚（fǔ）摸堤岸。〔醉（zuì）〕迷醉，陶（táo）醉。〔春烟〕春天水泽（zé）、草木等蒸发出来的雾气。③〔散学〕放学。〔东风〕春风。〔纸鸢（yuān）〕风筝。"鸢"指老鹰。

【解读】

《村居》是清代诗人高鼎创作的儿童诗。首句以"草长""莺飞"生动地描写了春季青草发芽、黄莺飞舞的明媚之景。第二句写原野上的杨柳，用"拂""醉"二字赋予了静止的杨柳以人的特征，枝条柔软而细长，轻轻地拂扫着堤岸，沉醉在春色之中。后两句主要写儿童的活动，"早"和"忙趁"，写出了一群活泼的儿童在大好的春光里放风筝的生动情景。这首诗落笔明朗，用词洗练，意境优美，全诗前后相衬，构成了一幅儿童放风筝的生动画面。

四时田园杂兴^①（其三十一）

范成大

昼出耘田夜绩麻，村庄儿女各当家。^②
童孙未解供耕织，也傍桑阴学种瓜。^③

【注释】

　　①［杂兴（xìng）］有感而发，随事吟（yín）咏（yǒng）的诗。
②［昼（zhòu）］白天。［耘（yún）田］除草。［绩（jì）麻］把麻搓
（cuō）成线。［儿女］男男女女，这里指每个人。［各当家］每人担任
一定的工作。　　③［未解］不懂。［供（gòng）］从事，参加。［傍
（bàng）］靠近。［阴］树荫。

【解读】

　　《四时田园杂兴》是宋代诗人范成大退居家乡后写的一组
诗，共60首，组合在一起，宛如乡村生活的长幅画卷，这里选
的是第31首。作者以朴实的语言，细致地描绘了农村夏日的场
景。诗的前两句直接描写劳动场面，农民白天在田里除草，晚
上在家搓麻纺线。男男女女，各司其事，一刻也不得闲。后两
句写村里的孩子们，他们虽说还不会耕田也不会搓麻绳，但也
没闲着，在绿叶成荫的桑树底下学着种瓜，生动地表现了他们
纯真的天性。全诗用自然的笔调，对农村初夏时的紧张劳动气
氛作了细腻的描绘，再现了农村生活的繁忙、辛苦。

夜书所见

叶绍翁

萧萧梧叶送寒声，江上秋风动客情。①

知有儿童挑促织，夜深篱落一灯明。②

【注释】

①〔萧（xiāo）萧〕风声。〔送〕传来。〔寒声〕凄（qī）凉的声音。〔客情〕旅（lǚ）客思乡之情。 ②〔挑（tiǎo）〕挑弄、引动。〔促织〕蟋（xī）蟀（shuài），有的地区又叫蛐（qū）蛐。〔篱（lí）落〕篱笆。

【解读】

《夜书所见》是南宋诗人叶绍翁在异乡触景生情之作。秋风最能触动人的思乡之情，萧萧的秋风吹动梧桐叶，送来阵阵寒意，客游在外的诗人不禁思念起自己的家乡。诗人以叠字拟声词"萧萧"置于句首，一开始就唤起读者听觉上的联想，给人秋风阵阵、秋意浓浓的感觉。再加上"寒声"二字，让秋风的声音更增添了彻骨的寒意。后两句写儿童挑逗蟋蟀的场景，看似与作者的思乡之情无关，实则用儿童无忧无虑、活泼天真的举动，反衬自己旅居异乡的孤独和愁思，耐人寻味。

白鹿洞①二首（其一）

王贞白

读书不觉已春深，一寸光阴一寸金。②
不是道人来引笑，周情孔思正追寻。③

【注释】

①〔白鹿洞〕在今江西庐山五老峰南麓（lù）的后屏山之南，因唐代贞（zhēn）元中李渤（bó）与兄李涉（shè）隐居、读书于此，养了一头白鹿而得名。这里名为"白鹿洞"，实际并不是洞，而是青山环抱、碧树成荫、环境幽静的山谷间的一方平地。　②〔春深〕春末，晚春。〔一寸光阴一寸金〕以金子比喻光阴，谓时间极为宝贵，应该珍惜。　③〔道人〕指道教徒。对主要从事道教文化和修持的人的称呼。〔引笑〕逗笑，开玩笑。〔周情孔思〕周公孔子的精义、教导。这里指古代读书人所读的儒（rú）家典籍（jí）。〔追寻〕深入钻研。

【解读】

《白鹿洞》是唐代诗人王贞白的诗作。诗人描写了自己的读书生活，也表达了珍惜时间的想法。"读书不觉已春深"写了诗人专心读书，不知不觉时间已经到了春末。从这句诗中可以看出，诗人读书入神，每天都过得紧张而充实，全然忘记了时间的流逝。如果不是白鹿洞的道人来开玩笑，自己还在深入钻研、认真学习呢。诗人不由得感慨光阴过得太快了，时间宝贵，应该珍惜复珍惜。诗中"一寸光阴一寸金"也成为劝勉世人珍惜光阴的至理名言，千百年来一直勉励人们特别是读书人，要珍惜时间，不断充实和丰富自己。

［宋］刘松年《山馆读书图》

咏 鹅

骆宾王

鹅，鹅，鹅，曲项向天歌。^①

白毛浮绿水，红掌拨清波。^②

【注释】

①［曲（qū）项（xiàng）］弯着脖（bó）子。［歌］长鸣。 ②［拨（bō）］划动。

【解读】

《咏鹅》是唐代诗人骆（luò）宾王七岁时写的诗。诗歌以清新欢快的语言，抓住鹅的突出特征开篇，"鹅，鹅，鹅"未见其形，先闻其声。第二句让人渐渐看清白鹅"曲项"的外形和昂首"向天"、放声高歌的得意神态。后两句写鹅在水中嬉戏时的情景，白毛、红掌、绿水、清波，色彩对比明显，又十分协调，特别是一个"拨"字，让整个画面充满了动感，令人如临其境。整首诗将听觉与视觉、静态与动态、音声与色彩做了完美融合，为读者呈现了一幅清新悦人的"鹅戏清波图"。

蜂

罗　隐

不论平地与山尖，无限风光尽被占。①
采得百花成蜜后，为谁辛苦为谁甜?②

【注释】

①〔山尖〕山峰。〔无限风光〕极其美好的风景。〔占〕占有，占据。　②〔采〕采撷(xié)，这里指采花蜜。

【解读】

《蜂》是唐代诗人罗隐的咏物诗作。诗的前两句写蜜蜂在烂漫山花间不停地穿梭(suō)、劳作，无论是在平原还是在山野，处处可见蜜蜂忙忙碌碌采蜜的身影，越是风光优美、鲜花盛开的地方就越能吸引蜜蜂。后两句急转直下，由前面盛赞蜜蜂"占尽风光"转而感叹它终生徒劳，辛苦酿成的蜂蜜，却不知"为谁辛苦""为谁甜"? 诗人运用象征的手法、设问的形式，反映了辛苦的劳动者不能享受其劳动成果的社会现象，提出了一个耐人寻味的问题。诗人既赞美了蜜蜂辛勤劳动的高尚品格，也暗含了对不劳而获的人的批评。

蝉

虞世南

垂绥饮清露，流响出疏桐。^①

居高声自远，非是藉秋风。^②

【注释】

①〔垂绥（ruí）〕古代帽带的下垂部分，这里指蝉的针喙（huì）。〔清露（lù）〕清纯的露水。古人以为蝉生性高洁，栖（qī）高饮露，其实是蝉刺吸植物的汁（zhī）液。〔流响〕指连续不断的蝉鸣声。"流"指发出。〔疏（shū）桐〕高大的梧桐。②〔藉（jiè）〕凭借、依赖（lài）。

【解读】

《蝉》是唐代诗人虞（yú）世南的咏物诗。作者托物寓意，前两句以栖高饮露、蝉声远播比喻人的清朗俊逸的品性；后两句分别用"自"字、"非"字，表达了诗人对人的内在品格的赞美和自信。"居高声自远，非是藉秋风"，这是全篇比兴寄托的点睛之笔，这种独特的感受蕴含着一个道理：品格高洁的人，并不需要外在的凭借，自然能够声名远播。全诗简练传神，巧用比兴，以秋蝉高洁傲世的品格自喻。诚如清代沈德潜在《唐诗别裁集》里所言，"命意自高。咏蝉者每咏其声，此独尊其品格"。

画眉鸟

欧阳修

百啭千声随意移，山花红紫树高低。①
始知锁向金笼听，不及林间自在啼。②

【注释】

①［百啭（zhuàn）千声］形容画眉叫声婉（wǎn）转，富于变化。"啭"指鸟婉转地啼叫。［随意］随着自己（鸟）的心意。［树高低］树林中的高处或低处。　②［始知］现在才知道。［金笼］贵重的鸟笼，喻指不愁吃喝、生活条件优越的居所。［不及］比不上。

【解读】

《画眉鸟》是宋代著名文学家欧阳修的诗作，是一首含有理趣的咏物诗。画眉鸟在红红紫紫的花间上下飞舞，在高高低低的树上尽情唱歌，诗人由此引发联想与想象。诗的前两句写景，画眉鸟千啼百啭，上下飞舞，使得嫣（yān）红姹（chà）紫的山花更为赏心悦目；后两句是作者的联想，如果把画眉鸟锁在金笼里，那么它们也唱不出如此美妙动人的歌声了，因为只有无拘无束的生活才是充满欢愉的。鸟是这样，人不也是如此吗？整首诗情景交融（róng），寓意深远。作者借画眉鸟表达了对自由生活的热切向往。

画　鸡

唐　寅

头上红冠不用裁，满身雪白走将来。①
平生不敢轻言语，一叫千门万户开。②

【注释】

①〔裁（cái）〕裁剪，这里是制作的意思。〔将〕助词，用在动词和"来""去"等表示趋（qū）向的补语之间。　②〔平生〕平素，平常。〔轻〕随便，轻易。〔言语〕这里指啼鸣，喻指说话、发表意见。〔一〕一旦。〔千门万户〕指众多的人家。

【解读】

《画鸡》是明代诗人唐寅（yín）为自己所画的一只大公鸡创作的题画诗。这首诗前两句直接描写公鸡的模样，勾画了一只冠红羽白、威风凛凛的大公鸡肖像。后两句写大公鸡的心理和声音，诗人用拟人的笔法，描绘了平时不轻易开口的大公鸡，一旦开口便一鸣惊人，叫醒千家万户，大家都听从其召唤，打开门迎接新的一天。诗人用通俗流畅的语言，把大公鸡的神态气质和报晓天性展现得淋漓尽致，也由此暗含了诗人的思想和抱负，读来回味无穷。

徐悲鸿《雄鸡图》

咏 柳

贺知章

碧玉妆成一树高，万条垂下绿丝绦。^①

不知细叶谁裁出，二月春风似剪刀。^②

【注释】

①［碧玉］青绿色的玉石。这里用来形容长出绿叶的柳树。［妆］装饰，打扮。［一树］满树。"一"是满、全的意思。在中国古典诗词和文章中，数量词在使用中并不一定表示确切的数量。下一句的"万"，就是表示很多的意思。［绦（tāo）］用丝编成的带子。这里用来形容柳枝。 ②［细叶］刚长出的细小的柳叶。［裁（cái）］剪裁。［似］如同，好像。

【解读】

《咏柳》是唐代诗人贺知章的咏物诗。"碧玉妆成一树高"，诗人用拟人的笔法，把眼前的柳树和妙龄少女加以联系，让人想到"她"一身嫩绿，生出细叶的柳条，就像是少女身上垂下的绿色丝织裙带，充满青春活力。春风孕育万物，给大地披上新装，诗人刻画了春天的美好和大自然的工巧，烘托出无限的美感。后两句更别出心裁地把春风比喻为"剪刀"，将视之无形、不可捉摸的"春风"形象地表现出来。整首诗语言晓畅、柔美，不仅立意新奇，而且饱含韵味。正如清代黄叔灿在《唐诗笺注》里所言，"赋（fù）物入妙，语意温柔"。

梅 花

王安石

墙角数枝梅，凌寒独自开。^①

遥知不是雪，为有暗香来。^②

【注释】

①〔凌（líng）寒〕冒着严寒。 ②〔遥〕远远地。〔知〕知道。〔为（wèi）〕因为。〔暗香〕指梅花的幽（yōu）香。

【解读】

《梅花》是宋代著名文学家王安石的诗作。这首诗前两句写墙角梅花不惧严寒，傲然绽放。"墙角"虽不引人注目，梅花却凌寒而开。后两句重点放在梅花的幽香上。"遥知"说明香气从远处飘来，淡淡的；"不是雪"，不说梅花，而梅花的洁白可见，这正是诗人幽冷倔强性格的写照。诗人通过对梅花不畏严寒的高洁品性的赞赏，用雪喻梅的冰清玉洁，又用"暗香"点出梅胜于雪，阐明坚强高洁的人格所具有的魅力。这首小诗语句素朴，没有丝毫雕琢的痕迹，但意旨深厚，耐人寻味。

兰室五咏·花①

张 羽

能白更兼黄，无人亦自芳。②
寸心原不大，容得许多香。③

【注释】

①〔兰室〕摆放兰花的房间，也指芬芳典雅（yǎ）的居室。〔咏（yǒng）〕本指歌唱，这里指诗作。 ②〔更〕也、又。〔兼（jiān）〕同时。〔亦〕也。〔芳〕芳香。 ③〔寸心〕兰花的花心。因花心不大，故称"寸心"。〔原〕本来。〔容〕容纳（nà）。

【解读】

此篇是明代诗人张羽的小诗。这首小诗将花中君子的兰花写得明白如话，却又韵味深厚。"能白更兼黄，无人亦自芳"，写兰花的色和香。兰花颜色依时而异，有淡黄、白绿、黄褐、黄绿等等不一。兰花香气袭来，沁人心脾，可贵的是它虽处于山林之中，无人赏识也自芳，具有不媚世俗的品格，这一点尤为历代文人所激赏。"寸心原不大，容得许多香"，写兰花花心不大，但散发的香气却弥远久长。这既是对兰花香气的赞美，也是对兰花品格的称颂。

竹 石

郑　燮

咬定青山不放松，立根原在破岩中。^①

千磨万击还坚劲，任尔东西南北风。^②

【注释】

①〔咬定〕比喻根扎得结实，像咬着青山不松口一样。〔立根〕扎根，生根。〔原〕本来，原本，原来。〔破岩〕裂开的山岩，即岩石的缝隙（xì）。　②〔磨〕折磨，挫（cuò）折，磨炼（liàn）。〔击〕打击。〔还（hái）〕仍然，还是。〔坚劲（jìng）〕坚强有力。〔任〕任凭，无论，不管。〔尔〕你。

【解读】

《竹石》是清代诗人郑燮（xiè，号板桥）为自己画的竹石图作的题画诗。诗人以岩竹形态开篇，"咬定青山不放松"，把一个挺立峭拔的、牢牢扎根青山岩缝的翠竹形象展现在读者面前，一个"咬"字使竹子人格化。紧承上句，第二句道出了翠竹能傲然挺拔于青山之上的基础是它深深扎根在破裂的岩石之中。有了前两句的铺垫，诗人又用"千""万""东西南北"几字描写所受苦难折磨，以此突显竹子坚韧无畏的品质，至此全诗意境顿开。诗人着力表现了竹子顽强而又执着的品质，借岩竹的坚韧不屈，言自己刚正不阿的骨气。

［清］郑燮《竹石图》

菊 花

元 稹

秋丛绕舍似陶家，遍绕篱边日渐斜。^①
不是花中偏爱菊，此花开尽更无花。^②

【注释】

①［秋丛］指丛丛秋菊。［绕］环绕。［舍（shè）］居住的房子。［似（sì）］好像，就像。［陶（táo）家］陶渊（yuān）明的家。"陶"指东晋（jìn）诗人陶渊明。［遍绕］一遍遍地绕着走。［篱（lí）］篱笆。［日渐斜］太阳渐渐落山。斜，倾斜。 ②［尽］完。［更（gèng）］再。

【解读】

《菊花》是唐代诗人元稹（zhěn）的咏菊诗。菊花，它既不像牡丹那样富丽，也没有兰花那样名贵，但作为傲霜之花，一直受人喜爱。诗人既写出了自己独爱菊花的理由，又表达了对菊花坚强品格的赞美之情。首句一个"绕"字，写出了屋外所种菊花之多，给人以环境幽雅，如陶渊明家之感。第二句的"绕"字则写诗人赏菊兴致之浓，"遍绕篱边"，直至日头西坠，表现了诗人赏菊时专注、悠闲的情态。第三、第四两句以否定句式陡（dǒu）然一转，指出自己钟情菊花的原因：时至深秋，百花尽谢，唯有菊花凌风霜而不凋，平添生机，给人以美感。

思与行

【记诵与积累】

◎小时不识月，呼作白玉盘。（《古朗月行》）

◎空山不见人，但闻人语响。（《鹿柴》）

◎飞流直下三千尺，疑是银河落九天。（《望庐山瀑布》）

◎欲穷千里目，更上一层楼。（《登鹳雀楼》）

◎停车坐爱枫林晚，霜叶红于二月花。（《山行》）

◎花落家童未扫，莺啼山客犹眠。（《田园乐》）

◎竹外桃花三两枝，春江水暖鸭先知。（《惠崇春江晚景》）

◎绿遍山原白满川，子规声里雨如烟。（《乡村四月》）

◎西塞山前白鹭飞，桃花流水鳜鱼肥。（《渔歌子》）

◎谁知盘中餐，粒粒皆辛苦。（《悯农二首（其二）》）

◎儿童散学归来早，忙趁东风放纸鸢。（《村居》）

◎读书不觉已春深，一寸光阴一寸金。

（《白鹿洞二首（其一）》）

◎采得百花成蜜后，为谁辛苦为谁甜？（《蜂》）

◎居高声自远，非是藉秋风。（《蝉》）

◎平生不敢轻言语，一叫千门万户开。（《画鸡》）

◎不知细叶谁裁出，二月春风似剪刀。（《咏柳》）

◎遥知不是雪，为有暗香来。（《梅花》）

◎寸心原不大，容得许多香。（《兰室五咏（花）》）

◎千磨万击还坚劲，任尔东西南北风。（《竹石》）

◎不是花中偏爱菊，此花开尽更无花。(《菊花》)

【熟读与精思】

王贞白说"读书不觉已春深，一寸光阴一寸金"，陆游说"古来学问无遗力，少壮功夫老始成"，他们都强调少年时期要珍惜时光、及时努力。读了这几首劝学诗，你有何感想？请结合自己的学习经历，说说你对读书的新认识。

【学习与践行】

◎本单元，我们读到了不同时代诗人笔下的耕读诗，了解到古代劳动人民耕种的辛苦，知道了"谁知盘中餐，粒粒皆辛苦"的深刻道理。今天，我们的生活水平提高了，物质生活也极大丰富，但浪费粮食的现象还是随处可见。请仿写一首古诗，倡导人人节约粮食，珍惜劳动果实，并从我做起。

◎田园诗是描写田园生活的诗，所写的当然是自然风光、乡村风物。有人说，田园诗表现的是田园生活的安逸恬淡，抒发的是诗人对和谐、自然、美丽、淡泊的田园生活的向往。请你看看本单元哪些诗跟这个说法是一样的，哪些诗又是不同的，这些不同的田园诗表达了作者什么样的情感，并想一想，同样的田园或乡村，为什么给每个诗人的感受是不同的呢？

第二单元 歌唱之诗

导与引

　　民歌是诗词的源头。中国民歌历史悠久，早在原始社会，我们的祖先在狩（shòu）猎、祭（jì）祀（sì）、求偶等活动中就开始了他们的歌唱。《诗经》里的十五国风，就是以民歌反映生活的精美篇章。到了汉朝，汉武帝设立了一个音乐管理机构乐府，专门从事民歌的搜集和整理，许多民歌靠着它得以流传。

　　民歌源于生产劳动，内容丰富，形式多样。有些描写生活，有些颂扬劳动，有些描绘自然，有些表达希望，也有些讴（ōu）歌英雄和鞭（biān）挞（tà）邪（xié）恶，无论是四言、五言还是七言民歌，它们都具有简明朴实、生动灵活的特点。这些民歌常使用反复、对比、问答等艺术样式，借用赋、比、兴的表达方式，逐渐形成了我国民歌的独特风格。

　　本单元精选了形式与内容俱佳的民歌和古诗30首，其中汉代民歌3首、南北朝民歌8首，以及唐代一些文人模仿民歌创作的新乐府19首。这些作品或朴素淡雅，或清丽婉约，或粗犷豪放，或雄浑刚健，或诙（huī）谐（xié）风趣。学习时，要反复诵读或吟唱，感受它们的形式美、内容美、音韵美和意蕴美，体会其中的纯真情感、浪漫情怀和生命情调，掌握民歌的鉴赏方法，培养自己的鉴赏能力。

江　南①

江南可采莲，莲叶何田田！②
鱼戏莲叶间。③鱼戏莲叶东，
鱼戏莲叶西，鱼戏莲叶南，
鱼戏莲叶北。

【注释】

①［江南］歌题名，是汉乐府诗中的一首相和曲，是汉代地道的民歌。乐府，汉代设立的官署（shǔ），掌管郊祀（sì）、巡行、朝会、宴飨（xiǎng）的音乐，采集民间歌谣，以供统治者观风察俗，了解民情厚薄，后来又指汉代的乐府诗。　②［可］适宜、正好的意思。［何］多么。［田田］莲叶茂密饱满的样子。　③［鱼戏］形容鱼在荷叶下面往来游动。

【解读】

《江南》是一首歌唱江南劳动人民采莲的民歌。每到夏秋之际，莲子成熟，年轻姑娘们趁着良辰，荡着轻舟，穿行于碧荷绿水之间。一边采莲，一边歌唱嬉戏，宛然一幅采莲游乐图。诗开头两句描写了江南水乡又到了采莲季节，莲叶浮出水面，挤挤挨挨，采莲人不禁发出热烈的赞叹。后五句采用反复咏唱的方式，勾勒了一幅鱼儿围绕荷叶四面游动的画面。全诗意境清新、明朗，抒情味浓，动感性强，读之如睹其画，如闻其声，如临其境，别有一种清雅悠远的快感。

〔清〕陈枚《月曼清游图·碧池采莲》

长歌行

青青园中葵，朝露待日晞。①
阳春布德泽，万物生光辉。②
常恐秋节至，焜黄华叶衰。③
百川东到海，何时复西归？④
少壮不努力，老大徒伤悲。⑤

【注释】

①［葵（kuí）］蔬菜名。［朝露］清晨的露水。［晞（xī）］干燥，晒干。　②［阳春］温暖的春天。［布］布施，给予。［德泽（zé）］恩惠。　③［秋节至］秋天到来。［焜（kūn）黄］形容草木凋落枯黄的样子。［华（huā）］同"花"。［衰（shuāi）］枯萎、凋谢。　④［"百川"二句］以河中流水比喻光阴和人的年龄，都是一去不复返。［复］再次。　⑤［少壮］年轻力壮，指青少年时代。［老大］指年老了，老年。［徒］白白地。

【解读】

《长歌行》是一首劝诫世人惜时奋进的汉乐府民歌。这首民歌以园中青青的葵菜作比喻，在春天的阳光雨露滋润下，万物争相生长。它们都生怕秋天很快地到来，那时秋风渐起，花草枯萎，树叶凋零。大自然的生命节奏如此，人生又何尝不是这样？一个人少时不好好努力，让青春时光白白地浪费，等到年老时后悔也来不及了。这首民歌由眼前青春美景想到人生易逝，鼓励青年人要珍惜时光，努力向上，发人深思，催人奋进。

平陵东①

平陵东，松柏桐，不知何人劫义公。②

劫义公，在高堂下，交钱百万两走马。③

两走马，亦诚难，顾见追吏心中恻。④

心中恻，血出漉，归告我家卖黄犊。⑤

【注释】

①［平陵（líng）］汉昭（zhāo）帝墓。　②［松柏桐］指墓地。［义公］古时对“好人”的美称。一说“义公”是姓义的人。　③［高堂］指官府衙（yá）门。［走马］善跑的马。　④［顾（gù）见］“顾”“见”同义，看见。［追吏］逼索财物的官吏。［恻（cè）］悲痛。⑤［漉（lù）］渗出。一说“漉”指“流尽”。［黄犊（dú）］小黄牛。

【解读】

《平陵东》是一首汉乐府民歌，叙写了一个无辜（gū）者在平陵东边被官府绑走，遭到敲诈（zhà）勒（lè）索，被逼无奈，只得叫家人卖掉小黄牛凑钱赎（shú）身的故事，反映了在黑暗社会里百姓生活的艰难苦痛。这首诗篇幅短小，情节简单，但含意深刻。全诗每三句为一节，第一节写事件发生的地点和经过，第二、第三节直写官吏敲诈勒索财物的强盗行径。在简洁叙事中融入抒（shū）情，表达百姓悲愤的感情，格调凝重。在语句上，后三节的第一句重复上一节的最后三个字，运用了民歌中常见的顶针续麻的手法，以文字上的复迭（dié），造成反复吟（yín）咏（yǒng）效果，使语意更加连贯，增强了诗歌的抒情气氛。

子夜四时歌

春　歌

春风动春心，流目瞩山林。①
山林多奇采，阳鸟吐清音。②

夏　歌

暑盛静无风，夏云薄暮起。③
携手密叶下，浮瓜沉朱李。④

秋　歌

鸿雁搴南去，乳燕指北飞。⑤
征人难为思，愿逐秋风归。⑥

冬　歌

果欲结金兰，但看松柏林。⑦
经霜不堕地，岁寒无异心。⑧

【注释】

①［春心］春景所引发的意兴或情怀，也指男女之间相思爱慕的情怀。［流目］转动目光，放眼随意观看。［瞩（zhǔ）］注视，远望。
②［奇采］奇丽的色彩和景色。［阳鸟］指春天的鸟。［清音］清亮悦耳的声音。　③［暑盛］暑热正盛。［夏云］夏天的云彩。［薄暮］薄薄

的暮色，指傍晚太阳快落山的时候。　④［密叶］稠密的荷叶。［浮瓜］把甜瓜浸在清凉的水中。［朱李］水果名，李子的一种。　⑤［鸿（hóng）雁］大雁。［搴（qiān）］飞举。［乳燕］雏（chú）燕。［指北］指向北方，向北。　⑥［征人］远征之人，指在异乡的爱人。［难为思］难以抵抗思念，指非常想念。［愿逐（zhú）］希望追逐。［归］回到家乡。　⑦［果欲］果真，想要。［结金兰］结为兄弟姐妹。此处指结为夫妻。［但］只，仅。　⑧［经霜］经历严霜。［堕（duò）地］落地，压弯坠地。［岁寒］岁月寒冷，在诗中比喻困境、乱世。［异（yì）心］二心，变异的心。

【解读】

　　《子夜四时歌》为南北朝乐府诗，写的多是女子所唱的情歌，质朴（pǔ）坦（tǎn）率（shuài），简单易懂。这些诗歌或婉约清丽、或质朴清新、或细腻（nì）缠绵、或大胆率真，音节摇曳（yè），朗朗上口。第一首春歌，写主人公观赏大自然的美好春光，春心萌（méng）动、激情难抑（yì）。第二首夏歌，写主人公在暑气逼人的傍晚和爱人携（xié）手避于荷花密叶之下，吃冷水浸过的瓜果，怡然自得。第三首秋歌，借"鸿雁"和"乳燕"写两个相爱的人天各一方，思念心切，难以忍受相思之苦，只盼爱人能早日归来。第四首冬歌，借松柏经霜耐寒，四季常青的特性，表达女子追求理想的恋人，向往爱情忠贞的美好愿望。

前溪歌①

黄葛结蒙笼，②
生在洛溪边。③
花落逐水去，④
何当顺流还？⑤
还亦不复鲜！⑥

【注释】

①〔前溪歌〕古乐府吴声舞曲。"前溪"是古代吴地村名，在今浙江省德清县，南朝习乐之处。　②〔黄葛（gé）〕豆科植物，茎长两三丈，善缠绕他物。男女恋歌往往用葛作比喻，因为葛藤（téng）善于缠绕。〔结〕交结缠绕。〔蒙笼（lóng）〕草木茂密覆盖的样子，也写作"蒙茏"。　③〔洛（luò）溪〕溪名。　④〔逐〕随着。　⑤〔何当〕何日，何时。〔顺流还（huán）〕顺着水流归还。　⑥〔亦〕也。〔不复〕不再。〔鲜〕新鲜。

【解读】

《前溪歌》是一首南朝民歌。诗中写道，洛水边的黄葛长得很茂盛，葛花新鲜漂亮，可是一旦花落入水，便会随水而去，它是不会随着水倒流回来的，即使能够随水回来，花也不再新鲜了。全诗采用比兴和隐喻的手法，含而不露，意蕴（yùn）深长，暗示青春易逝（shì），红颜易老，时不我待，逝而不返。诗歌格调清新、活泼、优美、含蓄（xù），具有表现人物性格特征和微妙心理的特点。

敕勒歌

敕勒川，阴山下。①
天似穹庐，笼盖四野。②
天苍苍，野茫茫，③
风吹草低见牛羊。④

【注释】

①〔敕（chì）勒（lè）〕我国古代北方的民族名。"敕勒川"是敕勒族居住的地方。〔阴山〕在今内蒙古中部及河北北部。　②〔穹（qióng）庐（lú）〕用毡（zhān）搭成的圆顶帐篷（péng），即蒙古包。〔笼盖四野〕笼罩着草原的四面八方。　③〔天苍苍〕天蓝蓝的。"苍苍"指青色。〔茫茫〕辽阔无边的样子。　④〔见（xiàn）〕同"现"，出现，显露。

【解读】

《敕勒歌》是一首北朝时期敕勒族的民歌。开篇两句交代敕勒川位于高耸云霄的阴山脚下，将草原的背景衬托得十分雄伟。接下来的两句用"穹庐"作比喻，说天空如蒙古包，盖住了草原的四面八方，以此形容极目远望，天野相接、无比壮阔。最后三句描绘了一幅水草丰盛、牛羊肥壮的草原全景图，将形象与色彩融为一体。这首民歌境界开阔，音调雄壮，语言明白如话，艺术概括力极强，具有鲜明的游牧民族色彩和浓郁的草原气息，从语言到意境可谓浑然天成，酣（hān）畅淋（lín）漓（lí）地抒写了游牧民族热爱家乡、热爱生活的豪情。

企喻歌

男儿欲作健，结伴不须多。^①
鹞子经天飞，群雀两向波。^②

【注释】

①［欲作健（jiàn）］即称雄。"健"指壮士、勇士。 ②［鹞（yào）子］一种猛禽（qín），似鹰而小，捕雀为食。［经天］经过天空，在天空中展翅飞过。［两向波］像被劈开的波浪一样向两边分飞。

【解读】

《企喻歌》是北朝乐府民歌，表现北方民族的尚（shàng）武精神。前两句用赋法，径直唱出"男儿欲作健，结伴不须多"。其中"欲作健"，即有志于做个勇力过人的英雄，那么征战起来就能所向披靡（mǐ），助战的同伴自然就不需要太多了。后两句，用"鹞子"比喻"欲作健"之"男儿"；以"群雀"比喻英雄男儿的对手。其中"经天飞"又从正面描绘出鹞子在天空中展翅横飞的勇猛气势；"两向波"形容"群雀"遇到"鹞子"如被劈开的波浪向两旁疾飞躲避（bì），从而反衬了"鹞子"的骁（xiāo）勇难当。这种一赋一比、相互映衬的手法，使"男儿欲作健"的形象更加生动。

［宋］陈居中（传）《胡骑春猎图》

折杨柳歌辞

健儿须快马，快马须健儿。^①
跕跋黄尘下，然后别雄雌。^②

【注释】

①〔健儿〕即壮士、勇士，轻捷（jié）矫（jiǎo）健之男儿。
②〔跕（bì）跋（bá）〕象声词，快马飞奔时马蹄击地声。〔黄尘〕指快马奔跑时扬起的尘土。〔别雄雌（cí）〕分高低、决胜负。

【解读】

《折杨柳歌辞》是北朝乐府民歌，描绘了一场激烈的马赛前的情景，充分反映了北方健儿那种争强好胜的性格和勇往直前的精神。赛马场上，人强马壮，跃跃欲试。作者不禁感叹：健儿要获胜，必须依靠骏（jùn）马；但快马要显示出其善奔，亦须依靠骑术高明的健儿。两个"须"字，突出了人马互相依赖的重要关系。"跕跋黄尘"，动人心魄（pò），展示出万马奔腾的壮阔景象。这是作者的揣（chuǎi）想之辞，因此说"然后"才能决一雌雄。诗有议论，有描写，场面宏（hóng）大，给人一种阳刚之美。

游子吟

孟　郊

慈母手中线，游子身上衣。①
临行密密缝，意恐迟迟归。②
谁言寸草心，报得三春晖。③

【注释】

①［游子］古代称离乡远游的人。　②［临（lín）］将要。［意恐（kǒng）］担心。［归］回来，回家。　③［谁言］一作"难将"。言，说。［寸草］小草。这里比喻子女。［心］语义双关，既指草木的茎（jīng）干，也指子女的心意。［报得］报答。［三春晖（huī）］春天灿烂的阳光，指慈母之恩。形容母爱如春天温暖、和煦的阳光照耀着子女。"三春"包括初春、仲（zhòng）春和暮春，泛指整个春天。"晖"，阳光。

【解读】

《游子吟（yín）》是唐代诗人孟（mèng）郊（jiāo）的诗作，已成为妇孺（rú）皆知的母爱颂歌。开头两句，用"线"与"衣"两件极常见、最普通的物件，将"慈母"与"游子"紧紧联系在一起，写出母子相依为命的骨肉之情。紧接两句写出了人的动作和意态，把笔墨集中在慈母上。通过慈母为游子赶制出门衣服的动作和心理的刻画，深化母子的骨肉之情。行前的此时此刻，母亲的千针万线，针针线线"密密缝"是因为怕儿子"迟迟"难归。慈母的一片深笃（dǔ）之情，正是通过日常生活中的细节自然地流露出来。诗歌里既没有言语嘱托，也没有依依难舍的泪别场景，然而深沉的母爱却从字里行间充溢（yì）而出。

长干曲^①四首（选二）

崔 颢

其一

君家何处住？妾住在横塘。^②
停船暂借问，或恐是同乡。^③

其二

家临九江水，来去九江侧。^④
同是长干人，自小不相识。

【注释】

①［长（cháng）干（gān）］地名，在今南京。　②［何处住］一作"定何处"。［妾（qiè）］旧时女子自称的谦词。［横塘］在今南京市西南，即莫愁湖。　③［借问］请问，向人询问。［或恐］也许。一作"或可"。　④［九江］原指长江浔（xún）阳一段，此泛指长江。

【解读】

《长干曲（qǔ）》是唐代诗人崔（cuī）颢（hào）创作的民歌。这组民歌以男女对话的形式，栩（xǔ）栩如生地描写了青年女子与男子萍水相逢的过程。女子向男子发问，寥（liáo）寥数语，便形象、细致地将女子既想结识对方又害羞的心态描绘了出来。诗人巧妙地以问答传达人的神态，用女子自报家门的急切程度，侧面传递了女子的大胆、聪慧（huì）和天真无邪（xié）。诗歌还表现了女子的境遇与内心的孤寂。单从她闻乡音而急于"停船"相问，就可见她水宿风行、孤零无伴的处境。他乡听得故乡音，且将他乡当故乡，就这样的喜出望外。诗人不仅重现了女主角鲜活的声音容貌，而且深深开掘（jué）了她的内心世界。

［明］沈周《水村山坞图》（局部）

芳　树

元　稹

芳树已寥落，孤英尤可嘉。①

可怜团团叶，盖覆深深花。

游蜂竞钻刺，斗雀亦纷拿。②

天生细碎物，不爱好光华。③

非无歼殄法，念尔有生涯。④

春雷一声发，惊燕亦惊蛇。

清池养神蔡，已复长虾蟆。⑤

雨露贵平施，吾其春草芽。⑥

【注释】

①〔芳树〕泛指花木、佳树。本诗以芳树不畏（wèi）寒秋来比喻自己的高尚情操。〔寥（liáo）落〕衰落，衰败。〔英〕花。〔嘉（jiā）〕赞美。　②〔钻刺〕钻营。〔纷拿〕纷乱。　③〔光华〕光辉。　④〔歼（jiān）殄（tiǎn）〕消灭。　⑤〔神蔡（cài）〕大龟的美称。　⑥〔吾（wú）〕我。

【解读】

《芳树》是唐代诗人元稹（zhěn）创作的新乐府民歌。诗人以芳树自比立朝之节，与"钻刺"的游蜂和"纷拿"的斗雀等对照来写，针砭（biān）时政，有感而发。这首新乐府民歌以芳树不畏寒秋和环境的恶劣来比喻自己的高尚情操，从树的形态及树所生存的周边环境等多个角度，展现芳树的坚忍不拔和可以忍受一切恶劣环境的美好品质。从树的枝干、花叶到周围的游蜂、斗雀等，由近及远，由里而外，无论是植物还是动物，在其笔下都具有强烈的画面感。

［明］董其昌《芳树遥峰图》

春别曲

张 籍

长江春水绿堪染，莲叶出水大如钱。①
江头橘树君自种，那不长系木兰船。②

【注释】

①〔堪（kān）染（rǎn）〕形容春水绿得可以给别的东西染色了。堪，能、可。染，染色。〔钱〕铜钱，这里指初生的小荷叶，状如铜钱，又称"荷钱"。 ②〔江头〕江边，江岸。〔橘（jú）树〕橘子树。〔那（nuó）〕奈何，没办法。〔系〕拴住。〔木兰船〕常用为船的美称，并非实指木兰树所制。

【解读】

《春别曲》是唐代诗人张籍创作的新乐府诗。首句用"春水""莲叶""绿""染""钱"等字词，形象地描绘了暮春生动的景色，仿佛一幅江南春水图在读者面前徐徐展开。诗人描写初生的小莲叶铺（pū）满水面，点出送别的季节，生活气息迎面而来。接着写在这美好的时光里，与好友依依惜别的场景。在这"兰舟催发"之际，诗人特别希望能有什么把行舟系住，让友人再停留一会儿。最后写出了即使是友人亲手种下的橘树，也没法拴住远去的小船，让这份惜别之情变成无限的惦（diàn）念与牵挂。

春来曲

王　建

春欲来，每日望春门早开。①

黄衫白马带尘土，逢著探春人却回。②

御堤内园晓过急，九衢大宅家家入。③

青帝少女染桃花，露妆初出红犹湿。④

光风暾暾蝶宛宛，绕树气匝枝柯软。⑤

可怜寒食街中郎，早起著得单衣裳。⑥

少年即见春好处，似我白头无好树。

【注释】

①〔望春门〕望春宫的宫门。　②〔黄衫〕代指华丽的衣服。〔探春〕王仁裕（yù）《开元天宝遗事》卷下"都人士女每至正月半后，各乘车跨马，供帐于园圃（pǔ）或郊野中，为探春之宴"，即谓此。③〔御堤〕禁苑中的堤。〔九衢（qú）〕繁华的大路。④〔青帝〕青帝为东方之神，东方为春，故为春神。　⑤〔光风〕风和日丽的景象。〔暾（tūn）暾〕明亮貌，和暖貌。〔宛宛〕蝴蝶飞的样子。〔匝（zā）〕环绕。　⑥〔郎〕少年人的通称。

【解读】

《春来曲》是唐代诗人王建的新乐府诗。诗的前几联写豪门贵族奢靡的生活。诗人选取了豪门贵族最为突出也最带有普遍性的"探春"现象加以揭露，由一斑而窥（kuī）全豹，从而揭示上层社会争名夺利、追逐享乐的陋习。这首诗最大的特点是含蓄、内敛。诗的选材严肃而重大，批判了富贵人家骄奢（shē）淫（yín）逸，追逐无限度无止境的享乐，但在表现时却含而不露，如同诗题所云，似乎是描写"春来"，一切都在不经意间自然流露，字里行间似褒而实贬，似谀（yú）而实讽（fěng），为该诗增色不少。

傅抱石《游春图》

李白诗二首

静夜思

床前明月光，疑是地上霜。①
举头望明月，低头思故乡。②

关山月（节选）

明月出天山，苍茫云海间。③
长风几万里，吹度玉门关。④

【注释】

①［疑］好像。　②［举头］抬头。　③［天山］即祁（qí）连山，在今甘肃西部、青海东北部边境。　④［玉门关］故址在今甘肃西北，是古代通向西域的重要关隘。

【解读】

《静夜思》是唐代著名大诗人李白的新乐府诗。该诗描写了秋日夜晚，诗人抬头望月的所思所感。诗中运用比喻、衬托等手法，表达了诗人客居他乡的思念之情。在月色如霜的秋夜，诗人睡梦初醒，恍惚中将清冷的月光误认作铺在地面的白霜。这里的"霜"字用得极妙，既形容了月光的皎（jiǎo）洁，又表达了季节的寒冷，还烘（hōng）托出诗人漂泊他乡的孤寂凄凉之情。诗的后两句通过动作神态的刻画，深化思乡之情。用"举头""低头"和"思"字给读者留下丰富的想象。短短四句诗，构思精巧，内容丰富，为历代所传诵。

《关山月》为乐府旧题，这首诗在内容上仍继承古乐府的旧制，但诗人笔力雄劲，使得诗的意旨博大，意境高远。这里所选为全诗开头四句，主要写关、山、月三种元素构成的辽阔边塞图景，为后文的沙场哀怨、戍客思归埋下伏笔，使得气象雄浑的关山月和思亲怀乡之情浑然一体。

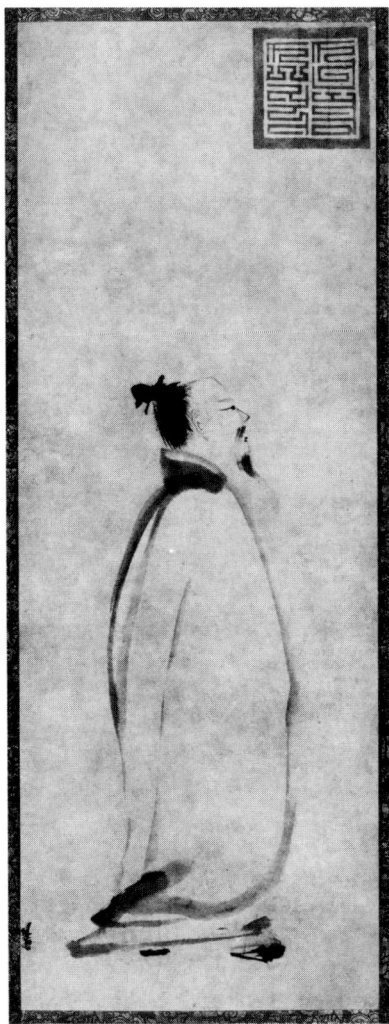

［宋］梁楷《李白行吟图》

竹枝词^①二首（其一）

刘禹锡

杨柳青青江水平，闻郎江上唱歌声。^②
东边日出西边雨，道是无晴还有晴。^③

【注释】

①［竹枝词］乐府《近代曲》名，又名"竹枝""竹枝歌""竹枝曲"。原是巴渝（yú，今重庆一带）地区的民歌，唱时以鼓、笛伴奏，同时起舞，声调婉转动人。　②［郎（láng）］旧时妇女对丈夫或恋人的称呼。［唱］一作"踏"。　③［晴］谐音"情"。一作"情"。

【解读】

《竹枝词》是唐代诗人刘禹锡（xī）创作的新乐府民歌。第一句"杨柳青青江水平"即景起兴，第二句写"闻郎江上唱歌声"，在杨柳依依的平静江面上，女子忽然听到飘来的小伙子的歌声，这歌声就像一块石头投入平静的江水，溅起层层涟（lián）漪（yī），牵动着年轻女子的感情波澜（lán）。第三、第四两句"东边日出西边雨，道是无晴却有晴"，写年轻女子听到歌声后的心理活动。诗人用谐（xié）音双关的手法，把天"晴"和爱"情"这两件看似毫不相关的事物巧妙地加以联系，表现出初恋女子微妙的感情。这首民歌语言简洁，诗意清朗，感情纯挚（zhì），为历代读者所喜爱。

凉州词二首

凉州词

王之涣

黄河远上白云间，一片孤城万仞山。^①
羌笛何须怨杨柳，春风不度玉门关。^②

凉州词

王　翰

葡萄美酒夜光杯，欲饮琵琶马上催。^③
醉卧沙场君莫笑，古来征战几人回?^④

【注释】

①［远］一作"直"。［孤（gū）城］指孤零零的戍边的城堡（bǎo）。［仞（rèn）］古代的长度单位，一仞相当于七尺或八尺。　②［羌（qiāng）笛（dí）］古羌族主要分布在甘、青、川一带。羌笛是羌族乐器，属横吹式管乐。［何须怨］何必埋怨。［杨柳］杨树和柳树，这里泛指柳树，又指的是《杨柳曲》。［不度］吹不到。　③［夜光杯］用白玉制成的酒杯，光可照明，这里指华贵而精美的酒杯。［欲］将要。［琵（pí）琶（pa）］这里指作战时用来发出号角的声音时用的乐器。［催］催人出征；也有人解作鸣奏助兴。　④［沙场］平坦（tǎn）空旷

（kuàng）的沙地，古时多指战场。〔君〕你。〔征战〕打仗。

【解读】

　　《凉州词》，又称《凉州曲》或《凉州歌》，是乐府歌辞，是按唐代凉州地方乐调歌唱的。王之涣的《凉州词》，首句写极目远眺（tiào）之景，描绘出黄河的蜿（wān）蜒（yán）雄壮。次句写塞上孤城，意境肃杀悲怆（chuàng）。前两句写边塞的萧（xiāo）索悲凉，以衬托戍守者的孤苦寂寥（liáo）。第三句忽而一转，引入羌笛之声。羌笛奏的是《杨柳曲》的曲调，这就不能不勾起征夫的离愁了。玉门关内或许春风和煦（xù），关外却是杨柳不青，离人想要折一枝杨柳寄情也不能，征人怀着这种心情听曲，一个"怨"字，用词精妙，深沉含蓄（xù），耐人寻味。

　　王翰的《凉州词》，描写了边塞将士难得的一次欢聚酒宴，表现出激昂兴奋的情绪和开怀痛饮的场面，这也是边地荒凉的环境、紧张动荡的征戍（shù）生活的写照，具有浓郁的边地色彩和军营生活的风味。民歌语言明快、节奏跌宕（dàng），形象地反映了边塞将士奔放豪迈的气魄（pò）和壮怀激烈的气概。

忆江南词三首

白居易

其一

江南好，风景旧曾谙。①

日出江花红胜火，②

春来江水绿如蓝。③

能不忆江南？

其二

江南忆，最忆是杭州。

山寺月中寻桂子，

郡亭枕上看潮头。④

何日更重游？

其三

江南忆，其次忆吴宫。⑤

吴酒一杯春竹叶，⑥

吴娃双舞醉芙蓉。⑦

早晚复相逢？⑧

【注释】

①〔谙（ān）〕熟悉。 ②〔江花〕江边的花朵。〔红胜火〕颜色鲜红胜过火焰（yàn）。 ③〔绿如蓝〕绿得比蓝草还要绿。如，用法

犹"于"，有胜过的意思。蓝，蓝草，其叶可制青绿染料。 ④〔郡（jùn）亭（tíng）〕疑指杭州城东楼。〔看潮（cháo）头〕钱塘江入海处，有二山南北对峙如门，水涌来时被夹束，势极凶猛，为天下名胜。 ⑤〔吴宫〕指吴王夫差（chāi）为西施所建的馆娃宫，在苏州西南灵岩山上。 ⑥〔竹叶〕酒名，即竹叶青，亦泛指美酒。 ⑦〔吴娃〕吴地美女。 ⑧〔早晚〕犹言何日、几时。

【解读】

"忆江南"原为唐教坊曲名，后用作词牌名，又名"望江南""梦江南""江南好"等，三首"忆江南"是唐代著名诗人白居易分别写江南春色、杭州秋景和苏州胜事。这三首词，不过寥（liáo）寥数十字，却从许多层次上吸引读者进入角色，从而获得诸多审美享受。

第一首泛忆江南，兼（jiān）写苏、杭春景。一开口即赞颂"江南好"，正因为"好"，才不能不"忆"。"风景旧曾谙"一句，说明江南风景之"好"不是听人说的，而是当年亲身感受到的。紧接着写"日出""春来"，互文见义。春来百花盛开，已极红艳；红日普照，更红得耀眼。在这里，因同色相烘（hōng）染而提高了色彩的明亮度。春江水绿，红日的阳光洒满了江岸，更显得绿波粼（lín）粼。第二首以"江南忆，最忆是杭州"领起，前三字"江南忆"和第一首词的最后三字"忆江南"勾连，形成词意的连续性。后五字"最忆是杭州"又突出了其为作者最喜爱的一个江南城市。如果说第一首词像画家从鸟瞰（kàn）的角度用大笔挥洒而成的江南春意图，那么，第二首词便像一幅杭州之秋的画作了。第三首词点到吴宫，但主要却是写人，写苏州的歌姬（jī）舞女和词人自己。从整体上看，意境的变化使联章体词显得摇曳（yè）生姿，丰富多彩。

寄語重門休上鑰
夜潮留向月中看

［宋］李嵩《月夜看潮图》

调笑令二首

调笑令①

戴叔伦

边草，边草，边草尽来兵老。②

山南山北雪晴，千里万里月明。③

明月，明月，胡笳一声愁绝。④

调笑令

韦应物

胡马，胡马，远放燕支山下。⑤

跑沙跑雪独嘶，东望西望路迷。⑥

迷路，迷路，边草无穷日暮。

【注释】

① ［调（tiáo）笑令］词牌名。　② ［边草］边塞之草。此草秋天干枯变白，为牛马所食。［尽］死。［来］助词，相当于"了"。　③ ［雪晴］下过大雪后放晴。［月明］月色皎（jiǎo）洁。　④ ［胡笳（jiā）］一种流行于北方游牧（mù）民族地区的管乐器，汉魏（wèi）鼓吹乐常用之。［绝］极、很，表示事物程度的副词。　⑤ ［胡马］中国西北地区所产的马，品种优良。［燕（yān）支山］即焉（yān）支山，在甘肃。

⑥〔跑（páo）〕指兽蹄刨（páo）地。〔嘶（sī）〕马鸣叫。

【解读】

《调笑令》（边草）是唐代诗人戴叔伦的词作。"调笑令"原是酒席上的酒令，作者用它来写边事，开了边塞词的先声。词的前三句以咏草起兴，点明边地环境，又以"草尽"喻"兵老"，设喻新颖。以下两对句依旧写景，以"雪晴""月明"衬托戍卒（zú）的乡思。末句摹声，写胡笳声传入戍卒耳中后所引起的心理反应。"愁绝"二字为词眼，将戍卒戍边的愁苦之情和盘托出。这首词以比兴手法，将荒凉苦寒的边疆（jiāng），以及戍边士兵无穷的愁怨（yuàn）寄于广漠（mò）夜空的凄（qī）凉胡笳声中。

《调笑令》（胡马）是唐代诗人韦（wéi）应物的词作。这首词先写放牧地点，次写迷路神态，再写草原景色，把迷路的骏（jùn）马放在苍茫的背景中，描绘了一幅宏阔的草原骏马图。"跑沙跑雪独嘶""东望西望路迷"两句，刻画了迷路的骏马那种焦躁、彷（páng）徨（huáng）的神态，虽着墨不多，但生动逼真；"远放燕支山下""边草无穷日暮"两句，凸显了草原的辽阔、旷（kuàng）远，笔法清新简练，浑朴苍劲（jìng）。整首词抒发了诗人的人生感慨，从一个侧面暗示了边塞的严酷，但悲凉中不失雄浑辽阔。

送元二使安西

王　维

渭城朝雨浥轻尘，客舍青青柳色新。^①
劝君更尽一杯酒，西出阳关无故人。^②

【注释】

①［渭（wèi）城］即秦代咸（xián）阳古城，汉改渭城。　［朝（zhāo）雨］早晨下的雨。［浥（yì）］湿。［客舍（shè）］驿馆、旅馆。［柳色］柳叶的颜色。柳树象征离别。　②［更（gèng）尽］再喝干，再喝完。［阳关］在今甘肃省敦（dūn）煌（huáng）西南，为古代通西域的重要关隘。［故人］老朋友。

【解读】

《送元二使安西》是唐代诗人王维的诗作。后有乐人谱（pǔ）曲，名为"阳关三叠"，又名"阳关曲"。该诗大约作于安史之乱前，王维送行之地是渭城。诗歌语言朴实，形象生动，由于运用了巧妙的艺术手法表达了浓郁深挚（zhì）的感情，道出了人人共有的依依惜别之情，所以在唐代便被谱成歌曲演唱，成了离筵（yán）别席上的经典送行之歌。这首诗没有特殊的背景，自有深挚的惜别之情，后人将其编入乐府，成为最流行、传唱最久的别曲之一。

和张仆射塞下曲六首（选二）

卢 纶

其二

林暗草惊风，将军夜引弓。①
平明寻白羽，没在石棱中。②

其三

月黑雁飞高，单于夜遁逃。③
欲将轻骑逐，大雪满弓刀。④

【注释】

　　①［惊风］突然被风吹动。［引弓］拉弓、开弓，这里包含下一步的射箭。　②［平明］天刚亮的时候。［白羽］箭杆后部的白色羽毛，这里指箭。［没（mò）］陷入，这里是钻进的意思。［石棱（léng）］石头的棱角，也指多棱的山石。　③［月黑］没有月光。［单（chán）于］匈奴的首领，这里指入侵者的最高统帅。［遁（dùn）］逃走。　④［将（jiàng）］带领。［轻骑］轻装快速的骑兵。"骑"旧读"jì"。［逐］追赶，追击。

【解读】

　　《塞下曲》是唐代诗人卢纶（lún）的诗作。"塞下曲"为汉乐府旧题，属《横吹曲辞》，内容多写边塞征战。第一首写一位将军猎虎的故事，取材于西汉史学家司马迁记载当时名将李广事迹的《李将军列传》。诗人写将军夜猎，见林深处风吹草动，以为是虎，便弯弓猛射。天亮一看，箭竟然射进一块石头中去了。通过这一典型情节，表现了将军的勇武气概。第二首诗写将军雪夜准备率兵追敌的壮举，豪迈刚劲。虽区区二十字，却写出了当时的实情：单于在"月黑雁飞高"的情景下兵败溃（kuì）逃，将军在"大雪满弓刀"的奇寒天气下准备率军出去。一逃一追把紧张的气氛全部渲（xuàn）染了出来。虽然没有直接写激烈的战斗场面，但给读者留下广阔的想象空间。

张善孖（zī）《虎》

思与行

【记诵与积累】

◎江南可采莲，莲叶何田田！（《江南》）

◎青青园中葵，朝露待日晞。（《长歌行》）

◎少壮不努力，老大徒伤悲。（《长歌行》）

◎花落逐水去，何当顺流还？（《前溪歌》）

◎天苍苍，野茫茫，风吹草低见牛羊。（《敕勒歌》）

◎慈母手中线，游子身上衣。（《游子吟》）

◎谁言寸草心，报得三春晖。（《游子吟》）

◎同是长干人，自小不相识。（《长干曲》）

◎举头望明月，低头思故乡。（《静夜思》）

◎明月出天山，苍茫云海间。（《关山月》）

◎东边日出西边雨，道是无晴却有晴。（《竹枝词》）

◎羌笛何须怨杨柳，春风不度玉门关。（《凉州词》）

◎葡萄美酒夜光杯，欲饮琵琶马上催。（《凉州词》）

◎醉卧沙场君莫笑，古来征战几人回？（《凉州词》）

◎山寺月中寻桂子，郡亭枕上看潮头。（《忆江南》）

◎明月，明月，胡笳一声愁绝。（《调笑令》）

◎迷路，迷路，边草无穷日暮。（《调笑令》）

◎劝君更尽一杯酒，西出阳关无故人。（《送元二使安西》）

◎欲将轻骑逐，大雪满弓刀。（《和张仆射塞下曲六首（其三）》）

【熟读与精思】

民歌是诗歌的源头，是可以配合音乐来吟诵和歌唱的。有人说："民歌就是劳动人民的歌，一直弹奏着现实主义的响调。"请结合本单元古代民歌的学习和自己的积累，说说你对这句话的理解。

【学习与践行】

◎优秀民歌是培育和传播民族精神的重要载体，在建设中华优秀传统文化传承体系中具有重要作用。随着社会的发展，不少历史悠久、特色鲜明的民歌，在现代快节奏的生活里逐渐被遗忘了。请结合本单元的学习，思考并讨论民歌等非物质文化遗产在当今有何意义，我们该怎样继承发展。

◎民歌是人民的歌，它来源于民间。不同时代，不同地域、国家与民族，会产生不一样的民歌，但这些民歌却都传递着人们自己的生活、理想、愿望与情感。学了本单元这么多不同题材、不同风格的民歌，你是不是也有了写民歌的兴趣呢？那就拿起笔来创作一首自己的民歌吧，用朴素生动的语言，巧妙的比兴、夸张、重叠、谐音等手法，来歌唱生活，抒发情感，讴歌成长。

第三单元　传统节日诗词

导与引

　　中国传统节日，是中华民族悠久历史文化的重要内容。它不仅清晰地记录着古代人民丰富而多彩的生活与民俗，而且体现了古代人民对自然的认识和尊重，蕴含着中华民族善良美好的思想理念、传统美德和人文情怀，凝聚着千百年来人们对幸福生活的向往和追求。

　　在漫长的历史长河中，历代文人雅士，以他们对传统节日的深刻体验与人生感悟，为一个个节日谱写了许多脍（kuài）炙（zhì）人口的诗篇。这些名篇佳作至今仍广为传诵，为传统节日增添了更多的精彩和浪漫。

　　本单元精选了20首传诵千古的传统节日古诗词，它们包含了春节、元宵节、寒食节、清明节、端午节、七夕节、中秋节、重阳节和除夕，这些重要节日都是中华民族的集体记忆。阅读这些古老诗篇，要细心体会诗人所展现的浓郁的民族风情和人文景致，并透过这些韵律和谐、文辞考究的诗篇，体会浓浓的节日氛围中诗人独特而复杂的情感，培养对中华优秀传统文化的认同感和自豪感。

元　日①

王安石

爆竹声中一岁除，春风送暖入屠苏。②
千门万户瞳瞳日，总把新桃换旧符。③

【注释】

　　①［元日］又称元朔、元正、正旦、端日、新年、元春等。"元"，谓"始"，"元日"即"初始之日"，正月初一。　②［爆（bào）竹］古时在节日或者喜庆日，用火烧竹，"毕剥"发声，以祛（qū）除山鬼瘟（wēn）神。［岁］年。［除］流逝，过去。［屠（tú）苏（sū）］酒名，古俗正月初一饮屠苏酒以除瘟疫（yì）、辟（bì）邪。　③［瞳（tóng）瞳］形容太阳出来后天色渐亮的样子。［新桃换旧符］用新桃符换下旧桃符。桃符是古代新年时悬挂于大门上的辟邪门饰，春联的前身。

【解读】

　　《元日》是宋代著名文学家王安石的诗作。这首诗描写了春节除旧迎新的欢快场景，阵阵爆竹声送走了旧的一年，饮着醇美的屠苏酒感受到了春天的气息；初升的太阳照耀着千家万户，家家户户门上都换上了新的桃符。诗人选取了极具表现力的"爆竹""春风"加以描绘，将刚劲与柔和巧妙地融为一体，生动地展现了新春喜庆的场面，唤起人们对新的一年的美好期盼。

生查子·元夕①

欧阳修

去年元夜时，花市灯如昼。②

月上柳梢头，人约黄昏后。③

今年元夜时，月与灯依旧。

不见去年人，泪湿春衫袖。④

【注释】

①〔生查（zhā）子〕词牌名。〔元夕〕即元宵，是中国传统节日。农历正月十五为上元节，其夕为元夕。元宵节主要有赏花灯、吃汤圆、猜灯谜、放烟花等习俗。不少地方元宵节还有游龙灯、舞狮子、踩高跷（qiāo）、划旱船、扭秧歌、打太平鼓等传统民俗表演。②〔元夜〕即元夕、元宵。〔花市〕繁华的街市。〔昼（zhòu）〕白天。③〔月上〕月到。〔黄昏〕日已落而天色还没有完全黑的这段时间。④〔春衫〕青年男子穿的衣衫。

【解读】

《生查子·元夕》是宋代著名文学家欧阳修的元夕词作。这首词构思独特，运用今昔（xī）对比、抚（fǔ）今追昔的艺术手法，让读者展开联想与想象。上片景与情对比，景是闹景，情是"幽"情。主人公是闹中取静，情是甜蜜而不安的。下片同样是情景对比，景仍是闹景，情却是"忧"情，是失落、感伤之情。全词语言简朴，意味隽（juàn）永，表达了作者所欲吐露的爱情伤感和苦痛体验。语短情长，情真意切，形象生动。此词适于记诵，流传甚广。

京都元夕^①

元好问

袨服华妆着处逢，六街灯火闹儿童。^②
长衫我亦何为者，也在游人笑语中。^③

【注释】

①〔京都〕国都。这里指汴（biàn）京（今属河南开封）。 ②〔袨（xuàn）服〕盛服，漂亮的衣服。〔华妆〕华贵的妆容。〔着（zhuó）处〕处处，到处。 ③〔长衫〕身长过膝的大褂（guà）。古时读书人多穿。〔何为（wéi）〕为何，做什么。

【解读】

《京都元夕》是金末文学家元好问的诗作。全诗浅白如话却富有情趣，描绘了元宵节的欢愉场景。开头两句写京都元宵节热闹繁华的场面。大人小孩穿着节日的盛装，年轻女子妆容华贵、结伴观赏节日美景，孩子们在璀（cuǐ）璨（càn）灯火里追逐嬉戏，宝马雕（diāo）车、凤箫（xiāo）声动、笑语盈盈、暗香阵阵，好不热闹！在这祥和繁华的元宵节里，诗人也被深深地吸引，随众人一起游玩，沉醉在游人的欢声笑语里。这首诗妙在第三句，诗人不只用"长衫"与"袨服华妆"做了比衬，更是用"我亦何为"做了反问，这一发问，让原本只是观赏元宵佳节的盛世美景，变得意味深长。

寒 食①

韩 翃

春城无处不飞花，寒食东风御柳斜。②
日暮汉宫传蜡烛，轻烟散入五侯家。③

【注释】

①［寒食］寒食节是中国传统节日，一般在清明前两天。据史籍记载，寒食节主要用来纪念春秋时期晋（jìn）国的名臣义士介之推。寒食节在后世发展中逐渐增加了祭（jì）扫、踏青、荡秋千、斗鸡等习俗，前后绵延两千余年，随着岁月的流逝（shì），寒食节逐渐融入了清明节。 ②［春城］春日的长安城。［御（yù）柳］御苑（yuàn）之柳，指皇城中的柳树。 ③［汉宫］本指汉朝宫殿，唐人用它借指本朝宫殿。［传蜡（là）烛（zhú）］寒食节禁火，但权贵宠（chǒng）臣由皇宫传烛点火。［五侯（hóu）］汉成帝封皇太后王政君的五个兄弟为侯，称为五侯，这里泛指天子近幸之臣。

【解读】

《寒食》是唐代诗人韩翃（hóng）的诗作。诗人以"春城无处不飞花"开篇，一下子将诗的立意提到高处，举目远眺（tiào），整个长安城柳絮飞舞，落英缤纷。诗中用语颇（pō）为传神，特别是"春城"一语，将景与城融为一体，凝练而华丽。"无处不飞花"，春风吹拂，满城花卷花飞，呈现了寒食节皇城生机勃勃的迷人风景。诗人从白天写到皇城夜晚景象，勾画了一幅夜晚走马传烛图，使人如见蜡烛之光，如闻轻烟之味。诗人用写真手法，描绘了皇室的气派，充溢着对皇城美景的陶醉和对太平盛世的咏赞。

［明］仇英《汉宫春晓图》

寒　食

孟云卿

二月江南花满枝，他乡寒食远堪悲。^①

贫居往往无烟火，不独明朝为子推。^②

【注释】

①〔二月〕寒食在冬至后一百零五天，若冬至在农历十一月上旬，或是冬至到来年二月间有闰月，则寒食就在二月。〔远〕更加。〔堪（kān）悲〕让人悲伤。　②〔无烟火〕寒食节禁火，但穷人常常断炊，不禁也无火。〔独〕只，仅。〔明朝（zhāo）〕明天。〔子推〕指介之推，也作介子推，春秋时人。他曾随晋公子重耳逃亡在外十九年。后重耳回国，做了国君（即晋文公），赏赐功臣，但介之推不求利禄（lù），与其母隐居绵山（今山西省介休市）。文公遍寻他不见，便焚山求索，结果介之推和母亲被烧死。后人为纪念他，寒食节日不举烟火。

【解读】

《寒食》是唐代诗人孟云卿（qīng）的诗作。首句点明时节，一个"满"字，传递出江南之春繁花竞艳的美好景象。与这种美景相称的该是赏心乐事，然而第二句却出人意料地写出了"堪悲"二字，诗人独在他乡，寒食节日，思亲人，不由悲从中来。第三句紧接上句"寒食"写到"贫居""无烟火"，作者巧妙地将"寒食"与贫寒联系起来，以"不独"二字轻轻点出隐含在诗中的深层主题，寄寓着深切的哀情。诗人借吟咏"寒食"写出了寒士的辛酸，而巧在落笔不在"贫"字上。这首诗也正因为命意新颖（yǐng），构思巧妙，特别是反衬手法的运用，耐人寻味，成为寒食诗中不可多得的佳作。

清 明[①]

杜 牧

清明时节雨纷纷，路上行人欲断魂。[②]
借问酒家何处有，牧童遥指杏花村。[③]

【注释】

①［清明］通常称清明节，又称踏青节、行清节、三月节、祭祖节等，春分后十五天为清明。清明节源自上古时代的祖先信仰与春祭礼俗，既是自然节气点，也是传统节日。清明节不仅有祭扫、缅（miǎn）怀、追思的主题，而且有踏青郊游、愉悦身心的内容，"天人合一"传统理念在清明节中得到了生动体现。 ②［纷（fēn）纷］形容多。［行（xíng）人］离家在外的人。［断魂（hún）］灵魂离开肉体，形容一往情深或哀伤。这里形容伤感极深。 ③［借问］请问，敬辞，用于向人打听事情。［杏花村］杏花林深处的村庄。后人受此诗影响，常用"杏花村"作酒家名或代指酒家。

【解读】

《清明》是唐代诗人杜牧的名作。清明时节，诗人独自行走在春雨绵绵的小路上。"断魂"二字，不独为清明节日缅怀故人，更因在这家人一起扫墓踏青之际，诗人却独自在异乡，又逢连绵细雨，触景伤怀，平添愁绪。诗人想找个酒家消散愁绪，于是向牧童问路，一个"遥"字，既表明了路途之远，又蕴含了思念之长。全诗语言通俗，音节和谐，景象清新，境界优美，层层递进，余韵袅（niǎo）袅。

苏堤清明即事①

吴惟信

梨花风起正清明，游子寻春半出城。②
日暮笙歌收拾去，万株杨柳属流莺。③

【注释】

①［苏堤］北宋元祐（yòu）五年（1090），苏轼任杭州知州时，疏浚（jùn）西湖，利用浚挖的淤（yū）泥构筑并历经后世演变而形成的堤坝，杭州人民为纪念苏轼治理西湖的功绩，把它命名为"苏堤"。［即事］对眼前的事物、情景有所感触而创作，由此而成的诗歌就叫即事诗。　②［梨花风］古代认为从小寒至谷雨有二十四番应花期而来的风，梨花风为第十七番花信风。梨花风后不久即是清明。　③［笙（shēng）歌］乐声、歌声。"笙"为管乐器名，一般用十三根长短不同的竹管制成。［去］助词，表示完毕，完了。［属（shǔ）］归于。

【解读】

《苏堤清明即事》是宋代诗人吴惟（wéi）信的诗作。这首诗描写了清明时节苏堤的景象。前两句写西湖春景。和暖的微风轻拂，杨柳依依，水波粼粼，苏堤处处繁花似锦、莺歌燕舞。游人成群结队来到西湖，似乎城里一大半的人都来了，他们踏青觅春，欣赏美丽的春光。后两句写日暮时，苏堤边上的音乐歌舞都结束了，游人散后，西湖景色更加幽静美丽了，湖堤上千千万万棵青翠的杨柳，在此时只好让给飞回来的黄莺了，它们在柳树上尽情欢唱。诗人运用侧面描写手法，描绘了一幅清明时节郊游踏青的群乐图。

端　午①

文　秀

节分端午自谁言，万古传闻为屈原。②
堪笑楚江空渺渺，不能洗得直臣冤。③

【注释】

①［端（duān）午］即端午节，也称端阳节、龙舟节等，是中国传统节日，时间为农历五月初五，相传为纪念伟大诗人屈原的日子。我国各地有吃粽（zòng）子、喝雄黄酒、龙舟竞渡（dù）等习俗。2009 年端午节被列入联合国教科文组织非物质文化遗产名录，因此端午节又是人类共享的文化节日。　②［自谁言］从谁那儿说起。［屈原］中国最早的浪漫主义诗人，战国时代楚国人。　③［楚江］楚地的江河，这里指汨（mì）罗江。［渺（miǎo）渺］江水辽阔苍茫的样子。［直臣］正直的臣子，这里指屈原。

【解读】

《端午》是唐代江南诗僧文秀所作。这首诗题为端午，但全然不写节庆景象，而是从端午的历史记忆切入，诗人站在烟波浩渺的楚江上，思绪万千，提出了一个发人深省的问题：后人都在端午节用吃粽子、赛龙舟等多种方式歌颂、纪念屈原，但是屈原投江这样的悲剧毕竟发生了，这千古冤屈是不能简单被洗刷尽的。我们应记住这沉痛教训，减少悲剧发生。诗歌视角独特，言简意深，具有千钧之力。

减字木兰花·竞渡①

黄　裳

红旗高举，飞出深深杨柳渚。②

鼓击春雷，直破烟波远远回。③

欢声震地，惊退万人争战气。④

金碧楼西，衔得锦标第一归。⑤

【注释】

　　①［减字木兰花］词牌名。［竞渡］划船比赛。　②［红旗高举］高高举起红旗。［渚（zhǔ）］水中小块陆地。　③［春雷］形容鼓声像春雷一样响个不停。［远远回］从很远的地方传来鼓声，形容龙舟的速度之快。　④［惊退万人争战气］人们欢呼声很大，那气势胜过了战场上千军万马的争战。　⑤［金碧楼西］领奖处装饰得金碧辉煌。［衔（xián）得］夺得。［锦标］古时的锦标，也就是一面彩缎的奖旗，一般都悬挂在终点岸边的一根竹竿上，从龙舟上就可以摘取到。

【解读】

　　《减字木兰花·竞渡》是宋代文学家黄裳的词作。上片犹如一个紧追龙舟的特写镜头，将龙舟从出发到加速，再到折回的过程详细地记录下来，其间数艘船争渡的激烈气氛，以及船上人高涨的气势，无不清晰呈现。下片转而写围观人群欢呼声震天动地，有胜过万人争战的豪气。在金碧辉煌的小楼西侧，夺得锦标的龙舟获得第一名回来了。词人采用白描手法，通过色彩、声音刻画了竞渡夺标的热烈紧张气氛，以豪迈笔势描绘了龙舟赛的盛况，同时也表达了对屈原的尊敬和怀念之情。

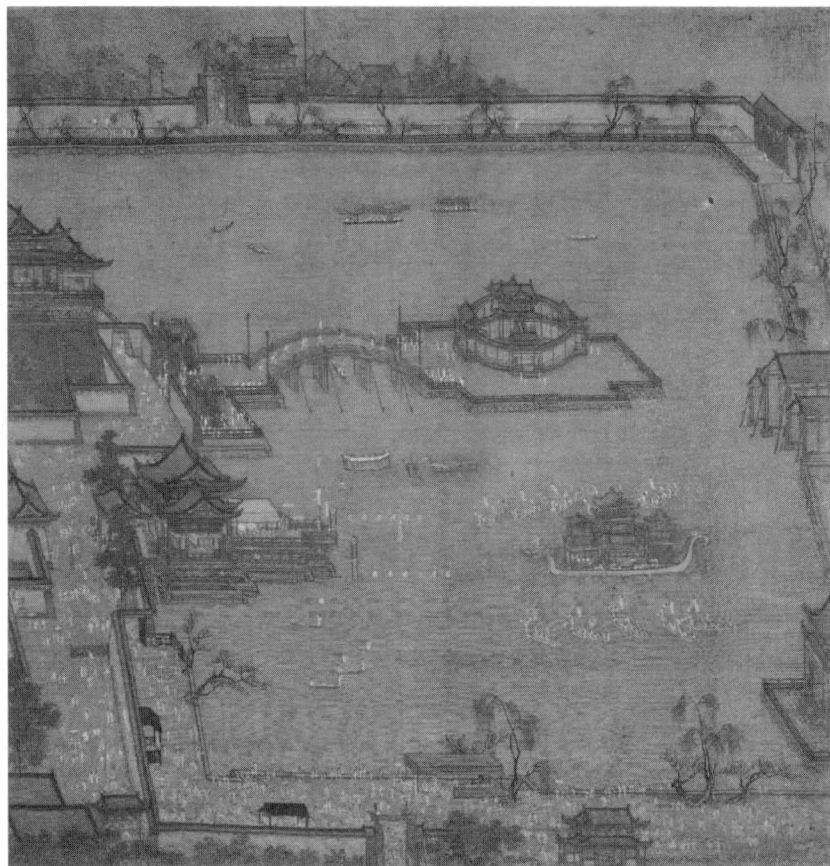

［宋］张择端《金明池争标图》

七 夕^①

杜 牧

银烛秋光冷画屏，轻罗小扇扑流萤。^②
天阶夜色凉如水，卧看牵牛织女星。^③

【注释】

①〔七夕〕又称七夕节、七巧节、女儿节、乞（qǐ）巧节等，是中国传统节日，时间为农历七月初七夜晚。七夕被赋（fù）予"牛郎织女"的美丽传说，因此也成为象征爱情的节日，被认为是中国最浪漫的传统节日。七夕节有穿针乞巧、乞子、拜祀（sì）牛郎和织女等习俗。 ②〔银烛〕烛光。一说白色的蜡烛。〔画屏（píng)〕画有图案的屏风。〔轻罗小扇〕轻巧的丝质团扇。〔流萤（yíng)〕飞动的萤火虫。③〔天阶〕露天的石阶。

【解读】

《七夕》是唐代诗人杜牧的诗作。诗的前两句用一个"冷"字，既写出夜深时的冷寂，也衬托出宫女内心的怅然，在寂寥中借团扇扑打萤火虫以排遣难耐的时光。后两句用"凉"和"卧看"，既写了石阶上的寒意，也道出了宫女孤独无依和不由自主的期盼与等待，不禁羡慕牛郎织女，好在还有一年一度的相会，终可解相思之苦。这首诗如同一幅精心设计的七夕画轴，恰如清代学人蘅（héng）塘退士孙洙（zhū）所言，"层层布景，是一幅着色人物画。只'卧看'两字，逗出情思，便通身灵动"。

乞 巧

林 杰

七夕今宵看碧霄，牵牛织女渡河桥。^①

家家乞巧望秋月，穿尽红丝几万条。^②

【注释】

① [宵（xiāo）] 夜晚。[碧霄（xiāo）] 指浩瀚无际的青天。[牵牛织女] 指牛郎和织女。[河] 银河。[桥] 喜鹊在银河上搭成的桥。② [乞巧] 七月七日为牛郎织女相会之期，旧时风俗，妇女们对着月亮引线穿针，期望像织女一样灵巧，能更好地织布、刺绣，因此称为"乞巧"。[红丝] 牵引姻缘的红色丝线。[几万条] 比喻多。

【解读】

《乞巧》是唐代诗人林杰的诗作。诗人以最浪漫的想象与最美好的愿望，描绘了民间七夕节乞巧的盛况。"七夕今宵看碧霄，牵牛织女渡河桥"，诗一开篇就抒写了七夕夜晚，人们仰望浩瀚的天空，想象着一年一度牛郎织女鹊桥相会的浪漫情景，美丽的传说牵动着一颗颗多愁善感的心灵，唤起人们对爱情的憧憬。"家家乞巧望秋月，穿尽红丝几万条"，家家户户都希望向织女乞求一双巧手，穿尽无数红丝，以此编织和谐甜美的爱情和幸福美满的生活。

十五夜望月①

王　建

中庭地白树栖鸦，冷露无声湿桂花。②
今夜月明人尽望，不知秋思落谁家。③

【注释】

①〔十五〕即中秋节，又称团圆节、仲秋节、拜月节等，时间为农历八月十五日。中秋节始于唐朝初年，盛于宋朝，流传至今，是中国传统节日。中秋节有祭月、赏月、拜月、吃月饼、赏桂花、饮桂花酒等习俗，中秋节也象征着团圆和美好，嫦（cháng）娥（é）奔月、吴刚伐（fá）桂、玉兔捣（dǎo）药，这些动人传说，承载着人们对幸福生活的期盼。　②〔中庭（tíng）〕庭院中。〔地白〕月光照在地面，白白的一片。〔鸦〕鸦鹊。〔冷露〕秋天的露水。　③〔尽〕都。〔落〕一作"在"。〔谁家〕谁。"家"是句尾语助词，无实义。

【解读】

《十五夜望月》是唐代诗人王建的诗作。诗人运用生动的语言，丰富的想象，营造了中秋望月的特定氛围，把人们带入月明人远、思念深长的意境里。诗的前两句写月光照在庭院里，地上好像铺了一层白霜。浓密的树荫里，鸦鹊的聒（guō）噪声逐渐消停。在这寂寥的中秋夜，秋露打湿了庭中桂花。诗人仰望明月，不觉浮想联翩（piān）：广寒宫里的桂花树，是否也被清冷的露珠沾湿？后两句写月圆之夜，人们都在遥望空中夜月，圆圆的月亮是一样的，可是有的人阖（hé）家团圆，而有的人却天各一方，望着月亮的人里面，谁在思念着亲友呢？这悠悠不尽的结尾，将离别思聚的情意，表现得格外动人。

月夜忆舍弟

杜 甫

戍鼓断人行，边秋一雁声。①
露从今夜白，月是故乡明。②
有弟皆分散，无家问死生。
寄书长不达，况乃未休兵。③

【注释】

①〔戍（shù）鼓〕戍楼上的更鼓。戍，驻防。〔断人行〕指鼓声响起后，就开始宵（xiāo）禁。〔边秋〕边塞的秋天。 ②〔露从今夜白〕意思是白露这一节气到了。 ③〔长〕一直、老是。〔达〕到。〔况乃〕何况是。〔未休兵〕战争还没有结束。

【解读】

《月夜忆舍弟》是唐代著名诗人杜甫的诗作。这首诗题虽为"月夜"，但作者并没有从月夜写起，而是先描绘了一幅边塞秋天的图景。在戍楼的鼓声和失群孤雁的哀鸣声衬托之下，秋夜里的思亲之情更显深沉和浓烈。"露从今夜白，月是故乡明"，诗人不仅写实景，而且融入了自己的主观感情，深刻地表达了白露时节的秋夜里，对故乡的深沉思念。在这兵荒马乱的日子里，兄弟离散，杳（yǎo）无音讯，书信不达，生死未卜，使清冷的月夜，更是别有一番滋味，字里行间传递出诗人无限的思念与哀伤。全诗托物咏怀，层次井然，首尾照应，一如杜甫诗惯有的风格。

阳关词·中秋月

苏　轼

暮云收尽溢清寒，银汉无声转玉盘。①

此生此夜不长好，明月明年何处看。②

【注释】

①［暮云］傍晚的云。［收尽］消散。［溢（yì）］充满。［清寒］清凉。［银汉］天河。［转（zhuàn）］移动。［玉盘］指月亮。　②［此夜］这样的夜晚。［长（cháng）］长久，一直。

【解读】

《阳关词·中秋月》是宋代著名文学家苏轼所作《阳关词》三首之一。这首诗流露了作者从中秋佳节月圆人团圆的愉悦，到兄弟即将分离的别情，意境空灵，意旨深厚。首句先从被暮云遮住的明月写起，而"收尽"则指云雾消散，中秋之夜的月亮变得分外明亮。接下来的"溢""清寒"二词，更是增添了明月高洁之美。"无声"一词，似乎是在说银河太遥远了，即便本来有声此时也无声了，写出了中秋明月夜的寂静空旷。而此时的明月又恰似一面"玉盘"，诗人生动地表现了月亮冰清玉洁的美感，一个"转"字增添了整幅画面的动感。一轮满月当空，本是赏心乐事，想到兄弟俩又将分别，诗人不由发出"明月明年何处看"的惆（chóu）怅（chàng）之感，令人怀想。

相逢幸遇佳時節
月下花前且把盃

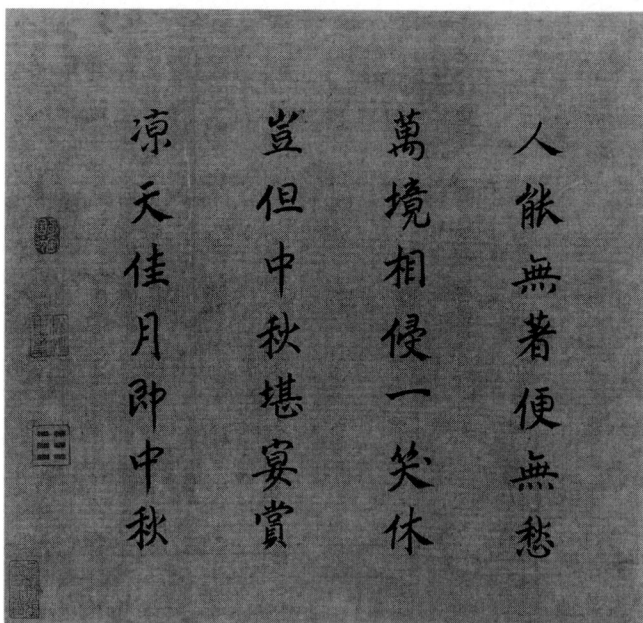

人能無著便無愁
萬境相侵一笑休
豈但中秋堪宴賞
涼天佳月即中秋

［宋］马远《月下把杯图》

中秋月

徐有贞

中秋月。月到中秋偏皎洁。①

偏皎洁，知他多少，阴晴圆缺。

阴晴圆缺都休说，且喜人间好时节。②

好时节，愿得年年，常见中秋月。

【注释】

① ［偏（piān）］表示程度，特别、很。 ［皎（jiǎo）洁］明亮。
② ［休说］不要说。［且］暂且，姑且。

【解读】

《中秋月》是明代学人徐有贞的词作。词的上片写月到中秋分外明亮，人们在欣赏中秋明月之时，是否想起月儿阴晴圆缺的变化呢？作者从十五月圆的自然现象出发，联想到月亮的阴晴圆缺，暗含了对人生无常的感慨（kǎi）。下片笔锋一转，告诉人们放下阴晴圆缺、悲欢离合的烦恼事，好好珍惜中秋佳节的大好时光，并发出一家人年年都能团圆、共赏中秋月的美好祈（qí）盼。整首词语言朴实，运用顶针手法，句句相接，回环往复，一咏三叹，使整首词富有音乐美和意蕴美。

九月九日忆山东兄弟①

王 维

独在异乡为异客，每逢佳节倍思亲。②
遥知兄弟登高处，遍插茱萸少一人。③

【注释】

①〔九月九日〕即重阳节，中国传统节日，为农历九月初九日，"九"数在《易经》中为阳数，"九九"两阳数相重，故曰"重阳"，古代在重阳节有登高祈（qí）福、拜神祭（jì）祖、饮宴（yàn）祈寿等习俗。重阳节传至今日，又平添了敬老等内涵，故今天的重阳节有登高赏秋与感恩敬老等活动。〔山东〕指华（huà）山以东。 ②〔异乡〕他乡，外乡。〔异客〕作客他乡的人。〔佳节〕美好的节日。 ③〔登高〕古有重阳节登高的风俗。〔茱（zhū）萸（yú）〕一种香草，古时人们认为重阳节插戴茱萸可以避灾克邪。

【解读】

《九月九日忆山东兄弟》是唐代诗人王维的名作。诗开篇便紧扣题眼，写自己漂泊他乡的孤独和凄（qī）然，因而时时怀乡思亲，尤其在良辰佳节时更是如此，一句"每逢佳节倍思亲"，引起无数人的共鸣。接着诗人从直抒（shū）胸臆（yì），转而遥想兄弟们在重阳佳节登上高山，头上插着茱萸，该是多么的快乐。亲人们在插茱萸时发现少了一人，同样也会思念自己。这种对比手法，使诗意跳跃，含蓄深沉，既朴素自然，又曲折有致。诚如《唐诗直解》对该诗的评价，"诗不深苦，情自蔼（ǎi）然，叙得真率，不用雕（diāo）琢（zhuó）"。

蜀中九日①

王　勃

九月九日望乡台，他席他乡送客杯。②

人情已厌南中苦，鸿雁那从北地来。③

【注释】

①［蜀（shǔ）中］四川中部，这里指四川一带。　②［九月九日］指重阳节。［望乡台］古代出征或流落在外乡的人，往往登高或登土台，眺望家乡，这种台称为望乡台。［他席］别人的酒席。这里指为友人送行的酒席。［他乡］异乡。　③［人情］人的感情，这里指作者的感情。［厌（yàn）］饱尝，充分经受。［南中］南方，这里指四川一带。［那］为何。［北地］北方。

【解读】

《蜀中九日》是唐代诗人王勃在异乡参加友人重阳宴会并登高回望故乡时所作。诗的首句点明了时间与地点，第二句写诗人在异乡送别友人时倍感凄凉，此时正逢重阳佳节，又是客中送客，自然更容易勾起浓浓的乡愁。"他席""他乡""送客杯"，写尽了诗人客居他乡的孤独、漂泊、无依。后两句写北雁南飞，平添诗人北归而不能的愁绪，将思乡的情绪推向了高潮。诗人将怀乡之情与自然之景融于一体，寓情于景，以他乡送客的体验，写出佳节思乡的感慨，以北来鸿雁反衬南中人情，使这份思乡之情更显悠长。

醉花阴①

李清照

薄雾浓云愁永昼，瑞脑销金兽。②

佳节又重阳，玉枕纱厨，半夜凉初透。③

东篱把酒黄昏后，有暗香盈袖。④

莫道不销魂，帘卷西风，人比黄花瘦。⑤

【注释】

①〔醉花阴〕词牌名。 ②〔永昼（zhòu）〕漫长的白天。〔瑞脑〕一种熏香名，又称龙脑、冰片。 〔金兽（shòu）〕指兽形的铜香炉。③〔纱厨〕即防蚊蝇（yíng）的纱帐。 ④〔东篱〕泛指采菊花的地方，语出陶渊明"采菊东篱下"。〔暗香〕指菊花的幽香。 ⑤〔销（xiāo）魂（hún）〕形容极度忧愁、悲伤。〔黄花〕菊花。

【解读】

《醉花阴》是宋代著名女词人李清照的词作。这首词抒发了词人重阳佳节思念不在身边的丈夫的心情。上片写重阳日从早到晚，天空布满着"薄雾浓云"，词人独自百无聊（liáo）赖地看着香炉里升起的袅袅青烟，思念丈夫；"又"是一个重阳佳节了，睡到半夜，气温骤降，"凉"意浸透枕头，更增添了对丈夫的思念。下片写赏菊饮酒的情景。词人一边饮酒，一边赏菊，染得满身花香。然而，不禁触景伤情，想起不能与丈夫一起把酒赏花，便再无饮酒赏菊的意绪，于是匆匆回到房间。面对菊花，顾影自怜，相思怨别，遂凝聚成千古佳句——"莫道不消魂，帘卷西风，人比黄花瘦"。将思念之情与眼前之景融为一体，独具风格。

［清］陈枚《月曼清游图·重阳赏菊》

除夜雪①

陆　游

北风吹雪四更初，嘉瑞天教及岁除。②
半盏屠苏犹未举，灯前小草写桃符。③

【注释】

①〔除夜〕即除夕，农历十二月最后一日的晚上。除夕之夜，民间有通宵（xiāo）守夜的习俗，俗称"守岁"。除夕自古就有祭（jì）祖、守岁、吃团圆饭、贴春联、挂灯笼等习俗，历代流传，经久不息。受中华文化的影响，除夕也是世界各地华人华侨（qiáo）的传统节日。②〔四更（gēng）〕古时将一夜分为五更，四更指子夜一点至凌晨三点。〔嘉（jiā）瑞（ruì）〕祥瑞，吉祥的事物，这里指寓意美好的雪。〔天教〕上天赐（cì）予。〔及岁除〕在除夕的时候。　③〔盏（zhǎn）〕杯。〔屠（tú）苏（sū）〕以屠苏等药草制成的酒，古俗，在农历正月初一饮屠苏酒。〔小草〕指写草书。〔桃符〕指春联。

【解读】

《除夜雪》是宋代著名诗人陆游的诗作。该诗写于除夕夜。诗人为何夜半四更仍未睡？就是因为除夕守夜，辞旧迎新。为何天降大雪是上天赐予的祥瑞？因为瑞雪兆（zhào）丰年，更显新春的欢乐祥和。为何有半盏屠苏酒？因为和家人团聚饮酒共庆佳节。为何用草书写春联？因为非飘逸洒脱的草书不能体现诗人心中的喜悦。我们可用一问一答的形式来解读这首诗，更可见诗中处处洋溢（yì）着诗人的快乐心情。

除 夜

文天祥

乾坤空落落，岁月去堂堂。①

末路惊风雨，穷边饱雪霜。②

命随年欲尽，身与世俱忘。

无复屠苏梦，挑灯夜未央。③

【注释】

①〔乾（qián）坤（kūn）〕这里是天地的意思，指空间。"乾"和"坤"本是《易经》的卦名，乾卦代表天，坤卦代表地，后借指天地、阴阳等。〔落落〕广大的意思。〔堂堂〕明显之意。　②〔末路〕指已被俘囚，无望生还，走上了生命的最后一段路。也指南宋灭亡。〔惊风雨〕当年救国的战斗曾经惊动风雨。〔穷边〕极远的边地，这里指燕京。〔雪霜〕既指在北方遭受的严寒的侵袭，也指精神上受到的折磨。③〔屠（tú）苏梦〕旧历元旦有合家喝屠苏酒的习惯，这里借指全家团圆的景象。〔挑（tiǎo）灯〕拨动灯芯、烛蕊，使其明亮。〔夜未央〕夜已深而未尽。央，尽。

【解读】

《除夜》是宋代文学家文天祥的诗作。写这首诗时，文天祥已被关押整整三年，敌人无论怎样软硬兼施，都没能让他屈服。在除夕这个万家团聚、共饮屠苏酒的日子里，诗人在囚房里只有孤灯相伴，他用一支沉甸甸的笔，蘸（zhàn）着热血和心泪，写就了这首悲而不屈的诗作。漫漫长夜，何时才是尽头？

无尽的悲愤之情、难言之意，都包含在默默无语的"挑灯"动作中。作者身陷牢狱仍心系天下安危的宽广胸怀，以及面对死亡无所畏惧的精神，今天读来仍然让我们的心灵感到强烈震撼（hàn）。

［宋］文天祥《谢昌元座右自警辞》

思与行

【记诵与积累】

◎爆竹声中一岁除，春风送暖入屠苏。(《元日》)

◎月上柳梢头，人约黄昏后。(《生查子·元夕》)

◎不见去年人，泪湿春衫袖。(《生查子·元夕》)

◎长衫我亦何为者，也在游人笑语中。(《京都元夕》)

◎春城无处不飞花，寒食东风御柳斜。(《寒食》)

◎贫居往往无烟火，不独明朝为子推。(《寒食》)

◎清明时节雨纷纷，路上行人欲断魂。(《清明》)

◎日暮笙歌收拾去，万株杨柳属流莺。(《苏堤清明即事》)

◎堪笑楚江空渺渺，不能洗得直臣冤。(《端午》)

◎天阶夜色凉如水，卧看牵牛织女星。(《七夕》)

◎家家乞巧望秋月，穿尽红丝几万条。(《乞巧》)

◎今夜月明人尽望，不知秋思落谁家。(《十五夜望月》)

◎露从今夜白，月是故乡明。(《月夜忆舍弟》)

◎此生此夜不长好，明月明年何处看。(《阳关词·中秋月》)

◎阴晴圆缺都休说，且喜人间好时节。(《中秋月》)

◎独在异乡为异客，每逢佳节倍思亲。

(《九月九日忆山东兄弟》)

◎人情已厌南中苦，鸿雁那从北地来。(《蜀中九日》)

◎莫道不销魂，帘卷西风，人比黄花瘦。(《醉花阴》)

◎半盏屠苏犹未举，灯前小草写桃符。(《除夜雪》)

【熟读与精思】

传统节日是中华民族优秀文化的重要组成部分，它陪伴了我们的过去，也涵育着我们的今天和未来。请品味古人笔下那些有着丰富仪式感和活动内容的传统节日，想一想，还读过哪些传统节日诗词，我们今天该如何更好地传承中国传统节日。

【学习与践行】

◎传统节日的习俗会因时因地而变，它们往往反映着不同时代、不同地域的人们的生活状况和精神风貌。请查找资料或实地调查，了解不同民族传统节日风俗的特点，以及它在历史上的变化情况和今天传承面临的问题。可选择其中一个你最感兴趣的传统节日，写一份调查报告。

◎清明节是中华民族最隆重、盛大的祭祖节日，人们要在这一天去扫墓，礼敬逝者、缅怀先人。不过随着时代发展，现在不仅出现了网络扫墓平台，而且出现了请人代为祭扫的形式。这些祭扫形式，亲人都不需要去墓地了。人们对其褒贬不一，有人说这样的祭扫形式很方便，也有人说这样的祭扫形式不真诚。请你结合自己的理解，谈谈对这种祭扫形式的看法。

第四单元　廿四节气诗词

导与引

廿（niàn）四节气是历法中表示自然节律变化的特定节令，它是上古农耕文明的产物，不仅在我国传统农耕文化中具有极其重要的位置，而且在人们日常生活中也发挥了极为重要的作用。廿四节气蕴含着悠久的历史文化内涵，是中华民族传统文化的重要组成部分。一岁四时，春夏秋冬各三个月，每月两个节气，每个节气准确地反映了自然节律变化。

廿四节气的每一个节气都是一幅独特的自然画卷，它对应着人们烟火气十足的日常生活，触动着历代文人墨客多愁善感的心灵。应着节气的呼唤，诗人们创作了大量优美典雅的诗词，呈现了不同节气里迷人的自然风物，描摹了丰富多彩的民俗风情。应着一年四季周而复始的节奏，我们按照古老的传统安排着衣食住行，春种夏长、秋收冬藏，赏红花绿柳、看落雪飞霜，在廿四节气的带动下，我们过着顺应自然的生活。

本单元对应廿四节气，精选了24首朗朗上口的经典节气诗。阅读这些诗篇，要深入体会节气更替间微妙的变化，以及它们所引发的人的情感上细微的波动；感受自然节律和民俗风情互动下的节令文化；思考天人合一理念对今天生活的意义。

立春日禊亭偶成[①]

张　栻

律回岁晚冰霜少，[②]
春到人间草木知。
便觉眼前生意满，[③]
东风吹水绿参差。[④]

【注释】

　　①［立春］二十四节气中的第一个节气，时间一般是 2 月 3 日、4 日或者 5 日。"立"是"开始"之意。"春"，代表着温暖、生长。俗话说"春打六九头"，指的就是立春在"六九"的第一天，因此立春又叫"打春"。"立春一日，百草回芽"，立春后，随着气温的回升，春耕农忙将在我国大部分地区陆续开始。［禊（xì）亭］建于水边供嬉游以祛（qū）除不祥的亭子。［偶（ǒu）成］偶然写成。　②［律（lǜ）回］古人将十二个月与十二音律相对，立春是由"吕"到"律"，故称"律回"。［岁晚］指一年之末，因立春有时在农历腊月中。　③［便觉］顿时觉得。［生意］生机勃勃。　④［参（cēn）差（cī）］长短高低不齐。

【解读】

　　《立春日禊亭偶成》是宋代学人张栻（shì）的节令诗。诗的前两句写立春节气到来时的景象：冰霜渐渐融化，暖意渐渐回升，冬眠的小动物蠢（chǔn）蠢欲动，花草树木开始从沉睡中醒来，正准备迎接新春的到来。"冰霜少""草木知"这两组词，恰如其分地表达了冰雪消融、草木发绿的情景，轻轻传递了春天来到的信息。后两句写诗人的遐（xiá）想：立春时节满目清新，萋（qī）萋芳草，灼（zhuó）灼红桃，碧烟轻摇，莺歌燕舞。只见宽阔的湖面上波光粼粼，东风轻拂，鱼翔浅底，水天一色。一个"生意满"，把读者领进"春来江水绿如蓝"的盎（àng）然景致里，这个"满"字，也使全诗顿时增色。诗人形象地描绘了立春时节的所见所感，语言质朴，景浅意深，令人回味。

［元］赵孟頫《水村图》

七绝·雨水①

佚 名

殆尽冬寒柳罩烟，②
熏风瑞气满山川。③
天将化雨舒清景，④
萌动生机待绿田。⑤

【注释】

①［雨水］二十四节气中的第二个节气，时间一般是 2 月 18 日、19 日或者 20 日。"雨水"表示降水开始，雨量逐渐增多，这时我国大部分地区严寒多雪之时已过，气温回暖，有利于越冬作物返青、生长，因而要抓紧越冬作物田间管理，做好选种、施肥等春耕、春播的准备工作。 ②［殆（dài）尽］几乎全部完了，几乎罄（qìng）尽。 ③［熏（xūn）风］东南风；和风。 ④［清景］清丽的景色。 ⑤［萌（méng）动］开始发芽，这里指开始发生、产生。

【解读】

《七绝·雨水》这首诗写的是雨水时节春寒将尽、农事将起的乡村情形。此时天气即将回暖，杨柳扶风，云烟缭（liáo）绕，和煦（xù）的春风带来漫（màn）山遍野的温暖和祥瑞（ruì）。而随着春天脚步临近，雨水增多，飘落的雨滴不仅浸染（rǎn）了山川美景，而且将蓬勃（bó）的生机带到田间地头。"萌动生机待绿田"，一个"绿"字生动地传递了诗人的心绪，人们急切地等待雨水带来的生机和活力，将无边的田野染成绿色的海洋，同时也表达了诗人对于即将到来的农事的期盼和喜悦。

惊蛰二月节①

元 稹

阳气初惊蛰，韶光大地周。②
桃花开蜀锦，鹰老化春鸠。③
时候争催迫，萌芽护矩修。④
人间务生事，耕种满田畴。⑤

【注释】

①〔惊蛰（zhé）〕古称"启蛰"，是二十四节气中的第三个节气，时间一般在 3 月 5 日、6 日或 7 日。这时天气转暖，渐有春雷，动物入冬藏伏土中，不饮不食，称为"蛰"，"惊蛰"即打雷惊醒蛰居动物的日子。我国劳动人民自古很重视此节气，把它视为春耕开始的日子。
②〔阳气〕暖气，生长之气。〔韶（sháo）光〕美丽的春光。 ③〔蜀（shǔ）锦〕四川传统技艺，织造工艺细腻（nì）严谨（jǐn），配色典雅（yǎ）富丽，皆有寓（yù）意。〔春鸠（jiū）〕春天的鸠鸟。 ④〔时候〕季节，气候。〔矩（jǔ）〕规则，法则。 ⑤〔生事〕指生计，境遇。〔田畴（chóu）〕田地。

【解读】

《惊蛰二月节》是唐代诗人元稹（zhěn）的一首节令诗。诗人创作了组诗《咏廿（niàn）四气诗》，每一个节气对应一首诗。这些诗描绘了我国中原地区的气候，并与农事活动相结合，辅（fǔ）以生活和民俗等内容。立春开始，阳气上升，一直到惊蛰这一节气，整个大地上都弥（mí）漫着春色。惊蛰到来，农人们纷纷下田劳作，成为这个时节最美的风景。这美丽动人的风景给人们带来收获的希望，仿佛已看到秋天那金灿灿的丰收景象。

春分二月中^①

元　稹

二气莫交争，春分雨处行。^②
雨来看电影，云过听雷声。^③
山色连天碧，林花向日明。^④
梁间玄鸟语，欲似解人情。^⑤

【注释】

①〔春分〕二十四节气的第四个节气，时间一般是 3 月 20 日或 21 日，太阳位于黄经 0°（春分点）时。"春分春分，昼夜平分"，表示白天与黑夜的时长相等。春分日后，天气回暖，万物复苏；雨水增多，莺飞草长，正是一年好时节。　②〔二气〕指阴阳二气，指惊蛰和春分交节时刻的气象变化。〔交争〕交相争斗。　③〔电影〕闪电之光。④〔山色〕山的景色。　⑤〔梁（liáng）〕建筑物的横梁。〔玄（xuán）鸟〕燕子。玄，黑色。

【解读】

《春分二月中》是唐代诗人元稹《咏廿四气诗》中的一首。春分时节，正是冷暖空气频繁交替之时，春季强对流天气活跃，雨来云过时，常常伴随着电闪雷鸣。这时山色空蒙，苍山青翠，林中繁花，明丽绽放，诗人通篇都在描写春分时节的奇丽景象。结尾抛出燕子北归传递着"解人情"的心灵密语。人生天地间，若白驹过隙，倏（shū）忽而已。正因美得短暂，美得绚（xuàn）烂，长留不住，所以人们才会感叹"流光容易把人抛"。面对春分怡（yí）人的景色，燕子似在告知人们：珍惜复珍惜啊。

清 明①

黄庭坚

佳节清明桃李笑，野田荒冢只生愁。②

雷惊天地龙蛇蛰，雨足郊原草木柔。③

人乞祭余骄妾妇，士甘焚死不公侯。④

贤愚千载知谁是，满眼蓬蒿共一丘。

【注释】

①［清明］二十四节气之一、春季的第五个节气，时间一般是 4 月 4 日、5 日或 6 日。清明兼（jiān）具自然与人文两大内涵（hán），既是二十四节气之一，也是传统祭（jì）祖节日。作为节日，又称踏青节、行清节、三月节、祭祖节等，扫墓祭祖与踏青郊游是它的两大礼俗主题。　②［桃李笑］形容桃李之花盛开。［荒冢（zhǒng）］无人管理而杂草丛生的坟（fén）墓（mù）。　③［蛰（zhé）］动物冬眠。［郊原］郊外的原野。［柔］初生而柔嫩。　④［人乞祭余骄妾（qiè）妇］典故出自《孟子》，说一齐国人每天外出，向扫墓的人乞讨人家祭（jì）祀（sì）后的酒饭，回家后却向妻妾说别人请自己吃饭。［士甘焚（fén）死不公侯（hóu）］说的是春秋时晋人介之推宁愿被烧死也不当官、不要赏赐的事。

【解读】

《清明》是宋代诗人黄庭坚的诗作。诗以"佳节清明"起句，春雷阵阵，细雨绵绵，动植物都苏醒过来，处处芳草萋（qī）萋，桃李盛开，一片生机盎然。但在野田荒芜之处，是死者的坟墓，使人心生悲哀。诗人触景生情，由清明的百花想到荒原的逝者，桃李欢笑与荒冢生愁构成鲜明的对比，诗人由此情不自禁地流露出对世事无常的感叹。这首诗通篇运用对比手法，增强了艺术效果。

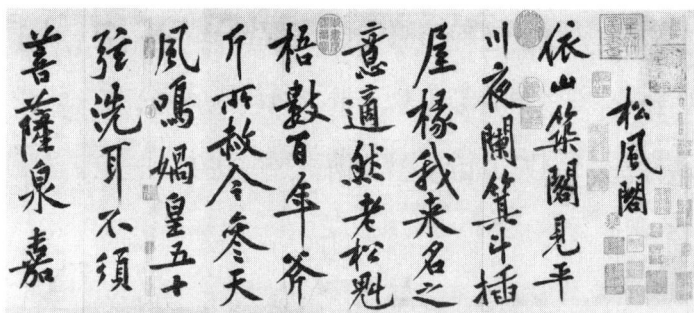

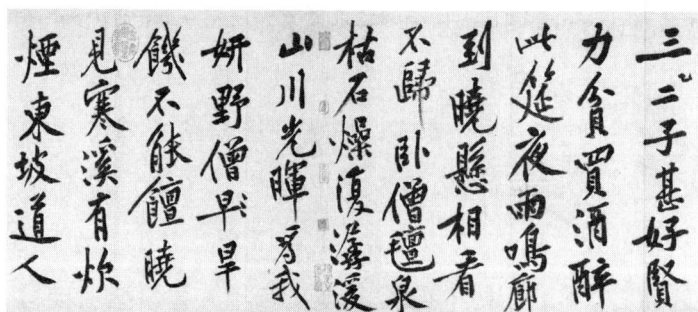

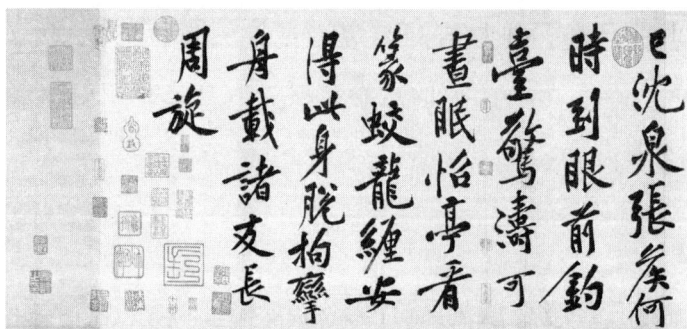

［宋］黄庭坚《松风阁诗帖》

谢中上人寄茶

齐　己

春山谷雨前，并手摘芳烟。①
绿嫩难盈笼，清和易晚天。②
且招邻院客，试煮落花泉。③
地远劳相寄，无来又隔年。④

【注释】

①［谷雨］二十四节气之一、春季的第六个节气，也是春季的最后一个节气，时间一般在 4 月 19、20 或 21 日。谷雨与雨水、小雪、大雪等节气一样，都是反映降水现象的节气，是古代农耕文化对于节令的反映。民间有采谷雨茶的习俗。［并手］采茶的动作，指两手一齐采。［芳烟］比喻茶的嫩叶，因在早晨采茶，茶树飘香、晨雾缥（piāo）缈（miǎo），远远看去嫩嫩的茶叶隐藏在晨雾中，就像碧绿的烟雾，故称。　②［绿嫩］绿嫩的芽茶。［盈（yíng）笼］满笼，指春茶鲜嫩但数量少，难以采满一笼。［清和］晴朗和暖。［易晚］白昼短，容易到夜晚。　③［招］招待。［落花泉］代指茶水。　④［无来］没有到来。

【解读】

《谢中上人寄茶》是唐代诗僧齐己的诗作。"青山谷雨前，并手摘芳烟。绿嫩难盈笼，清和易晚天"，诗的开篇写谷雨节气茶丛中轻雾如烟，不好采摘，翠绿鲜嫩的春山野茶素来稀少，采摘一天还未满筐。这既道出谷雨茶的珍贵，也表明了寄茶人的深厚情谊。诗人收到谷雨佳茗（míng），迫不及待地招来邻院的客人一起品尝新茶。清泉烹茶，茶未入口，心已清甜。诗人用简朴雅致的语言表达了对谷雨佳茗的喜爱、对寄茶友人的想念，竟然和朋友又有一年没见面了。这茶叶，寄托了多么真挚的友谊啊！

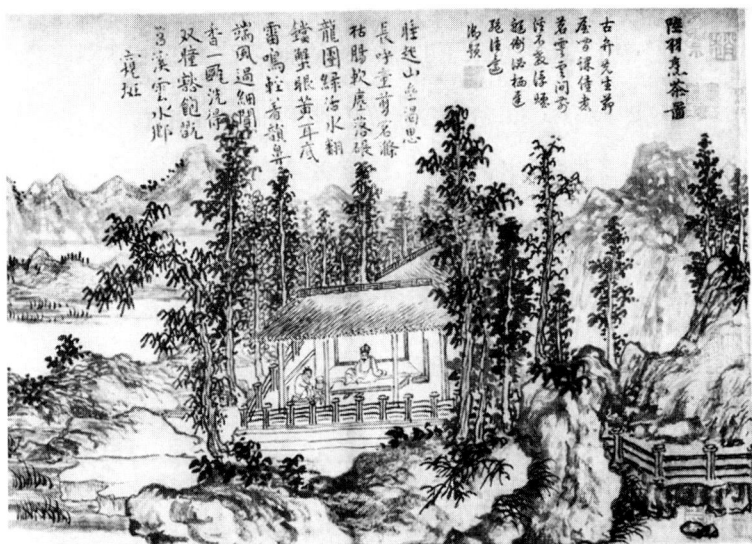

［元］赵原《陆羽烹茶图》

山亭夏日①

高　骈

绿树阴浓夏日长，楼台倒影入池塘。②
水精帘动微风起，满架蔷薇一院香。③

【注释】

①［夏日］这里的"夏日"指的是立夏日，二十四节气中的第七个节气，也是夏季的第一个节气，时间一般在每年公历的 5 月 5 日、6 日或 7 日。太阳到达黄经 45°时立夏，它预示着季节转换，此时温度明显升高，炎暑将临，雷雨增多，盛夏时节正式开始。立夏的"夏"是"大"的意思，指春天播种的庄稼已经直立长大，将进入旺季生长。②［浓（nóng）］指树木的阴影很深。　③［水精帘（lián）］即水晶帘。形容质地精细而色泽莹澈的帘子。

【解读】

《山亭夏日》是唐代诗人高骈（pián）的诗作。诗人用近乎绘画的手法，描绘了绿树浓荫，楼台倒影，池塘水波，满架蔷薇，将山亭夏日的美景收摄其中，构成了一幅色彩绚烂、摇曳（yè）生姿的夏日乡村图，令人感受到微风吹拂的舒心和满院蔷薇的清香。全诗以写景见长，笔法多变，融视觉、触觉、嗅觉于一体，敏锐地捕捉到微风过后的帘动、花香这些不易觉察的细节，颇为传神地写出了夏日山亭的闲适与幽静。诚如谢枋（fāng）得《唐诗绝句注释》所言："此诗形容山亭夏日之光景，极其妙丽，如图画然。想山亭人物，无一点尘埃（āi）也。"

［元］王蒙《夏日山居图》

村家四月词十首（其四）①

查慎行

小满初过上簇迟，落山肥茧白于脂。②
费他三幼占风色，二月前头蚤卖丝。③

【注释】

①〔村家〕农家。〔词〕本指古代乐府诗体中的一种，这里就是一般的诗。 ②〔小满〕二十四节气的第八个节气，夏季的第二个节气，时间一般在 5 月 20 日、21 日或 22 日。"小满"的意思是夏日成熟的作物籽（zǐ）粒开始灌浆（jiāng）饱满，但它还只是开始饱满，所以称"小满"，而不是真正的"大满"。〔初过〕刚刚过。本诗并不是小满当天所写。〔上簇（cù）〕蚕爬上草束、吐丝结茧（jiǎn）。俗曰"上山"。"簇"同"蔟"，指供蚕吐丝作茧的禾束、草把。〔落山〕把蚕结成的茧从蚕蔟上取下来。又称"下蔟"。 ③〔费〕耗费。〔他〕这里指蚕农。〔三幼〕指三次蚕眠，蚕从卵到结茧实际要经过四次蚕眠。 〔占（zhān）〕占卜（bǔ），这里指估测、预测。〔风色〕这里指蚕茧的行情、形势。〔前头〕这里指二月初。〔蚤（zǎo）〕同"早"，早早的。

【解读】

《村家四月词十首（其四）》是清初诗人查（zhā）慎（shèn）行的作品。前两句写小满已过，与往年相比，蚕结茧虽然晚了几天，但茧子又大又白，让人难掩喜悦。后两句话锋一转，说蚕农耗费了很多心力，照顾蚕经过三眠，焦虑地推测茧情市价，然而这又有什么用呢，因为要度过困苦的生活，还在二月蚕刚孵（fū）化时，就早早把蚕丝预订给商人了！一般写二十四节气，多写四时物候、田园之景，而此诗能关注农民生活，于农事之外，书写农人疾苦，境界不俗。特别是第一句"小满"和最后一句"二月"的对比，更强化了对比和控诉的力度。

［宋］梁楷《蚕织图》

时雨^①（节选）

陆　游

时雨及芒种，四野皆插秧。^②
家家麦饭美，处处菱歌长。^③

【注释】

①［时雨］应时的雨水。　②［芒（máng）种（zhòng）］二十四节气中的第九个节气，夏季的第三个节气，时间一般在每年 6 月 5 日、6 日或 7 日。"芒"指麦类等有芒植物，"种"则点明了谷黍（shǔ）类作物播种的节令。"芒种"二字意思是"有芒的麦子快收，有芒的稻子可种"，它表明一切作物都在"忙种"。芒种显示了庄稼和植物的特点，代表着夏播作物播种最忙的季节即将拉开帷（wéi）幕。　③［麦饭］磨碎的麦煮成的饭。［菱（líng）歌］采菱之歌。

【解读】

《时雨》是宋代诗人陆游的芒种诗，此处为节选的前四句。"时雨及芒种，四野皆插秧"，交代了应时的雨水在芒种时节纷纷而至，田野里处处都有农人在忙着插秧，芒种正是乡村大忙的时节。"家家麦饭美，处处菱歌长"，芒种时节，家家户户吃着香气四溢的美食，处处都飘荡着采菱女子的歌声。芒种的味道，开始从餐桌上弥（mí）漫开来。有麦饭，有菱角，还有采菱女子的歌声，这样的芒种，怎不惹人欢喜？陆游在《戏咏村居》里曾经描写过麦饭："日长处处莺声美，岁乐家家麦饭香。"可见，陆游是一位懂得生活、热爱生活、歌吟（yín）生活的大诗人。在他的笔下，芒种是一个诗意美、麦饭香、家家乐的好时节。

和梦得夏至忆苏州呈卢宾客^①（节选）

白居易

忆在苏州日，常谙夏至筵。^②

粽香筒竹嫩，炙脆子鹅鲜。^③

水国多台榭，吴风尚管弦。^④

每家皆有酒，无处不过船。

【注释】

①［梦得］刘禹（yǔ）锡（xī）的字。刘禹锡有"诗豪"之称，与白居易友善，并称"刘白"。［夏至］二十四节气的第十个节气，夏季的第四个节气，时间一般在 6 月 21 日或 22 日。这一天太阳几乎直射北回归线，北半球的白昼时间达到全年最长；夏至过后，北半球白昼将会逐日减短。民间有祭神祀（sì）祖、消夏避伏、吃面条等习俗。 ②［谙（ān）］熟悉、精通。［筵（yán）］筵席、酒席。 ③［炙（zhì）脆］烤脆。［子鹅］幼鹅、嫩鹅。 ④［榭（xiè）］建在高台上的木屋。［吴风］吴地的风俗。［管弦（xián）］泛指乐器。

【解读】

《和梦得夏至忆苏州呈卢宾客》是唐代大诗人白居易的诗作，此处为节选。白居易曾在苏州做刺史，本诗作于他离开苏州多年之后的夏至日，诗题中的两个人，一个是刘禹锡，一个是卢周仁，都做过苏州刺史。正因为有相同的经历，白居易有感而发，写下这首诗。诗人深沉地回忆苏州的夏至日：飘香的粽子、肥嫩的子鹅，无处不在的亭台楼榭，随处可听到的丝竹管弦之乐，家家户户都有美酒，处处都能看到行船，多么让人留恋的江南美食美景。

小暑六月节①

元　稹

倏忽温风至，因循小暑来。②
竹喧先觉雨，山暗已闻雷。
户牖深青霭，阶庭长绿苔。③
鹰鹯新习学，蟋蟀莫相催。④

【注释】

①［小暑］二十四节气的第十一个节气，夏天的第五个节气，时间一般在 7 月 6、7 或 8 日。小暑表示夏季时节正式开始，大地上没有一丝凉风，所有的风都带着热浪。民间有食新米、吃饺子、吃炒面等习俗。　②［倏（shū）忽］忽然。［因循（xún）］顺应自然。　③［牖（yǒu）］古建筑中室与堂之间的窗子，后泛指窗。［青霭（ǎi）］指云气，因其色紫，故称青霭。　④［鹯（zhān）］一种鹞（yào）类猛禽（qín），亦称"晨风"。

【解读】

《小暑六月节》是唐代诗人元稹的诗作。这首诗开篇点明小暑节气来到，热风随之而至。紧接着写室外，竹子随风发出响声，大雨即将来临，山色暗下来，仿佛传来滚滚雷声。转而写窗外潮湿的青色雾气，写院落台阶上滋生的绿苔（tái）。温风、竹、山、青霭、绿苔，这些意象将环境衬托得格外清幽。最后诗人写到眼中可见的小鹰，耳中可闻的蟋蟀，这些小动物给小暑节气带来了活力，使得天地浑然一体。诗人用丰富的想象，融触觉、视觉、听觉于一体，表现了小暑节气的特征，使整首诗平添画面感，同时也满足了人们的审美期待。

大 暑①

曾 几

赤日几时过，清风无处寻。②

经书聊枕藉，瓜李漫浮沉。③

兰若静复静，茅茨深又深。④

炎蒸乃如许，那更惜分阴。⑤

【注释】

①［大暑］二十四节气的第十二个节气，夏季的最后一个节气，时间一般在 7 月 22、23 或 24 日。此时正值"三伏天"里的"中伏"前后，是我国一年中日照最多、气温最高的时节。大暑期间，民间有饮伏茶、晒伏姜、烧伏香、喝羊肉汤（tāng）等习俗。 ②［赤（chì）日］红日、烈日。 ③［聊（liáo）］姑且、暂且。 ［枕（zhěn）藉（jiè）］枕头与垫子，引申为埋头。［漫］姑且。［浮沉］瓜李泡在水里。④［兰若（rě）］寺院，引申为寂静之处。［茅（máo）茨（cí）］茅草盖的屋顶，这里用来指代自己的陋室。 ⑤［炎蒸］暑热熏蒸。［如许］像这样。［分（fēn）阴］日影移动一分的时间，指极短的时间。

【解读】

《大暑》是宋代诗人曾几（jī）的诗作。"赤日几时过，清风无处寻"。诗人一开篇就将大暑时节的酷热以及人们的心理刻画得淋漓尽致。酷暑难当，人人都希望炎炎热日尽快过去，找到一缕清风聊以慰藉。转而写诗人在大暑时节的生活，一边静心读书，一旁凉水里泡着瓜李，在静谧（mì）的氛（fēn）围里，享受宁静的生活。躲进寺庙里的茅庐（lú）中，避开尘世的喧嚣（xiāo），求得一片清静。诗人用"静复静""深又深"，进一步表现了其淡泊名利的人生态度。诗人隐居于清静之所，用读书来充实自己的精神生活。最后，告诉人们，炎热的夏天其实不过几天，很快就过去了，要珍惜光阴。

［宋］佚名《柳院消暑图》

立　秋①

刘　翰

乳鸦啼散玉屏空，一枕新凉一扇风。②
睡起秋声无觅处，满阶梧叶月明中。③

【注释】

①［立秋］二十四节气中的第十三个节气，也是秋季第一个节气，时间大约在 8 月 7 日、8 日或 9 日，太阳到达黄经 135°。"立"指开始，"秋"指庄稼成熟，此时暑去凉来、秋天开始。民间在立秋这天有"贴秋膘（biāo)""咬秋"等习俗。　②［乳鸦］刚出生的乌鸦。［散］飞散，即飞走。［新凉］新鲜的凉意。［一扇风］轻摇扇子，就有凉风习习之感。　③［秋声］秋风的萧瑟（sè）声。［无觅（mì）处］不知往哪里寻觅。

【解读】

《立秋》是宋代诗人刘翰（hàn）的诗作。这首诗先写傍晚的景色变化，起初小乌鸦待在树枝上叫着，天黑了，乌鸦归巢，叫声渐渐地听不见了，玉屏上的字画也看不见了，显得空空的。接着写诗人躺在床上轻摇扇子时的感受，"一枕新凉一扇风"，将暑气散去、秋凉新到做了生动的描绘。转而写夜里秋风的变化，开始尚能听到秋风吹动草木发出的声响，起床寻觅，却听不到秋声，只是在月色下，见到台阶上落满的梧桐叶，秋天真的到来了。诗人细致入微地描写了新秋时的景象。该诗反映了诗人对事物变化感受的敏锐，对生活观察的细致。

处暑后风雨①

仇　远

疾风驱急雨，残暑扫除空。②
因识炎凉态，都来顷刻中。
纸窗嫌有隙，纨扇笑无功。③
儿读秋声赋，令人忆醉翁。④

【注释】

①〔处暑〕二十四节气中的第十四个节气，也是秋季第二个节气，时间一般是 8 月 22、23 或 24 日。"处"有散、藏之意，处暑是温度下降的一个转折点。　②〔疾（jí）风〕迅疾的风。　③〔纨（wán）扇〕用细绢制成的团扇。〔无功〕没有作用。　④〔秋声赋（fù）〕宋代大文学家欧阳修的辞赋作品。〔醉翁〕欧阳修的号。

【解读】

《处暑后风雨》是元代诗人仇远的诗作。这首诗是诗人经历了南宋亡国之痛后有感而作。诗人先是紧扣处暑时节的自然之态展开，写"疾风""急雨"之迅猛，将留下的暑热一扫而空。"因识炎凉态，都来顷刻中"，显然，这里的"炎凉"并非简单写天气由炎热转清凉，而是诗人对人生遭际的慨（kǎi）叹。继而写道，"纸窗嫌有隙，纨扇笑无功"，一个"嫌"，一个"笑"，以拟人手法，传递出诗人关于秋凉的独特感受。最后意味深长地写道，"儿读秋声赋，令人忆醉翁"，表面看是在追忆欧阳修，实际上也是对宋代文化的怀想。

白　露①

杜　甫

白露团甘子，清晨散马蹄。②

圃开连石树，船渡入江溪。③

凭几看鱼乐，回鞭急鸟栖。④

渐知秋实美，幽径恐多蹊。⑤

【注释】

①［白露］二十四节气中的第十五个节气，秋天的第三个节气，时间一般是 9 月 7 日、8 日或 9 日。时至白露，天气转凉，寒生露凝。古人以四时配五行，秋属金，金色白，因而以白形容秋露，名之曰"白露"。　②［团］凝聚，凝结。［甘子］指柑树的果实。　③［圃（pǔ）］园子。　④［凭（píng）几（jī）］倚靠着桌子。［栖（qī）］指鸟在树枝或巢中休息，也泛指居住或停留。　⑤［蹊（xī）］小路。

【解读】

《白露》是唐代著名诗人杜甫的诗作。白露时节，清晨凉爽，露水凝结在火红的柑橘上，诗人骑着马儿欣赏。举目所见，江边的人家、菜园、山石、树林，还有渡口、小船和缓缓流淌（tǎng）的江水。诗人不觉被眼前美景所吸引，下马观鱼，时间悄悄过去了。于是快马扬鞭回家，不觉惊动了归巢的鸟儿。诗人在最后道出了"幽径恐多蹊"的慨叹，让我们在绝美的秋景里获得诸多人生教益。

晚　晴

杜　甫

返照斜初彻，浮云薄未归。①
江虹明远饮，峡雨落余飞。②
凫雁终高去，熊罴觉自肥。③
秋分客尚在，竹露夕微微。④

【注释】

①［返照］夕照，傍晚的阳光。［浮云］飘动的云。　②［江虹
（hóng）］江上彩虹。　③［凫（fú）雁］野鸭与大雁。喻指高洁之士。
［熊罴（pí）］熊和罴，皆为猛兽。　④［秋分］二十四节气中的第十六
个节气，秋天的第四个节气，时间一般是 9 月 22、23 或 24 日。这一天恰
值秋季过半，此后昼（zhòu）短夜长，凉意日浓。　［竹露］竹叶上的
露水。

【解读】

《晚晴》是唐代著名诗人杜甫的诗作。前四句写雨后晚秋
的景色。夕阳斜斜映照着江面，缓缓流动的云彩尚未散去，美
丽的彩虹似在江上饮水，雨后云过，尚有零星的雨点飘洒着，
诗人为读者呈现了一幅灵动的晚秋彩虹图。后四句写秋分之
感，大雁高飞而去，猛兽暗自得意。诗的最后一句"竹露夕微
微"，源自陶渊明的"重云蔽白日，闲雨纷微微"。诗人将"闲
雨"换成"竹露"，意在说时至秋分，自己依旧客居他乡。这首
诗，既表现了诗人对于晚秋之景的喜爱，也表达了诗人客居他
乡的漂泊感及对故乡的深深思念。

早 发

李 郢

野店星河在，行人道路长。^①
孤灯怜宿处，斜月厌新装。^②
草色多寒露，虫声似故乡。^③
清秋无限恨，残菊过重阳。^④

【注释】

①［野店］指乡村旅舍。 ②［斜月］西斜的落月。 ③［寒露］寒冷的露水。这里也指二十四节气中的第十七个节气，秋季的第五个节气，时间一般是 10 月 8 或 9 日。从气温变化看，白露之后天气转凉，开始出现露水；到了寒露，露水更多，由于气温变低，颜色更深了，像要凝固成霜的样子。寒露节气的到来，标志着天气由凉爽转向寒冷。④［清秋］明净爽朗的秋天。［残（cán）菊］衰败的菊花。

【解读】

《早发》是唐代诗人李郢（yǐng）的诗作。这首诗描写了寒露时节诗人羁（jī）旅他乡的所见所感，抒（shū）发了游子孤冷寒寂的心情和浓浓的乡思。诗题用"早发"，不只是指时间上的出发，更有诗人希望"早点出发""早点归乡"的心绪。"草色多寒露，虫声似故乡"，远在他乡，道阻且长，灯孤且冷。草叶上沾满了寒露，秋天即将过去，诗人只在那几声虫鸣里，似乎听到故乡熟悉的声音。更何况，菊残荷枯，马上到重阳了，又是一个团聚的日子，能不催人早发归乡？

九日登李明府北楼^①

刘长卿

九日登高望，苍苍远树低。
人烟湖草里，山翠县楼西。
霜降鸿声切，秋深客思迷。^②
无劳白衣酒，陶令自相携。^③

【注释】

①〔明府〕汉魏以来对太守、牧尹（yǐn）称府君或明府君，亦简称明府。这里指县令。　②〔霜降〕二十四节气中的第十八个节气，秋季的第六个节气，时间一般是 10 月 23 日或 24 日。作为秋季的最后一个节气，霜降是秋季到冬季的过渡。霜降不是降霜，而是表示天气寒冷，大地将产生初霜的现象。民间有赏菊、吃柿子、登高远眺（tiào）、进补等习俗。〔鸿（hóng）声〕鸿雁的叫声。〔切（qiè）〕悲切。〔秋深〕晚秋时节。〔客思〕游子的思绪。〔迷〕迷茫。　③〔白衣酒〕借用王弘派白衣人为陶渊明送酒的典故。〔陶令〕本指陶渊明，这里借指李县令。

【解读】

《九日登李明府北楼》是唐代诗人刘长卿的诗作。这首诗是诗人在友人李县令官舍做客，登高望远，有感而发。诗人先写重阳日，登高远眺，远处树木苍苍莽（mǎng）莽，高耸的县衙（yá）楼台西面，湖光山色，烟雾缭绕，郁郁葱葱，游人如织，好不热闹。转而写霜降时节，天气变凉，霜飞大地，雁唳（lì）长空，使羁（jī）旅之人顿生思乡之情。诗的最后表达了诗人的感激之情，赞誉李明府高雅豁（huò）达，犹如陶渊明，没有派人送酒，而是亲自携带，招待友人，把酒言欢，共度佳节。诗人用简洁练达的语言，勾勒出一幅意境深邃（suì）的深秋登高远望图。

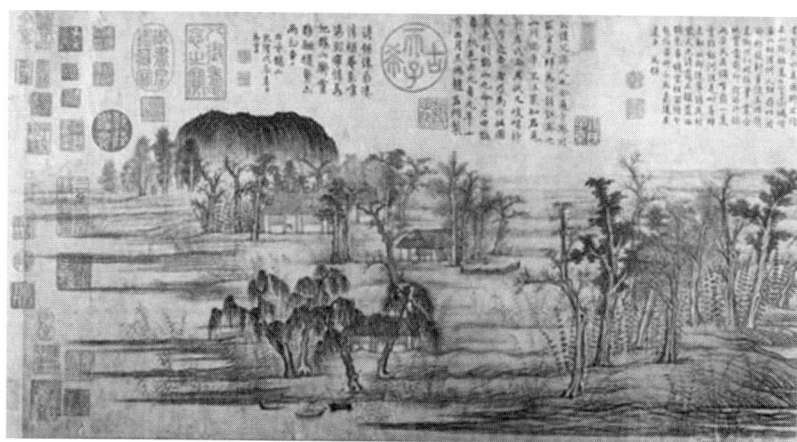

［元］赵孟頫《鹊华秋色图》

立冬即事二首 (其一)①

仇 远

细雨生寒未有霜，庭前木叶半青黄。②

小春此去无多日，何处梅花一绽香。③

【注释】

①［立冬］二十四节气中的第十九个节气，冬季的第一个节气，时间一般是 11 月 7 或 8 日。立冬时在秋、冬之交，因此也称"交子"。它意味着冬天的开始，也有万物收藏、规避寒冷的意思。民间有饮宴（yàn）、卜（bǔ）岁等习俗，或以时令佳品向祖灵祭（jì）祀（sì），祈（qí）求上天赐（cì）给来岁丰年。［即事］以眼前事物为题材作的诗。②［细雨］小雨。［木叶］树叶。 ③［小春］说的是夏历十月，又称"小阳春"，此时秋天将要过去、严冬即将来临，会出现晴暖如春的回暖天气。［此去］就离开。［无多日］没几天。［一］初，开始。［绽（zhàn）香］花开放，散发出香气。

【解读】

《立冬即事二首(其一)》是宋末元初诗人仇（qiú）远的一首七言绝句。"立冬"为冬季之始，一般人写立冬往往借景抒情，表达萧（xiāo）瑟（sè）凄冷的心境。诗人别辟（pì）新径（jìng），写出了梅花开放给人的惊喜。前两句写新冬之景，虽小雨生寒，但却未冷而凝霜，院子里的树叶有青有黄，可是还没有纷飞飘落，因此虽然节气入冬，但物候还是深秋样子。后两句点染情绪，景色如秋，恰是秋去没有几天，而与深秋同中有异的是，不知道什么地方，有枝早梅开放了，远远传来一缕淡淡幽香。诗境开阔澹（dàn）远，能出悲秋伤冬的俗套，而于花叶色香中给人一种恬淡自然的欣喜。

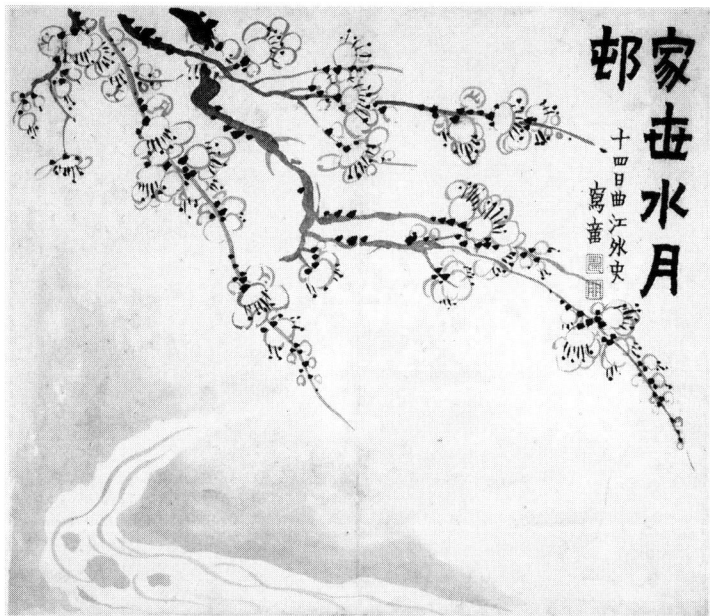

［清］金农《家世水月村》

小 雪①

戴叔伦

花雪随风不厌看，更多还肯失林峦。②
愁人正在书窗下，一片飞来一片寒。③

【注释】

①［小雪］二十四节气中的第二十个节气，冬季的第二个节气，时间一般是 11 月 22 或 23 日。此时我国北方地区西北风强劲，万物失去生机，天地闭塞而转入严寒的冬天。虽已开始降雪，但气温未到最低，所以雪量不大，故称"小雪"。　②［肯］恰恰，这里有担心意。［失］看不见。［林峦（luán）］树林和山峦。　③［书窗（chuāng）］书房的窗户。

【解读】

《小雪》是唐代诗人戴叔伦的诗作。"花雪随风不厌看，更多还肯失林峦"，小雪如花，纷纷扬扬，自由自在，令人百看不厌。更多的雪花飘向山林，恐怕就看不到山川、树木了，这不免让人担心、发愁。"愁人正在书窗下，一片飞来一片寒"，忧愁之人正端坐在书房的窗下，看着一片片雪花飞来，它带来了一片片寒意。这首小诗近乎口语，明白如话，但又别有韵味，耐人琢磨。只是短短的四句，却体现出惊喜、百看不厌，虽然陶醉其中，可又有了担心和忧愁，最后又生出一种寒意，流露出孤寂、迷茫、惆怅的心绪。作者的感情一波三折、起伏不定，但都融在了景物描写之中。

大 雪①

陆 游

海天黯黯万重云，欲到前村路不分。②
烈风吹雪深一丈，大布缝衫重七斤。③

【注释】

①［大雪］二十四节气中的第二十一个节气，冬季的第三个节气，时间一般在 12 月 6、7 或 8 日。大雪前后，我国黄河流域一带渐有积雪，而北方已进入"千里冰封，万里雪飘"的严冬。　②［黯（àn）黯］光线昏暗，深黑。　［重（chóng）云］重叠的云层。　［路不分（fēn）］大雪覆盖了路面，已看不清路了。　③［烈风］大而急的风。［大布］古指麻制粗布。［重（zhòng）］重量。

【解读】

《大雪》是宋代诗人陆游的诗作。诗开篇就描写了下大雪的情景，"海天黯黯万重云，欲到前村路不分"，诗人用"万重云""路不分"的可感视角，形容雪之大。"烈风吹雪深一丈，大布缝衫重七斤"，诗人用"深一丈""重七斤"的具体数字，描绘了雪之猛。这首诗构思精巧，语言朴实，诗人调动了视觉、触觉等多种感官，让读者真切感受到雪之大之猛。诗人从侧面描绘了下大雪的壮观景象，生动传神、新颖（yǐng）别致，展现了非凡的艺术魅力，足见诗人功力之深厚。

［宋］郭熙《雪山行旅图》

冬　至①

朱淑真

黄钟应律好风吹，阴伏阳升淑气回。②
葵影便移长至日，梅花先趁小寒开。③
八神表日占和岁，六管飞葭动细灰。④
已有岸旁迎腊柳，参差又欲领春来。

【注释】

①［冬至］二十四节气中的第二十二个节气，冬季的第四个节气，也是中国民间的传统祭祖节日，时间一般在 12 月 21、22 或 23 日。这天是北半球全年白天最短、黑夜最长的一天。冬至北方有吃饺子的习俗，南方有祭祖、宴饮的风俗。　②［黄钟］古乐十二律之一，声调最洪大响亮。古人为了预测节气，将苇膜（mó）烧成灰，放在律管内，到某一节气时，相应律管内的灰会自动飞出。黄钟律和冬至相应，时在农历十一月。［应律］应合历象。［阴伏阳升］古乐十二律分阳律六和阴律六，互相交错。"阴伏阳升"指阴律去阳律来，这里说的是阴阳交替、时间推移。［淑（shū）气］温和之气。　③［葵（kuí）影］指葵菜的阴影。［长至］此指冬至，自夏至后日渐短，冬至后日渐长，故称长至。　④［八神］主宰宇宙的八方之神。［表日］以圭（guī）表测量的影长度。［占（zhān）］占卜，预示。［和岁］时和岁稔之意，四时和顺，五谷丰收，用以称颂太平盛世。［六管］玉制的律管。即十二律管。［飞葭（jiā）］葭是初生的芦苇。"飞葭"即葭灰从相应律管中飞出。

【解读】

《冬至》是宋代女词人朱淑真的诗作。诗的开篇交代了农历十一月，黄钟律管应合冬至历象，这时和风吹动，阴气潜伏，阳气逐渐回升。诗人用"好风吹""淑气回"这样充满温暖的语言，表达了内心的欢愉。继而写葵菜影子随日光移动，冬至这天白昼最短，蜡梅花率先趁着小寒时节绽放。诗人在冬至日，联想到含苞待放的蜡梅，使寒冷的节气，涌动着丝丝的暖意。更令人欢喜的是卦（guà）象占得明年是个丰收年，第六管黄钟管内的芦苇膜灰便自动飞出，应节冬至。最后诗人以"迎腊柳""领春来"讴歌了含苞的梅花和萌动的柳枝，以及即将到来的春天。这首诗虽说是写冬至，但仍然让我们感受到春日的和煦（xù）。

［宋］佚名《寒塘凫侣图》

小寒十二月节^①

元　稹

小寒连大吕，欢鹊垒新巢。^②

拾食寻河曲，衔紫绕树梢。^③

霜鹰近北首，雊雉隐聚茅。^④

莫怪严凝切，春冬正月交。^⑤

【注释】

①［小寒］二十四节气中的第二十三个节气，冬季的第五个节气，也是腊月迎春中的一个节气，时间一般在1月5、6或7日。冷气积久而寒，小寒天气寒冷但还没有冷到极点，它与大寒、小暑、大暑及处暑一样，都是表示天气冷暖变化的节气。　②［大吕］古乐分十二律，阴律、阳律各六个，六阴律都为吕，第四个叫大吕。古人又将十二律对应十二个月，大吕对应的是十二月。［鹊（què）］这里指喜鹊。　③［河曲］河流弯曲之处。［衔紫］衔着红紫色的果子。　④［霜鹰］冬天的鹰。［北首］北向，北方。［雊（gòu）雉（zhì）］野鸡鸣叫。［聚茅（máo）］茅草丛。　⑤［严凝（níng）］严寒。［切］紧急，急切。

【解读】

《小寒十二月节》是唐代诗人元稹（zhěn）的诗作。诗人生动地描写了小寒节气的自然景象。寒冷的天气并没有妨碍一些耐寒的动植物的生活，喜鹊正忙着"垒新巢"。"拾食寻河曲，衔紫绕树梢",沿着弯弯曲曲的小河,喜鹊们蹦蹦跳跳地向前,努力寻觅(mì)食物,它们从高高的树梢上找到红紫色的小果子,然后又马不停蹄地筑巢。小寒时节一只老鹰正朝着北方飞翔,而外出觅食的野鸡,因为天寒地冻,也不得不躲进田间、河岸的茅草堆里,发出声声鸣叫。最后写诗人自己并没有因为天寒而埋(mán)怨(yuàn),因这一切不过是大自然的规律而已。况且小寒时节、冬春之交,春天的脚步越来越近了。

[宋] 佚名《霜筱寒雏图》

大寒吟①

邵 雍

旧雪未及消，新雪又拥户。②

阶前冻银床，檐头冰钟乳。③

清日无光辉，烈风正号怒。④

人口各有舌，言语不能吐。⑤

【注释】

①〔大寒〕二十四节气中的最后一个节气，冬季的第六个节气，时间一般在 1 月 20 日或 21 日。此时气温仍然很低，但因为已近春天，所以不会像大雪到冬至期间那样酷寒。大寒过后，又将开始节气新的一个轮回。民间有除旧布新、制作腊味以及祭（jì）灶（zào）等风俗。②〔消〕消融。〔户〕门。 ③〔银床〕水井的围栏。〔檐（yán）〕屋檐。〔冰钟乳〕结成钟乳（rǔ）一样的冰。 ④〔清日〕清冷的太阳。〔烈风〕强劲的大风。〔号（háo）〕风吹动时发出巨响。 ⑤〔吐（tǔ）〕说话。

【解读】

《大寒吟》是宋代诗人邵雍（yōng）的大寒节气诗。诗人以直白、生动、形象的语言对大寒节气的"寒"字做了多角度、多侧面的描摹（mó）。开篇写大寒时节降雪频繁，常常是上一场雪还没融化，新一场雪又封门了，门前长长的石阶上就如同铺上了银色的被子，高高的屋檐下垂挂的冰柱就像是倒悬（xuán）的钟乳石一样。由于气温极低，白天的日光也多是清冷灰暗的，凛（lǐn）冽（liè）的寒风不停地怒号着，人们的舌头都僵（jiāng）硬了，连话都说不出来。诗人通过视觉、听觉等不同感觉的词语转换，使读者有身临其境之感，体会到大寒节气彻骨的寒，真切感受到什么是一年中最冷的时节。

［宋］夏圭《雪堂客话图》

思与行

【记诵与积累】

◎律回岁晚冰霜少，春到人间草木知。(《立春日禊亭偶成》)

◎天将化雨舒清景，萌动生机待绿田。(《七绝·雨水》)

◎阳气初惊蛰，韶光大地周。(《惊蛰二月节》)

◎山色连天碧，林花向日明。(《春分二月中》)

◎雷惊天地龙蛇蛰，雨足郊原草木柔。(《清明》)

◎贤愚千载知谁是，满眼蓬蒿共一丘。(《清明》)

◎且招邻院客，试煮落花泉。(《谢中上人寄茶》)

◎水精帘动微风起，满架蔷薇一院香。(《山亭夏日》)

◎家家麦饭美，处处菱歌长。(《时雨》)

◎每家皆有酒，无处不过船。

（《和梦得夏至忆苏州呈卢宾客》)

◎竹喧先觉雨，山暗已闻雷。(《小暑六月节》)

◎经书聊枕藉，瓜李漫浮沉。(《大暑》)

◎睡起秋声无觅处，满阶梧叶月明中。(《立秋》)

◎因识炎凉态，都来顷刻中。(《处暑后风雨》)

◎江虹明远饮，峡雨落余飞。(《晚晴》)

◎草色多寒露，虫声似故乡。(《早发》)

◎清秋无限恨，残菊过重阳。(《早发》)

◎霜降鸿声切，秋深客思迷。(《九日登李明府北楼》)

◎花雪随风不厌看，更多还肯失林峦。(《小雪》)

◎愁人正在书窗下，一片飞来一片寒。(《小雪》)

◎海天黯黯万重云，欲到前村路不分。(《大雪》)

◎已有岸旁迎腊柳，参差又欲领春来。(《冬至》)

◎莫怪严凝切，春冬正月交。(《小寒十二月节》)

◎清日无光辉，烈风正号怒。(《大寒吟》)

【熟读与精思】

2016 年，中国的二十四节气被列入联合国教科文组织人类非物质文化遗产代表作名录，体现了国际社会对中华民族二十四节气文化的认可。但也有人说，现在科学技术发达了，可利用更先进的手段观察、确定气候变化并指导农业生产，对这个问题你是怎么看的？

【学习与践行】

◎近些年，极端高温、极端低温、极端干旱、极端降水等极端天气频发，使得全球生态环境日益恶化，可持续发展遭遇危机。请结合二十四节气所蕴含的思想理念，列出你认为可解决生态环境问题的方案。

◎二十四节气不仅是指导农耕生产的时节体系，而且包含着丰富节庆内容的民俗系统。在特定的节气里开展民俗活动，既是对古老传统的自然传承，也是调节生活节奏、丰富生活内容的有效手段。请你选择二十四节气中的一个，了解一下它所承载的文化信息和当地的传统风俗，设计一些新的活动方式，吸引更多的人参与其中，丰富和弘扬节气风俗。

第五单元　神话故事

导与引

　　中国神话故事是我国先民在生活生产过程中，创造出来的一种文学样式。我国的《山海经》是世界上最早记载神话的典籍。这些神话故事是先民对人类起源、天地万物、部族争斗、劳动生活的浪漫解释，展现了他们对宇宙万物的纯真、朴素的认识，反映了他们对美好生活的向往和追寻。

　　神话故事是人类想象力的神奇之光，故事中神的形象，具有超人的力量，这是人类童年时期的认知和愿望的理想化，而这些都源自劳动者的自身形象。我们在《山海经》《列子》《淮南子》等古老典籍里可以见到神话原型，还可在古典小说和戏曲里看到神话故事的影子。

　　本单元精选了20则中国古代经典神话故事，这些神话故事里有开天、造人、补天、射日、撞山、填海、奔月、逐日、取火、尝药等故事。阅读神话，首先要感受神话瑰丽的想象，还原远古时代，想一想为什么会出现这样不可思议的场景，以激发自己的想象力，培养自己的审美力；还要领悟神话蕴含的民族精神，学习神话英雄不屈不挠、舍己为公、坚持不懈的济世情怀，从英雄人物身上汲取力量，涵养自己的精神品格。

盘古开天辟地①

徐 整

天地浑沌②如鸡子③，盘古生其中，万八千岁④，天地开辟，阳清为天，阴浊为地⑤。盘古在其中，一日九⑥变。神⑦于天，圣⑧于地。天日高一丈，地日厚一丈，盘古日长⑨一丈，如此万八千岁。天数⑩极高，地数极深，盘古极长⑪。后乃有三皇⑫。

［宋］佚名《盘古图》

①本文选自《艺文类聚》卷一所引徐整《三五历记》。《三三五历纪》为目前所知记载盘古开天传说的最早著作。〔盘古〕我国神话中开天辟地、首出创世的人。〔辟（pì）〕打开。　②〔浑（hún）沌（dùn）〕我国传说中指宇宙形成以前模糊一团的景象。　③〔鸡子〕鸡蛋。④〔岁〕年。　⑤〔阳清为天，阴浊（zhuó）为地〕古人认为宇宙万物由阴阳两气组成。明亮轻清的气属阳，上升为天；黑暗浑浊的气属阴，下沉为地。　⑥〔九〕古代"九"常表示"多"的意思，这里表示多次。　⑦〔神〕指智慧超绝。　⑧〔圣〕指能力强，凡事无所不通。⑨〔长（zhǎng）〕增长，升高。　⑩〔数（shù）〕数目。"天数"指天的高度。　⑪〔长（cháng）〕指身材高大。　⑫〔三皇〕传说中的上古部落酋（qiú）长，指天皇、地皇、人皇，或指燧（suì）人、神农、伏羲（xī）。

【解读】

远古时候，天地模糊一团，像一个鸡蛋，盘古就孕（yùn）育在这里面。经过一万八千年，天地分开，明亮轻清的阳气徐徐上升成为天，黑暗重浊的阴气渐渐下沉而为地。盘古在天和地之间，一天要变化多次。他的智慧比天还要高超，他的能力比地还要强大。天每日升高一丈，地每日增厚一丈，盘古的身体每日也要长高一丈。这样又经过了一万八千年，天升得极高，地变得极厚，盘古的身体也长得极高。天地开辟后，才有三皇出现。

盘古是中国神话中的创世神，远古人类想象出神人盘古以解释宇宙的起源。盘古开天辟地具有创新精神，也体现了劳动创造一切的信念。他不怕困难，长期奋斗，坚持为民造福，这些都值得我们敬佩和学习。

女娲造人①

应 劭

　　俗说天地开辟，未有人民，女娲抟②黄土做人。剧务③，力不暇供④，乃引⑤绳絙⑥于泥中，举以为人。

【注释】

　　①本文选自《太平御览》卷七十八引东汉应（yīng）劭（shào）《风俗通》。〔女娲（wā）〕中国神话传说中人类的始祖。　②〔抟（tuán）〕揉成圆形。　③〔剧（jù）务〕工作繁重。　④〔力不暇（xiá）供（gōng）〕力不从心，没有多余的力量来供应需求。"暇"指闲暇。　⑤〔引〕牵，拉。　⑥〔絙（gēng）〕粗绳索。

【解读】

　　传说天地开辟时，大地上还没有人类，女娲便把黄土捏成团造了人。女娲的工作量很大，她虽然竭尽全力，但还不足以制造足够多的人类。于是她牵来一条绳子投入泥浆里，然后提起绳子一甩，泥浆洒落在地上，就变成了一个个活生生的人。

　　"女娲造人"是一则创世神话，反映先民对人类起源的探索。女娲仿照自己，不怕艰辛抟土造人，创造并构建了人类社会，人们赞颂她为中华民族的母亲、人文的始祖。此外，女娲以黄土为质料造人，具有我国中原地区鲜明的地域性和民族性，这也是人类文化史上制陶技术的发明在神话中的投影。

共工怒触不周山①

《淮南子》

　　昔者②，共工与颛顼③争为④帝，怒而触不周之山，天柱折，地维绝⑤。天倾⑥西北⑦，故⑧日月星辰移⑨焉⑩；地不满东南，故水潦⑪尘埃⑫归⑬焉。

【注释】

　　①本文选自《淮南子·天文训》。［共工］传说中的部落领袖，炎帝的后裔（yì）。［触］碰、撞。［不周山］山名，传说在昆（kūn）仑（lún）西北。"不周"指有缺口。　②［昔（xī）者］从前。　③［颛（zhuān）顼（xū）］传说中的五帝之一，黄帝的孙子。　④［为（wéi）］做。　⑤［天柱折（zhé），地维（wéi）绝］支撑天的柱子折了，连着地的绳子断了。"维"指绳子。"绝"指断。　⑥［倾（qīng）］倾斜。　⑦［西北］这里指向西北。　⑧［故］所以。　⑨［移］移动。　⑩［焉（yān）］表示"这，这里"。　⑪［水潦（lǎo）］泛指江河流水。"潦"指积水。　⑫［尘埃（āi）］尘土，这里指泥沙。　⑬［归］汇集。

【解读】

　　从前，共工与颛顼争做帝王，共工愤怒撞击不周山，支撑天的柱子折了，系着大地的绳索也断了。天向西北方向倾斜，因此日月星辰也向西北方向移动了；大地的东南角塌陷，所以江河泥沙也朝东南方向流去了。

　　这个神话借原始部落之间的争斗，推想日月星辰、山川河流形成的原因，反映了先民了解、认识并解释宇宙自然奥秘的美好愿望。

女娲补天①

《淮南子》

　　往古②之时，四极废③，九州④裂，天不兼覆⑤，地不周载⑥；火爁焱⑦而不灭，水浩洋⑧而不息⑨；猛兽食颛民⑩，鸷鸟⑪攫⑫老弱。于是女娲炼五色石以补苍天，断鳌⑬足以立四极，杀黑龙以济⑭冀州⑮，积⑯芦灰以止⑰淫水⑱。苍天补，四极正⑲，淫水涸⑳，冀州平㉑，狡虫㉒死，颛民生㉓。

【注释】

　　①本文选自《淮南子·览冥训》。　②[往古]上古，远古。③[四极废]古人认为天就像是屋顶，四方有梁柱支撑屋顶，梁柱毁坏，屋顶也随之坍（tān）塌（tā）。极，屋梁，传说天的四边有四根柱子撑着，这四根柱子叫"四极"。废，坏，指柱子折断，天塌下来。④[九州]泛指天下。传说大禹治水后，将天下分为九州，即冀（jì）州、兖（yǎn）州、青州、徐州、扬州、荆（jīng）州、豫（yù）州、梁州、雍（yōng）州。　⑤[天不兼覆（fù）]天有所破损，不能全部遮盖万物。兼，尽，全部。覆，遮盖。　⑥[地不周载（zài）]地塌陷了，不能遍载万物。周，遍，全面。载，负载，承受。　⑦[爁（làn）焱（yàn）]火势蔓延。爁，焚烧。焱，火花、火焰。　⑧[浩洋]浩瀚（hàn）无涯（yá）的样子。　⑨[息]停止，水消退。　⑩[颛（zhuān）民]善良的人民。　⑪[鸷（zhì）鸟]凶猛的鸟。　⑫[攫

(jué)〕抓。　⑬〔鳌（áo）〕传说中海里的大龟。　⑭〔济〕救助，拯救。　⑮〔冀州〕古九州之一，位于九州中部，这里代指中国。⑯〔积〕堆积。　⑰〔止〕拦截。　⑱〔淫（yín）水〕泛滥的洪水。淫，过多，过度。　⑲〔正〕直立，不倾斜。　⑳〔涸（hé）〕干枯。㉑〔平〕太平，安宁。　㉒〔狡（jiǎo）虫〕凶猛的鸟兽，古代用"虫"泛称所有的动物。　㉓〔生〕活，生存下来。

【解读】

　　远古的时候，支撑天的四根柱子倒塌，九州大地分裂，天空破损不能覆盖万物，大地塌陷也不能承载万物；大火蔓延而不熄灭，洪水浩瀚无边而不停息；猛兽吞食善良的百姓，凶鸟捕食老弱之人。于是女娲冶炼五色石来补苍天，砍断巨龟的脚来做支撑天的柱子，杀死黑龙来拯救冀州，积聚芦苇的灰烬来堵住洪水。苍天修补好了，四极重立起来，洪水退去，中原大地恢复太平，凶猛的鸟兽都死了，善良的百姓又得以平安生存。

　　女娲是远古人民集体力量和智慧的化身。她具有不辞辛劳、善良勇敢的品质，以超人的本领与智慧拯救人民于水火之中。"女娲补天"反映了我国先民与大自然抗争的不屈不挠的精神。

夸父逐日①

《山海经》

夸父与日逐走②，入日③，渴欲④得饮。饮于河、渭⑤，河、渭不足。北⑥饮⑦大泽⑧，未至，道⑨渴而死。弃其杖，化为邓林⑩。

【注释】

①本文选自《山海经·海外北经》。［夸父（fǔ）］古代神话传说中的巨人。父，古代用在男子名后的美称。　［逐（zhú）］追赶。②［走］跑。　③［入日］闯进烈日中。一说赶到太阳落下的地方。④［欲］想要。　⑤［河］黄河。［渭（wèi）］渭河，在今陕西省，黄河的一个支流。　⑥［北］向北。　⑦［饮］喝水。　⑧［大泽］神话里的大湖。　⑨［道］在半路上。　⑩［邓（dèng）林］桃林。一说邓林是地名。

【解读】

夸父与太阳赛跑，一直追赶到太阳落下的地方。他感到口渴，想要喝水，就到黄河、渭水去喝水。黄河、渭水的水不够喝了，夸父就去北方喝大湖的水。还没跑到，就渴死在半路上。他死时所扔掉的拐杖，变成了桃林。

"夸父逐日"是一则英雄神话，表现了夸父无所畏惧的英雄气概和为后人造福的伟大精神，也反映了古代人民敢于探索、想要征服大自然的强烈愿望和不怕困难的顽强意志。

形天断首①

《山海经》

形天与帝②至此争神③，帝断其首，葬之常羊之山④。乃⑤以乳⑥为目，以脐⑦为口，操⑧干戚⑨而舞。

【注释】

①本文选自《山海经·海外西经》。［形天］即刑天，神话人物。形天原是一个无名的巨人，因和黄帝争神座，被黄帝砍掉了脑袋，才称作形天。"形"通"刑"。"天"指头。"形天"是砍掉头的意思。［首］首级、脑袋。　②［帝］天帝，这里指黄帝。　③［争神］在神威方面进行抗争、比斗。　④［常羊之山］古神话中的西南大荒（huāng）的山名。　⑤［乃］就，于是。　⑥［乳］双乳。　⑦［脐（qí）］肚脐。⑧［操］持，拿着。　⑨［干戚（qī）］武器名。"干"指盾。"戚"指大斧。

【解读】

形天与黄帝在这里争斗，黄帝砍了他的脑袋，将他的头葬（zàng）在常羊山。形天就改用两乳为双目，以肚脐为嘴巴，一手持盾牌，一手舞动大斧，继续作战。

这则神话是人类社会早期内部利益冲突的集中反映。形天在与黄帝争夺天下主神地位的战斗中，被黄帝砍掉了脑袋。但他并没有停止战斗，而是想方设法抗争。形天这种英雄气概和坚忍不拔的斗争精神，令人感叹和敬佩。

燧人取火①

王　嘉

申弥国②去③都④万里，有燧明国，不识四时昼夜⑤。其人不死，厌世而升天⑥。国有火树，名燧木，屈盘万丈⑦，云雾出于中间，折枝相钻，则火出矣。后世圣人，变⑧腥臊之味⑨，游日月之外⑩；以食救万物，乃至⑪南垂⑫。目⑬此树表⑭，有鸟若鸮⑮，以口啄树，粲然⑯火出。圣人感⑰焉，因⑱取小枝以钻火，号燧人氏。

【注释】

①本文选自《太平御览》卷八六九所引王嘉《拾遗记》。〔燧（suì）〕古代指取火用具，用木料制成，可以钻动取火。这里指下文的燧明国，传说中的国家。　②〔申弥国〕传说中的国家。　③〔去〕距离。　④〔都（dū）〕国都。　⑤〔不识四时昼（zhòu）夜〕不知道有春夏秋冬和白天黑夜的变化。"昼"指白天。　⑥〔厌（yàn）〕厌倦。　⑦〔屈盘万丈〕弯曲盘错有万丈远，指树枝盘旋无边无际。⑧〔变〕改变。　⑨〔腥（xīng）臊（sāo）之味〕不好闻的气味。"腥"指生肉。　⑩〔日月之外〕日月所照之外的地方。　⑪〔至〕到。⑫〔垂〕同"陲（chuí）"，边境。　⑬〔目〕看到。　⑭〔表〕外面。这里指树梢。　⑮〔鸮（xiāo）〕猫头鹰。　⑯〔粲（càn）然〕明亮。⑰〔感〕感悟，受到启发。　⑱〔因〕于是、就。

【解读】

传说中在申弥国的边上，有一个国家叫燧明国，在那里不知道有春夏秋冬和白天黑夜的变化。那里的人长生不老，当厌倦世间生活时，就飞升上天。国内有火树，名叫燧木，长得盘根错节，占地无边无际，云雾缭绕其间，折下枝丫相钻，就会冒出火来。后世有个圣人，为了改变生肉的臭恶的气味，漫游到日月照不到的地方；他想改变食物来拯救万物，就来到大地的最南端。他看到这燧木树梢上有一只像猫头鹰的鸟，那鸟用嘴啄木，产生明亮的火花。圣人由此受到启发，于是用小树枝相钻生火，人们尊称他为燧人氏。

燧人氏发明了钻木取火，这是中国古代人工取火的源头。他教人吃做熟的食物，使远古人类结束了茹（rú）毛饮血的历史，使人类与动物的生活习性区别开来，由此开创了华夏文明，被后世奉为"火祖"。火的发明还使人类可以获得温暖，为远古人类群居生活提供了条件，促进了人类群居生活的发展。同时也可以用火烧荒，改善了生产条件。

神农尝百草①

《淮南子》

古者②，民茹③草④饮水，采树木之实⑤，食赢蛖⑥之肉，时⑦多疾病毒伤⑧之害⑨。于是神农乃⑩始教民播种五谷⑪，相⑫土地宜⑬，燥湿肥硗⑭高下⑮；尝百草之滋味，水泉之甘苦，令民知所辟就⑯。当⑰此之时，一日而遇七十毒⑱。

【注释】

①本文选自《淮南子·修务训》。［神农］发明农具和农业生产的神，是传说中的"三皇"之一。［尝］用口尝，指辨别百草的甘苦滋味或有毒无毒。　②［古者］上古，远古。　③［茹（rú）］吃。　④［草］这里指野菜。　⑤［实］果实。　⑥［赢（luǒ）蛖（bàng）］有介壳的螺（luó）蚌（bàng）类软体动物。"赢"同"螺"，田螺。"蛖"同"蚌"，河蚌。　⑦［时］时常、经常。　⑧［毒伤］中毒受伤。　⑨［害］侵害。　⑩［乃］就。　⑪［五谷］泛指粮食谷物。一说指菽（shū）、麦、黍（shǔ）、稷（jì）和稻。　⑫［相（xiàng）］视，仔细观察。⑬［宜］指适宜生长的谷物，或宜于谷物生长的条件。　⑭［肥硗（qiāo）］土壤肥沃或瘠（jí）薄。"硗"指土壤坚硬贫瘠，不宜谷物生长。　⑮［高下］位置的高、低。这里指山陵和湿地。　⑯［辟（bì）就］躲避或接近，意为避害就利。"辟"，通"避"。　⑰［当（dāng）］

在。　⑱［毒］指含毒或有害的草和水。

【解读】

　　远古时候，人们吃野菜喝生水，采摘树上的果实，食用生的螺蚌肉，经常受到疾病和毒物的侵害。于是，神农便开始教人民播种五谷，观察土壤的干燥潮湿、肥沃贫瘠、地势高低，分析它们各适宜种什么样的农作物；他还品尝各种草药的滋味、泉水的甜苦，教给人民怎样躲避有害的东西，接近有益的事物。在此期间，神农一天之中就要遭受七十余次的毒害。

　　神农不顾自身安危，历尽艰辛，尝遍百草，教授百姓种植五谷的办法和医病的草药，他舍己为人的奉献精神感动和激励着后人。神农是有生产经验和劳动成绩的古人的艺术化身，他的故事反映了在险恶艰苦的环境中，人们对于认识自然和改造自然的努力。神农这种敢于尝试、锲而不舍的美好品质，同样值得我们借鉴和学习。

伏羲传说①

《周易》

古者包牺氏之②王天下③也，仰则④观象⑤于天，俯则观法⑥于地，观鸟兽之文⑦与地之宜⑧，近取诸⑨身⑩，远取诸物，于是始作八卦⑪，以⑫通神明之德⑬，以类万物之情⑭。作结绳⑮而为网罟⑯，以佃⑰以渔，盖⑱取⑲诸《离》⑳。

【注释】

①本文选自《周易正义》。［伏羲（xī）］即下文的包牺（xī）氏，也叫庖（páo）羲氏，传说中人类的始祖，是古代神话里的巧于发明制作的神，也是传说中的"三皇"之一。　②［之］助词，无意义。③［王（wàng）天下］治理天下。"王"在这里是动词，意为称王、治理或统治。　④［则］连词，可不译。　⑤［象］天象，指日月运行、星辰隐现等各种天文现象。　⑥［法］指事物的固定的样式和变化的常法，这里指地象，就是山岭河流、高原平陆等各种地理现象。⑦［文］纹理、花纹，这里指鸟兽的爪痕和蹄迹。　⑧［宜］适宜、相宜，指在不同地方适宜生长、存在的东西。　⑨［诸（zhū）］相当于"之于"。　⑩［身］身体。　⑪［八卦（guà）］用"—"和"--"两种线画，三个一组，构成记事的符号，共八组，称八卦。远古人们用八卦代表天地间的事物、事物的性质及其相互关系与变化。八卦反映的是人们对自然和社会生活的朴素认识及抽象观念。　⑫［以］连词，

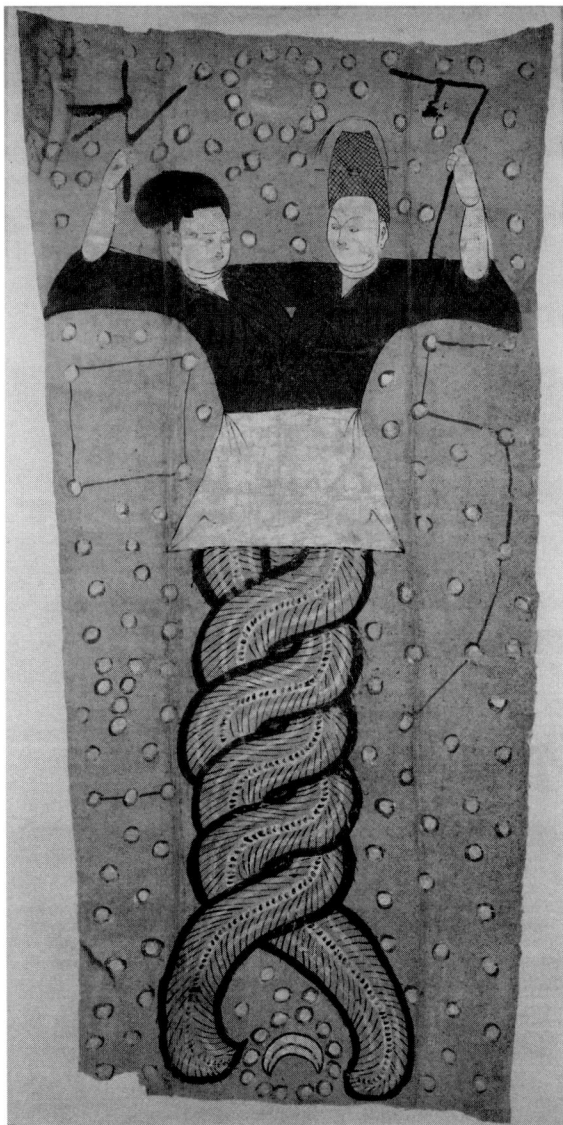

［唐］佚名《伏羲女娲图》

可译为"来"。 ⑬〔通神明之德〕沟通造化的神妙的德性。神明,这里指天地万物神妙的德性。 ⑭〔类万物之情〕类比万物的情状。"类"指类推,象征。 ⑮〔作结绳〕发明打绳编结的方法,制作网具。"作",创制,制造。 ⑯〔网罟(gǔ)〕捕鱼或捕兽用的网具。 ⑰〔佃(tián)〕也写作"畋(tián)"或"田",打猎。 ⑱〔盖〕大概。 ⑲〔取〕取象,模拟某物的特点。 ⑳〔离〕《离》卦。

【解读】

远古时期伏羲统治天下时,他抬头观察天象,俯身观察地理,观察鸟兽的爪痕蹄迹,以及分布、生长于地上的种种事物,从而创作出了八卦,用来与天地万物神明的德行相通,来类比万物的情状。他编织绳子而制成罗网,用来田猎、捕鱼,这大致是模拟了离卦的特点。

这是一则颂扬发明制作、称赞劳动光荣的英雄神话。伏羲是一位善于观察和总结的人,他仰观天象,俯察地理,始作八卦,制造渔猎工具,是中华民族又一位"人文始祖"。伏羲形象是对远古人民聪明才智和文化创造的艺术概括。

黄帝战蚩尤①

《山海经》

　　蚩尤作兵②伐③黄帝，黄帝乃令应龙④攻之⑤冀州之野。应龙畜⑥水，蚩尤请风伯⑦雨师⑧纵⑨大风雨。黄帝乃下天女曰⑩魃⑪，雨止，遂⑫杀蚩尤。

【注释】

　　①本文选自《山海经·大荒北经》。〔黄帝〕古帝名。称轩（xuān）辕（yuán）氏，也就是有熊氏，战胜蚩（chī）尤（yóu）后被尊为帝。〔蚩尤〕上古九黎（lí）氏族部落联盟的首领，相传是牛图腾和鸟图腾氏族的首领。　②〔作兵〕制造兵器。兵，兵器。　③〔伐〕讨伐，进攻。　④〔应（yìng）龙〕古代传说中有翅膀的神龙。　⑤〔之〕代词，指蚩尤。　⑥〔畜（xù）〕同"蓄"，储存。　⑦〔风伯〕风神。⑧〔雨师〕雨神。　⑨〔纵〕发、放。这里指兴起。　⑩〔曰（yuē）〕叫作。　⑪〔魃（bá）〕黄帝的女儿，一说是旱神，叫"旱魃"。⑫〔遂（suì）〕终于，到底。

【解读】

　　蚩尤制造兵器进攻黄帝，黄帝于是命令天神应龙在冀州郊野反攻蚩尤。应龙蓄积水，而蚩尤请来风伯、雨师刮起大风下起大雨。黄帝就召下天女魃来迎战，风雨止息，终于擒（qín）杀蚩尤。

　　远古时代，我国中原各部族之间战乱不止，形成了黄帝、炎帝、蚩尤三大部族鼎足而立的局面。黄帝先后战胜炎帝、蚩尤，使得炎黄两族以及部分九黎族形成一体，定居中原，共同开发黄河流域，使之成为我国古代文化的摇篮之一。

仓颉造字^①

许 慎

黄帝之史官仓颉，见鸟兽蹄迒^②之迹，知分理^③之可相别异也，初造书契^④。

仓颉之初作书，盖^⑤依类象形，故谓之文；其后形声相益^⑥，即谓之字。文者，物象之本；字者，言孳乳^⑦而浸^⑧多也。

【注释】

①本文选自东汉许慎《说文解字》。［仓颉（jié）］传说为黄帝时期造字的史官。 ②［蹄（tí）迒（háng）］鸟兽蹄爪的痕迹。 ③［分理］纹理。 ④［书契（qì）］文字。契，指刻在甲骨上的文字。 ⑤［盖］大概，大抵。 ⑥［益］补助，结合。 ⑦［孳（zī）乳（rǔ）］滋生，繁殖，泛指派生。 ⑧［浸（jìn）］渐渐。

【解读】

黄帝的史官仓颉看到鸟兽足迹，悟出通过纹理可以区别事物的道理，便开始创造文字。

仓颉在开始创造文字的时候，大致是依照事物的形象而画出它们的图形，所以叫作"文"；后来用形旁声旁相互结合，就叫作"字"。"文"表示事物的根本特征，"字"是由"文"派生出来而逐渐增多的文字。

仓颉造字，革除了当时结绳记事的弊端，在汉字形成过程中做出了卓越贡献，为之后汉字发展奠定了重要基础，同时开创了文明之基，仓颉因此被尊称为"文祖"。

鲧禹治水①

《山海经》

洪水滔天②，鲧窃③帝之息壤④以堙⑤洪水，不待⑥帝命。帝令祝融⑦杀鲧于羽郊⑧。鲧复⑨生禹，帝乃命禹卒⑩布土⑪以定九州⑫。

【注释】

①本文选自《山海经·海内经》。[鲧（gǔn）]古代部落联盟的领袖，禹（yǔ）的父亲。[禹]古代部落联盟的领袖。[治水]整治水利。②[滔（tāo）天]弥（mí）漫无际。　③[窃（qiè）]偷。　④[息壤（rǎng）]神话传说中天帝特有的一种能自生自长、不断膨胀扩展的土壤，用它能堵塞（sè）水流。　⑤[堙（yīn）]堵塞，填塞。　⑥[待]等候。　⑦[祝融（róng）]中国古代神话中的火神。　⑧[羽郊]羽山的近郊。羽山，神话中的地名，在北方荒凉阴暗的地方。　⑨[复]同"腹"，肚子。　⑩[卒（zú）]最后，终于。　⑪[布土]分铺息壤。"布"同"敷（fū）"，铺陈。"土"指息壤。　⑫[九州]大禹将天下分为九州。这里泛指中国的土地。

【解读】

上古之时，到处都是漫天大水，鲧没有得到天帝的允许，便偷了天帝的息壤来堵塞洪水。天帝命令祝融在羽山郊外将他杀死。禹是从鲧遗体的肚子里生出来的，天帝便命令禹整治土地、治理洪水，最终划定九州。

鲧、禹治水的败与成，生动曲折地表现了我们的先民为战胜自然灾害所经历的艰苦历程，体现了他们不怕牺牲、勇敢战胜自然灾害的智慧与勇气，也传达出人民对鲧、禹的敬仰，对他们身上所体现的治水精神的敬佩之情。

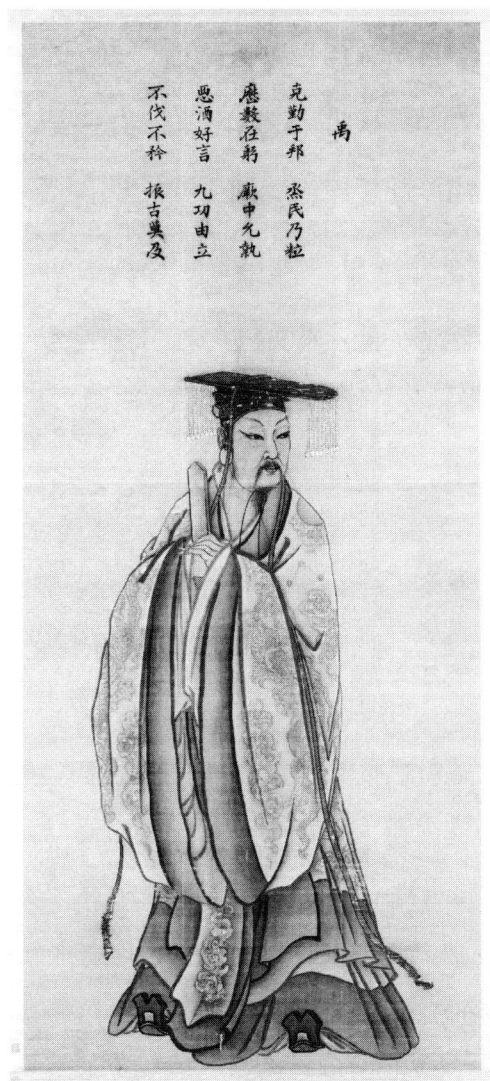

［宋］马麟《夏禹王立像》

后羿射日①

《淮南子》

逮②至尧③之时，十日并出。焦④禾稼，杀草木，而民无所食。猰貐⑤、凿齿⑥、九婴⑦、大风⑧、封豨⑨、修蛇⑩，皆为民害。尧乃使羿诛凿齿于畴华⑪之野，杀九婴于凶水⑫之上，缴⑬大风于青邱⑭之泽，上射十日，而下杀猰貐，断⑮修蛇于洞庭⑯，禽⑰封豨于桑林⑱。万民皆喜，置⑲尧以为天子。

【注释】

①本文选自《淮南子·本经训》。［后］君主、帝王。［羿（yì）］上古夷（yí）族的首领，是神勇而又有高超射技的射手。　②［逮（dài）］及，等到。　③［尧（yáo）］传说中五帝之一，是原始部落的首领。　④［焦］枯焦，指庄稼旱死。　⑤［猰（yà）貐（yǔ）］神话中能吃人的怪兽，或说是人面蛇身，或说是牛身马足，叫声似婴儿啼哭。　⑥［凿（záo）齿（chǐ）］神话中的怪兽，牙齿奇长如凿。⑦［九婴（yīng）］神话中的九个头的怪兽，能喷水吐火。　⑧［大风］传说中的一种凶猛的大鸟，飞过之处狂风大作。　⑨［封豨（xī）］大野猪。　⑩［修蛇］传说中很长的蛇。　⑪［畴（chóu）华］南方的大泽名，也写作"寿华"。　⑫［凶水］北方的大河，相传在北狄（dí）。　⑬［缴（zhuó）］系在箭上的丝绳，这里指用系着绳子的箭射鸟，为古代猎鸟的一种方法。　⑭［青邱］传说里东方的大泽名。

⑮〔断〕斩。　⑯〔洞庭（tíng）〕洞庭湖。　⑰〔禽（qín）〕同"擒"。　⑱〔桑（sāng）林〕地名，传说后来商汤曾在这里求过雨。⑲〔置〕设置，这里是"拥戴"的意思。

【解读】

到了尧帝的时候，十个太阳一起升在天空，烤焦禾苗庄稼，晒死野草树木，使人民没有东西吃。猰貐、凿齿、九婴、大风、封豨、修蛇这些凶猛的奇禽怪兽，一起出来残害百姓。于是尧帝派后羿在畴华杀死凿齿，在凶水杀死九婴，在青邱泽用缴箭射死大风，又射落十个太阳中的九个，杀死猰貐，在洞庭湖斩杀修蛇，在桑林捉住封豨。百姓都欢欢喜喜，拥戴尧为天子。

水患和旱灾是原始社会自然界对人类的两大威胁，"后羿射日"是人民征服旱灾的颂歌。这则神话通过对射日英雄后羿的赞颂，表达了在生产力水平低下的古代，人类与恶劣环境做斗争，敢于征服自然、创造美好生活的理想精神。故事虽简，但精彩迭（dié）出，有力地显示了上古神话长于夸张、奇于想象的特点。

精卫填海①

《山海经》

又北二百里，曰发鸠之山②。其上多柘木③。有鸟焉④，其状如乌⑤，文⑥首白喙⑦，赤足⑧，名曰精卫，其鸣自詨⑨。是⑩炎帝⑪之少女⑫，名曰女娃。女娃游于东海，溺而不返，故⑬为精卫，常衔西山之木石以堙⑭于东海。

【注释】

①本文选自《山海经·北山经》。　[精卫]古代神话中鸟名。②[发（fā）鸠（jiū）之山]发鸠山，古代传说中的山名。　③[柘（zhè）木]桑树的一种。　④[焉]于此，这里。　⑤[乌]乌鸦。⑥[文]同"纹"，花纹。　⑦[喙（huì）]特指鸟兽的嘴。　⑧[赤（chì）足]红色的脚爪。　⑨[詨]呼唤，大叫。　⑩[是]这。⑪[炎帝]传说中的五帝之一。　⑫[少女]小女儿。　⑬[故]于是。⑭[堙（yīn)]填塞。

【解读】

再往北二百里，有座山叫发鸠山，山上长了很多柘树。山里有一种鸟，外形像乌鸦，头羽有花纹，嘴巴白色，脚爪红色，名叫精卫，叫声像在呼唤自己的名字。它是炎帝的小女儿，名叫女娃。她到东海游玩时淹死，没有回来，于是化成了精卫鸟。它经常叼着西山的树枝和石块来填塞东海。

精卫虽以身献海，但化作渴望填平东海、守护人类一方安宁的飞鸟。这个神话歌颂了先民勇于同困难做斗争的精神。

嫦娥奔月①

《淮南子》

羿②请③不死之药④于西王母⑤，姮娥⑥窃以奔月，怅然⑦有丧⑧，无以续之。何则⑨？不知不死之药所由生也。

【注释】

①本文选自《淮南子·览冥训》。［嫦娥］传说中的月宫仙子。［奔（bēn）月］奔入月中。　②［羿（yì）］上古东夷（yí）族的首领，是神勇而又有高超射技的射手。　③［请］求。　④［不死之药］传说中一种能使人长生不死的药。　⑤［西王母］传说中的仙人，是掌管不死药、罚恶的上古女神。　⑥［姮（héng）娥］即"嫦娥"。这则神话流传至汉代，因避汉文帝（刘恒）讳（huì），改"姮"为"嫦"。⑦［怅（chàng）然］失望、不痛快的样子。这里指的是羿怅然。⑧［有丧（sàng）］失去了东西，这里指像失去了东西似的不痛快。⑨［何则］为什么。

【解读】

后羿向西王母求来了长生不老药，嫦娥偷走服下后，飞升到了月宫。后羿因为失去了药，非常失望，不能跟着飞天。那是为什么呢？因为他不知道这药是怎么制成的。

这则神话源自古人对星辰的崇拜，反映了先民对宇宙自然神奇的想象。嫦娥奔月故事有很多版本，人们在这个版本中表达了对嫦娥的谴责，因为她奔月成仙，背信弃义。

［宋］刘松年《嫦娥月宫图》

吴刚伐桂①

段成式

旧言②月中有桂，有蟾蜍③，故异书④言月桂高五百丈，下有一人常斫⑤之，树创随合⑥。人姓吴名刚，西河⑦人，学仙有过⑧，谪⑨令伐树。

【注释】

①本文选自唐代段成式《酉阳杂俎·天咫（zhǐ）》。［吴刚］传说中的仙人。　［伐（fá）］砍伐。　［桂］桂树。　②［旧言］古代传说。③［蟾（chán）蜍（chú）］两栖动物，俗称癞（lài）蛤（há）蟆（ma）。　④［异书］记载奇闻逸（yì）事的书。　⑤［斫（zhuó）］砍、削。　⑥［树创（chuāng）随合］树的创伤很快就会愈合。⑦［西河］地名。古代称黄河南北流向的部分为西河。一说这里指山西汾阳一带。　⑧［过］过错。　⑨［谪（zhé）］贬罚。

【解读】

古代传说月亮上有棵桂树，还有蟾蜍，所以有一本记载奇闻逸事的书说，月亮上有棵桂树高达五百丈，树下有个人不停地砍伐桂树，而那棵桂树被砍伤后，伤口马上就会愈合。砍树的人名叫吴刚，是西河人，在学仙道的时候犯了过错，被罚去砍伐桂树。

"吴刚伐桂"与"嫦娥奔月"一样，都源于古人对月亮这一自然天体的浪漫想象。古人认为，月亮中若隐若现的阴影是桂树。月中虽有嫦娥，但还是过于冷清，于是在神话里，又加上了蟾蜍、吴刚和桂树等，这些都是人类对宇宙自然的美好想象。

天梯建木①

《山海经》

有木，青叶紫茎②，玄华③黄实，名曰建木，百仞④无枝，上有九橚⑤，下有九枸⑥，其实如麻，其叶如芒⑦。大皞爰过⑧，黄帝所为。

【注释】

①本文选自《山海经·海内经》。［天梯］登天的梯子。［建木］传说中的神树名。　②［茎（jīng）］干。　③［玄（xuán）华］"华"同"花"，这里指黑花。　④［仞（rèn）］周时以八尺或七尺为一仞。⑤［橚（zhú）］屈曲的树枝。　⑥［枸（gǒu）］盘错的树根。⑦［芒］芒草，木名，像棠，树叶是赤红的。　⑧［大皞（hào）爰（yuán）过］大皞通过此树上下天庭。"大皞"即太昊（hào），又称太皞、太皓，传说中的古代东夷（yí）族首领。一说是伏羲（xī）氏。［爰］于是。

【解读】

有一种树，有青色的叶子、紫色的树干，开的是黑色花朵，结的是黄色果实，它的名字叫建木。这种树很高，树干百仞之内不生杂枝，只在树顶端长着屈曲的树枝，而在树底端长着盘错的树根。它的果实像麻子，叶子像芒木叶。大皞就攀着这棵树上下于天地之间，传说这棵树是黄帝种的。

在古代人民的朴素思想中，神仙之所以能够"上下于天"，并不是因为会"腾云驾雾"，而是脚踏实地，缘着天梯攀爬。因此，大山大树便成了最佳选择，建木就是神话传说中的天梯。这则神话反映了上古人民拥有丰富的想象力。

神荼郁垒①

王 充

沧海②之中，有度朔③之山，上有大桃木④，其屈蟠⑤三千里，其枝间东北曰⑥鬼门，万鬼所出入也。上有二神人，一曰神荼，一曰郁垒，主阅领⑦万鬼。恶害⑧之鬼，执以苇索⑨而以食⑩虎。于是黄帝乃作礼⑪以时驱之⑫，立大桃人⑬，门户画神荼、郁垒与虎，悬⑭苇索以御⑮凶魅⑯。

【注释】

①本篇选自东汉王充《论衡·订鬼》。〔神（shēn）荼（shū）郁（yù）垒（lǜ）〕古代神话中的两个神，能够制伏恶鬼，二人为兄弟。②〔沧（cāng）海〕大海的水为青绿色，因指大海。　③〔度（dù）硕（shuò）〕古代传说中东海中的山。　④〔桃木〕桃树。"木"义为树。⑤〔屈蟠（pán）〕枝干弯曲盘绕，形容大树枝干繁茂。　⑥〔曰〕叫。⑦〔主阅领〕主管监察和统领。　⑧〔恶（è）害〕作恶为害。　⑨〔执以苇（wěi）索〕用芦苇编织的绳索（把恶鬼）捆绑起来。"执"指捆绑、控制。　⑩〔食（sì）〕饲、喂。　⑪〔作礼〕制定礼节规矩。⑫〔以时驱（qū）之〕根据时节用他们来驱除恶鬼。　⑬〔大桃人〕大的桃木雕刻的人偶。　⑭〔悬（xuán）〕挂着。　⑮〔御（yù）〕抵御、抵挡。　⑯〔凶魅（mèi）〕妖魔鬼怪。"凶"指凶恶的人物。

【解读】

在广阔的大海中有一座度朔山，山上有棵大桃树，桃树的枝干曲折盘绕，方圆有三千里。树枝的东北角叫"鬼门"，是众鬼出入的地方。鬼门有两位神人，一位叫"神荼"，一位叫"郁垒"，他们主管监察和统领天下所有的鬼。对作恶的鬼，他们就用芦苇编织的绳索捆绑起来喂老虎。于是黄帝便制定礼节规矩，根据时节驱鬼，又立起大桃木人，门上画神荼、郁垒和老虎，悬挂芦苇索，用来抵御恶鬼。

中国民间对门神的信仰由来已久，这和古代人们对鬼神的崇信有关。旧时，人们相信鬼神的存在，为了防范恶鬼侵入，就在自家门上贴门神，以求阖（hé）家平安。神荼、郁垒是最早的一对门神，人们把他们的图像画在桃木板上，或把他们的名字写在桃木上，民间也将山桃木枝条置于门户，以此作为门神的象征。门神神话表达了古代人们消灾免祸、趋（qū）吉避凶的美好愿望。

龙伯钓鳌①

《列子》

　　五山②之根无所连箸③，常随潮波上下往还，不得暂峙④焉。仙圣毒之⑤，诉之于帝。帝恐流于西极⑥，失群仙圣之居，乃命禺强⑦使巨鳌十五举首而戴⑧之。迭为三番⑨，六万岁一交⑩焉。五山始峙而不动。

　　而龙伯之国⑪有大人，举足不盈⑫数步而暨⑬五山之所，一钓而连六鳌，合负而趣⑭，归其国，灼其骨以数⑮焉。于是岱舆、员峤二山流于北极，沉于大海，仙圣之播迁者⑯巨亿计⑰。

【注释】

　　①本文选自《列子·汤问》。〔龙伯〕龙伯国的巨人。龙伯国指古代传说中的巨人国。〔鳌（áo）〕传说中海中能负山的大鳖（biē）或大龟。　②〔五山〕传说中的五座海上神山，分别为岱（dài）舆（yú）、员峤（qiáo）、方壶、瀛（yíng）洲、蓬（péng）莱（lái）。每座山都有方圆九千里大，都住着神仙。　③〔连箸（zhù）〕连接附着。"箸"同"著"。　④〔暂（zàn）峙（zhì）〕暂时屹立不动。峙，屹立不动。　⑤〔仙圣〕得道成仙者的尊称。〔毒之〕以之为苦。毒，苦、苦恼，这里用作动词。　⑥〔西极〕古人想象中的西方的尽头。　⑦〔禺（yú）强〕传说中的海神、风神和瘟（wēn）神。　⑧〔戴（zài）〕同"载"，负载。　⑨〔迭（dié）为三番（fān）〕分三回轮流。迭，更迭、

轮流。番，次、回。　⑩［交］交替、更换。　⑪［龙伯之国］即龙伯国。　⑫［盈（yíng）］满。　⑬［暨（jì）］至、到。　⑭［合负而趣（qū）］一起背负就快走。合，并。负，背。趣，同"趋"，疾走。⑮［灼（zhuó）其骨以数（shǔ）］烧鳌壳来占卜。灼，烧、炙。骨，龟壳。数，占卜。　⑯［播迁者］流离迁移的人。　⑰［巨亿计］数以亿计。

【解读】

　　五座神山的根没有连接附着，常常随着海潮浪涛上下浮沉、来回飘荡，没有不动的时候。仙圣们苦于山的动荡不定，便向天帝陈诉。天帝担心五山流向西极，让众仙圣失掉住所，于是命令海神禺强派十五只大神龟，让它们抬着头背负五座山，每只大神龟负载一座山，每回五只，分为三番轮流，每六万年替换一次。从此五座山方才屹立不动。

　　龙伯国有个巨人，他抬腿没走几步就来到五座神山的所在地，一下钓就连钓六只巨鳌，然后一并背上快走回去了。回到国内，他烧炙龟壳用来占卜吉凶。于是岱舆、员峤两座山流向北极，沉没在大海之中，因此流离迁徙的仙圣数以亿计。

　　古人认为，天有鳌足支撑，地有绳子系缆。"龙伯钓鳌"的神话就由此而来，传说中的方壶、瀛洲、蓬莱三仙山也与此相关。这个神话故事对后代的文学创作有很大影响，"龙伯钓鳌"则演变成了比喻非凡事业的成语。

干将莫邪^①

刘　向

干将莫邪为晋君作剑，三年而成，剑有雌雄，天下名器也。乃以雌剑献君，留其雄者。谓其妻曰："吾藏剑在南山之阴，北山之阳^②，松生石上，剑在其中矣。君若觉^③，杀我，尔^④生男，以告之。"及至，君觉，杀干将。妻后生男，名赤鼻，具^⑤以告之。赤鼻斫^⑥南山之松，不得剑，思，于屋柱中得之。

晋君梦一人，眉广^⑦三寸，辞^⑧欲报仇。购求^⑨甚急，乃逃朱兴^⑩山中。遇客，欲为之^⑪报^⑫，乃刎首^⑬。将以^⑭奉^⑮晋君，客令镬^⑯煮之头三日，三日跳^⑰不烂，君往观之，客以雄剑倚^⑱拟^⑲君，君头堕^⑳镬中。客又自刎，三头悉^㉑烂，不可分别。分葬之，名曰"三王冢^㉒"。

【注释】

①本文选自《太平御览》卷三四三引西汉刘向《列士传》。〔干（gān）将（jiāng）莫（mò）邪（yé）〕相传是春秋时期吴国人，干将是铸剑名匠，莫邪（又作"莫耶"）是其妻，后人以他们的名字作为雌雄二剑之名。　②〔南山之阴，北山之阳〕南山的北面，北山的南面。在我国古代，山南水北谓之"阳"，山北水南谓之"阴"。　③〔觉〕察觉、发觉。　④〔尔〕你。　⑤〔具〕详尽、完全。　⑥〔斫（zhuó）〕砍倒。　⑦〔广〕宽、长。　⑧〔辞〕讲话、告诉。　⑨〔购求〕悬赏捉拿。　⑩〔朱兴〕山名。　⑪〔之〕指赤鼻。　⑫〔报〕报仇。　⑬〔刎（wěn）首〕割颈断头。　⑭〔以〕介词，可

译为"把"。　⑮［奉（fèng）］进献。　⑯［镬（huò）］古代煮食物的大锅。　⑰［跳（tiào）］跳跃。　⑱［倚（yǐ）］靠近。　⑲［拟］比划、对准，作砍的样子。　⑳［堕（duò）］掉下来。　㉑［悉］全部。　㉒［冢（zhǒng）］坟墓。

【解读】

　　干将莫邪夫妻为晋君铸剑，三年才铸成，这对剑有雌雄，是天下有名的武器。于是干将带雌剑去献给晋君，留下雄剑。他对妻子说："在南山阴面、北山阳面，有一棵松树生在石上，我把雄剑藏在那个地方了。如果晋君发觉，杀了我，你生了儿子后，把事情告诉他。"一段时间后，晋君发觉，杀了干将。妻子莫邪生了男孩，名叫赤鼻，待他长大后，莫邪把事情一一告诉他。赤鼻砍掉南山的松树，没有找到雄剑，寻思后在房屋的柱子里找到了雄剑。

　　晋君梦见一个人，他的眉长有三寸，并告诉晋君自己要找他报仇。晋君加急悬赏捉拿此人，于是赤鼻逃到朱兴山中。他遇到一个侠客，这名侠客愿意替他报仇，赤鼻自己割颈断头。侠客把赤鼻的头颅献给晋君，说要将这颗头颅在大锅里煮三天。而头颅在锅里跳了三天都不烂，晋君便上前去查看，侠客趁机用雄剑对准晋君砍去，晋君的头颅就坠落到大锅中。侠客自己也对锅自刎，三颗人头全部煮烂在锅里，难以辨别。人们将其分成三份分别安葬，名为"三王冢"。

　　这则神话写的虽是子替父报仇，但其中萍水相逢的侠客更是英勇壮烈。他为赤鼻报仇而不惜献出自己的生命，这种维护正义、勇于献身的侠义精神更是悲壮动人。故事不仅揭露了暴君残害人民的血腥罪行，而且表现了古代劳动人民反抗压迫的英勇行为和斗争精神。

思与行

【记诵与积累】

◎天日高一丈,地日厚一丈,盘古日长一丈,如此万八千岁。 　　　　　　　　　　　　　　　　　(《盘古开天辟地》)

◎昔者,共工与颛顼争为帝,怒而触不周之山,天柱折,地维绝。 　　　　　　　　　　　　　　　　(《共工怒触不周山》)

◎天倾西北,故日月星辰移焉;地不满东南,故水潦尘埃归焉。 　　　　　　　　　　　　　　　　(《共工怒触不周山》)

◎往古之时,四极废,九州裂,天不兼覆,地不周载。
　　　　　　　　　　　　　　　　　　　　(《女娲补天》)

◎苍天补,四极正,淫水涸,冀州平,狡虫死,颛民生。
　　　　　　　　　　　　　　　　　　　　(《女娲补天》)

◎乃以乳为目,以脐为口,操干戚而舞。(《形天断首》)

◎目此树表,有鸟若鸮,以口啄树,粲然火出。(《燧人取火》)

◎尝百草之滋味,水泉之甘苦,令民知所辟就。当此之时,一日而遇七十毒。 　　　　　　　　　　(《神农尝百草》)

◎仰则观象于天,俯则观法于地。(《伏羲传说》)

◎盖依类象形,故谓之文;其后形声相益,即谓之字。
　　　　　　　　　　　　　　　　　　　　(《仓颉造字》)

◎文者,物象之本;字者,言孳乳而浸多也。(《仓颉造字》)

◎女娃游于东海,溺而不返,故为精卫,常衔西山之木石以堙于东海。 　　　　　　　　　　　(《精卫填海》)

◎举足不盈数步而暨五山之所,一钓而连六鳌,合负而趣,

归其国，灼其骨以数焉。 (《龙伯钓鳌》)

◎五山之根无所连箸，常随潮波上下往还，不得暂峙焉。

(《龙伯钓鳌》)

◎干将莫邪为晋君作剑，三年而成，剑有雌雄，天下名器也。 (《干将莫邪》)

【熟读与精思】

古代神话故事充满了神奇的想象，它把劳动者自身的愿望和有超自然力的神的形象相关联，在虚构与写实之间展开。请在熟读本单元神话基础上，说说这些神话故事哪些内容是想象的，怎样表现出想象的神奇性。

【学习与践行】

◎神话中的英雄，或者与大自然做斗争，艰苦卓绝，坚持不懈；或者与邪恶势力做斗争，不屈不挠，舍己为公。如盘古、女娲、禹、羿等，普遍具有济世情怀和献身精神。请从中选择一则，写一篇读后感。

◎古代神话尽管篇幅短小，但想象瑰奇大胆，凸显了神、人、事的超乎寻常。这些神话在从古到今的流传过程中，往往被后来的文学家引用，通过二次创作而发扬光大。比如月宫的仙子嫦娥，在《西游记》里就出现过好多次；再如孙悟空使用的金箍棒，竟然是大禹用于定江海深浅的神铁。请任选一则神话，发挥想象，补充人物和情节，创作成故事性、趣味性更强的故事。

第六单元　寓言故事

导与引

寓言是以散文化的形式讲述带有劝谕或讽刺意味的故事。有人说，寓言是一个魔袋，袋子很小，却能从里面取出很多东西，甚至比袋子大得多；寓言也是一个怪物，当它朝你走来时，分明是一个故事，生动活泼，而当它转身离开时，却突然变成了一条哲理，严肃认真；寓言还是一座奇特的桥梁，通过它，我们可以从复杂走向简单，又可以从单纯走向丰富，在这座桥梁上来回走几遍，既能看到五光十色的生活表象，又能发现生活的深层意义。

寓言故事篇幅短小，语言精练，情节简单，具有教育的功能与价值。早在春秋战国时代，庄子、韩非等思想家就编织了许多生动有趣又寓意深刻的故事。他们借助这些故事，运用辩证思想，阐明深刻道理。因此，寓言又像一把钥匙，它能打开心灵之门，活跃思维，启迪智慧。

本单元精选了历代经典寓言故事20则。这些故事言简意赅（gāi），启示我们如何做人和做事，如何学习和生活。阅读这些寓言故事时，一方面要透过文字，感受古人讲述故事的语言智慧；另一方面，还要体会寓言中蕴含的道理，从中得到心灵的润泽、思想的启迪和情操的陶冶。

揠苗助长①

《孟子》

宋②人有闵③其苗之不长而揠之者，芒芒然④归，谓⑤其人曰："今日病⑥矣⑦，予⑧助苗长矣。"其子趋⑨而往视之，苗则槁⑩矣。

【注释】

①本文选自《孟子》。〔揠（yà）〕拔。　②〔宋（sòng）〕诸侯国名，辖（xiá）地在今河南东部、山东、江苏、安徽之间。　③〔闵（mǐn）〕同"悯"，担忧。　④〔芒（máng）芒然〕"芒"同"忙"，疲倦的样子。　⑤〔谓（wèi）〕告诉。　⑥〔病〕疲倦。　⑦〔矣（yǐ）〕了。　⑧〔予（yǔ）〕我。　⑨〔趋（qū）〕急行。　⑩〔槁（gǎo）〕干枯。

【解读】

宋国有一个担心禾苗不生长而去把它拔高的人，他十分疲倦地回去，对家里人说："今天累坏了，我帮助禾苗生长了！"他的儿子赶紧跑到田里一看，禾苗都枯死了。

这个故事告诉我们，做一切事情都要以遵循规律为前提。急于求成、违背规律，会让事情变得更加糟糕。

刻舟求剑①

《吕氏春秋》

楚②人有涉③江者，其剑自舟中坠④于水，遽⑤契⑥其舟，曰："是⑦吾剑之所从坠⑧。"舟止，从其所契者入水求之。舟已行矣，而剑不行，求剑若此，不亦惑⑨乎！

【注释】

①本文选自《吕氏春秋·慎（shèn）大览（lǎn）》的《察（chá）今篇》。相传《吕氏春秋》的作者吕不韦（wéi）曾把此书悬（xuán）挂在咸（xián）阳城门上，称"有能增损一字者予千金"，"一字千金"的典故由此而来。〔刻〕刻，画。〔舟〕船。〔求〕寻找，搜寻。②〔楚〕古国名。春秋战国时强盛，其地在湖北、湖南以及河南、安徽、江苏、浙江、江西等相邻地区。 ③〔涉（shè）〕渡。 ④〔坠（zhuì）〕掉落。 ⑤〔遽（jù）〕疾速，赶快。 ⑥〔契（qì）〕刻。⑦〔是〕代词，意为"这"。 ⑧〔吾（wú）剑之所从坠〕我的宝剑掉下去的地方。 ⑨〔惑（huò）〕糊涂。

【解读】

楚国有一个乘船渡江的人，他的宝剑从船上掉下水了，于是赶忙在船边刻下记号，说："这是我的宝剑掉下去的地方。"船停下后，他就从刻记号的地方下水去找剑。船已经移动了，而宝剑却没有移动，像这样寻找宝剑，不是很糊涂吗？

楚人"刻舟求剑"最终失败，这个故事告诉我们，人的思想认识如果不符合客观实际，就不会把事情做成；同样，客观实际是不断变化的，如果把陈旧的规章当成解决新问题的法宝，也会闹笑话。

郑人买履①

《韩非子》

郑人有欲②买履者③，先自度④其足而置⑤之⑥其坐⑦。至⑧之⑨市⑩而忘操⑪之。已得履⑫，乃⑬曰："吾⑭忘持⑮度⑯。"反⑰归取之。及⑱反，市罢⑲，遂⑳不得履㉑。人曰："何㉒不试之以足㉓?"曰："宁㉔信度，无自信也㉕。"

【注释】

①本文选自《韩非子·外储说左上》。《韩非子》由后人收集整理韩非的著作编纂（zuǎn）而成。［郑（zhèng）人］郑国人。郑国为古国，本在陕西华县西北，东周时迁（qiān）到今河南新郑附近。［履（lǚ）］鞋。 ②［欲（yù）］想要。 ③［者］代词，……的人。 ④［度（duó）］用尺子量。 ⑤［置（zhì）］放，搁在。 ⑥［之］代词，指尺码。 ⑦［坐（zuò)］同"座"，座位。 ⑧［至］等到。 ⑨［之］到……去，前往。 ⑩［市］集市。 ⑪［操（cāo)］拿。 ⑫［得履］这里指见到了鞋。 ⑬［乃（nǎi)］才。 ⑭［吾（wú)］我。 ⑮［持（chí)］拿。 ⑯［度（dù)］指量好的尺码。 ⑰［反（fǎn)］同"返"，返回。 ⑱［及］等到。 ⑲［罢（bà)］完了，结束。 ⑳［遂（suì)］于是。 ㉑［得履］这里指买到鞋。 ㉒［何］为什么。 ㉓［试（shì）之以足］即"以足试之"，用脚去试鞋。 ㉔［宁（nìng)］宁可。 ㉕［无自信也］即"无信自也"，代词"自"作前置宾语，不相信自己的脚。无，不。

【解读】

郑国有一个想要买鞋的人，先自己量好了脚的大小并把尺码放在他的座位上。等到去集市的时候却忘了带上它，已经选好了鞋后才说："我忘记拿尺码了。"然后回家去取。等到他再返回的时候，集市已经结束了，于是没有买到鞋。有人说："你为什么不用脚去试试鞋呢?"他说："我宁可相信尺码，也不相信自己的脚。"

故事中买鞋的郑国人不思变通、死守教条，宁可相信尺码，也不愿用自己的脚去试鞋，现实生活中也存在这样墨守成规的教条主义者。这个故事告诉我们做任何事情都要依据实际情况，灵活变通，在遇到困难时开动脑筋想办法。有时，试着跳出固定的思维模式，你或许会有新的收获。对于知识的学习而言，更不要犯郑人买履的错误。只是机械地死记硬背并不是好的学习方法，要学习结合具体情境灵活运用知识，这样才会形成解决问题的能力。

南辕北辙①

《战国策》

今者臣来，见人於②大行③，方④北面⑤而持⑥其驾⑦，告臣曰："我欲之⑧楚。"臣曰："君之楚，将⑨奚为⑩北面？"曰："吾马良。"臣曰："马虽良，此非楚之路也。"曰："吾用⑪多。"臣曰："用虽多，此非楚之路也。"曰："吾御者⑫善⑬。"此数者愈⑭善，而离楚愈远耳。

【注释】

①本文选自《战国策（cè）·魏（wèi）策》。《战国策》记录了战国时纵横家游说（shuì）各诸（zhū）侯国的说辞及权谋智斗的故事，书中的寓（yù）言多与各诸侯国间的政治斗争有关。[辕（yuán）]车前驾牲（shēng）口用的直木，压在车轴（zhóu）上，伸出车子的前端，这里指车。[辙（zhé）]车轮碾（niǎn）过的痕迹，这里指道路。 ②[於（yú）]同"于"，在。 ③[大行（háng）]大路。 ④[方]正在。 ⑤[北面]面朝北方。 ⑥[持（chí）]本指气势，这里指驾驭（yù）。 ⑦[驾（jià）]车。 ⑧[之]到，往。 ⑨[将]欲、要。 ⑩[奚（xī）为]为什么。 ⑪[用]资财。 ⑫[御（yù）者]驾车人。 ⑬[善（shàn）]这里指驾车技术好。 ⑭[愈（yù）]越。

【解读】

最近我回来的时候，在大路上遇见一个人，正在向北面赶他的车，他告诉我说："我想到楚国去。"我说："您到楚国去，为什么往北方走呢？"他说："我的马好。"我说："马虽然好，但这不是去楚国的路啊。"他说："我的路费多。"我说："路费虽然多，但这不是去楚国的路啊。"他又说："我的车夫善于赶车。"这些东西越好，反而离楚国越远。

"马良""用多"和"御者善"都是走远路的必备条件，但这些条件在"此非楚之路也"的前提下，都发挥不了正确的作用，而且条件越好，离目的地越远。这个故事揭示了一个具有普遍意义的道理：做人和做事，首先要确立正确的方向，如果方向错了，那么条件再好也达不到目标，行动和目标相一致才能获得成功。

［宋］佚名《盘车图》

守株待兔^①

《韩非子》

　　宋人有耕者^②，田中有株，兔走^③触^④株，折^⑤颈^⑥而死；因^⑦释^⑧其耒^⑨而守株，冀^⑩复^⑪得兔。兔不可复得，而身^⑫为^⑬宋国笑^⑭。

【注释】

　　①本文选自《韩非子·五蠹（dù）》。［株（zhū）］露出地面的树根。　②［耕（gēng）者］耕地的人。　③［走］跑。　④［触（chù）］撞到。　⑤［折（zhé）］折断。　⑥［颈（jǐng）］脖子。这里指颈椎。⑦［因］于是。　⑧［释（shì）］放下。　⑨［耒（lěi）］古代的一种翻土农具，形如木叉（chā），上有曲（qū）柄，下面是犁（lí）头，用以松土，可看作犁的前身。"耒"是汉字部首之一，从"耒"的字多与原始农具或耕作有关，如"耕耘（yún）"。　⑩［冀（jì）］希望。⑪［复］再一次。　⑫［身］自身，自己。　⑬［为（wéi）］被。⑭［笑］嘲笑，耻笑。

【解读】

　　宋国有一个种田的人，田里有一个树桩子，一只兔子奔跑时撞在这树桩上，折断了脖子死了。于是他便放下自己的农具，日日夜夜守在树桩旁边，希望再得到兔子。兔子当然不可能再得到了，而自己的行为也被宋国人耻笑。

　　这则寓言告诉我们，一切坐享其成、脱离实际的幻想是不可取的。世界上没有一成不变的事物，做任何事情都不能抱有侥幸心理，想要取得成功，必须勤奋踏实、努力耕耘。

滥竽充数①

《韩非子》

齐宣王②使人吹竽，必③三百人。南郭④处士⑤请⑥为王吹竽，宣王说⑦之，廪食⑧以⑨数百人。宣王死，湣王⑩立⑪，好一一⑫听之，处士逃。

【注释】

①本文选自《韩非子·内储说（shuì）上》。［滥（làn）］虚假、不真实。［竽（yú）］古代的一种吹奏乐器。 ②［齐宣王］战国时齐国国君，名辟彊。 ③［必］必须，一定。 ④［南郭（guō）］复姓。 ⑤［处（chǔ）士］隐居未做官的读书人。 ⑥［请］请求。 ⑦［说（yuè）］同"悦"，高兴。 ⑧［廪（lǐn）食］由政府发给粮食。 ⑨［以］根据，这里指按照……的标准。一说同"似"。 ⑩［湣（mǐn）王］即齐湣王，战国时齐国第六任君主，是齐宣王的儿子。 ⑪［立］登位，即位。 ⑫［一一］一个一个地。

【解读】

齐宣王让人吹竽，一定要三百个人一起吹。南郭先生请求为宣王吹竽，宣王很高兴，供给他的粮食与其几百个人的标准一样。宣王死了以后，湣王登上了王位，喜欢一个一个地听人吹竽，南郭先生就逃跑了。

这个故事说明，弄虚作假是经不住时间考验的，终究会露出马脚。我们应该勤学苦练，增长本领，让自己有名副其实的真才实学。"滥竽充数"这一成语后用来指代没有本领却冒充有本领的人，或拿次的东西混在好的里面充数，有时也用作自谦的话，而"南郭先生"这一形象也成了滥竽充数者的代名词。

掩耳盗铃^①

《吕氏春秋》

范氏^②之亡^③也，百姓有得钟^④者，欲负^⑤而走^⑥，则^⑦钟大不可负。以锤^⑧毁^⑨之，钟况然^⑩有音。恐人闻之而夺己^⑪也，遽^⑫掩其耳。

【注释】

①本文选自《吕氏春秋·自知》。［掩（yǎn）］捂着。［盗（dào）］偷。　②［范（fàn）氏（shì）］春秋时晋（jìn）国六卿（qīng）之一，为显赫家族。　③［亡（wáng）］逃亡，逃跑。　④［钟］古代的一种打击乐器。　⑤［负（fù）］背着。　⑥［走］跑。　⑦［则］但是。⑧［锤（chuí）］锤子。　⑨［毁（huǐ）］砸碎。　⑩［况（kuàng）然］金属被敲击的声音。　⑪［夺己］从自己手里夺走。　⑫［遽（jù）］立刻，马上。

【解读】

范氏被打败后逃亡了，有人看见他家里有一个钟，想背上就跑，可是钟很大，背不动。又用锤子敲，想把钟砸碎，钟发出了很大的响声。他害怕别人听到声音过来把钟从自己手中夺走，就赶快用手捂住了自己的耳朵。

盗铃人以为捂住了自己的耳朵，钟就真的不响了。实际上，钟响是客观事实，即使自己听不到，别人照样也会听到。所以，自己做了错事要主动承认，不要以为假装不知道别人就真的不知道，那是在骗自己。

狐假虎威①

《战国策》

虎求②百兽而食之，得狐。狐曰："子③无敢④食我也。天帝⑤使我长⑥百兽，今⑦子食我，是逆⑧天帝命也。子以我为不信⑨，吾为⑩子先行⑪，子随我后，观百兽之见我而敢不走⑫乎?"虎以为然⑬，故⑭遂与之行。兽见之皆走。虎不知兽畏⑮己而走也，以为畏狐也。

【注释】

①本文选自《战国策·楚策》。［假（jiǎ）］假借。［威（wēi）］威风。　②［求］寻找，搜寻。　③［子］你。　④［无敢］不敢。⑤［天帝］天上主宰一切的神。　⑥［长（zhǎng）］同"掌"，掌管。⑦［今］如果。　⑧［逆（nì）］违背。　⑨［不信］不诚实。⑩［为（wèi）］给。　⑪［先行］走在前面。　⑫［走］跑。⑬［然］对。　⑭［故］因此，所以。　⑮［畏（wèi）］害怕。

【解读】

老虎寻找野兽要吃掉它们，抓到了一只狐狸。狐狸说："你不敢吃我。天帝派我来掌管百兽，现在你吃掉我，是违背天帝的命令。你认为我的话不诚实，我在你前面走，你跟随在我后面，看看百兽看见我有敢不逃跑的吗?"老虎认为狐狸的话有道理，于是和它一起走。野兽看见它们都逃跑了。老虎不知道野兽是害怕自己而逃跑的，以为它们是害怕狐狸。

狐狸假借老虎的威风恐吓（hè）百兽，虽然风光一时，但把戏一旦被戳穿，它不仅会受到群兽的围攻，而且将被受骗的老虎吞吃。这则寓言用来比喻那些仗着他人的权势招摇撞骗、恐吓威胁别人的人，也用来讽刺那些被人利用而不自知的人。仗势欺人的小人虽然能够嚣（xiāo）张一时，但最终绝不会有好下场的。

［清］高其佩《猛虎图》

囫囵吞枣①

客有曰："梨益②齿而③损④脾，枣益脾而损齿。"一呆子⑤弟⑥思久之⑦，曰："我食梨则嚼而不咽，不能伤我之脾；我食枣则吞而不嚼，不能伤我之齿。"狎者⑧曰："你真是混沦⑨吞却⑩一个枣也。"

【注释】

①本文选自白珽（tǐng）《湛（zhàn）渊（yuān）静语》。[囫（hú）囵（lún）] 整个的，完整的。　②[益（yì）] 对……有好处。③[而] 但、却。　④[损（sǔn）] 损伤。　⑤[呆子] 智力低、不明事理的人。　⑥[弟] 但、却。　⑦[久之] 多时。　⑧[狎（xiá）者] 开玩笑的人。　⑨[混（hùn）沦（lún）] 即"囫囵"。　⑩[却] 助词，用在动词后面，表示动作完成。

【解读】

有个客人说："吃梨对牙齿有好处，却对脾有损伤；吃枣对脾有益处，却对牙齿有损害。"一个愚钝的人却思考了很久，说："我吃梨的时候只嚼不吞，就不能损伤我的脾；吃枣的时候只吞不嚼，就不能损伤我的牙齿。"有个喜欢开玩笑的人说："你真是囫囵吞枣呀！"

这个故事说明，做事情不能对事物不加分析思考，就笼统接受。要仔细分析，充分理解，实事求是，才有利于工作、生活和学习。

弈秋诲棋①

《孟子》

弈秋，通国②之善③弈者也。使④弈秋诲二人弈，其一人专心致志，惟弈秋之为听⑤。一人虽听之，一心以为有鸿鹄⑥将至，思援⑦弓缴⑧而射之，虽与之俱学，弗若⑨之矣。为⑩是⑪其智弗若与⑫？曰：非然也。

【注释】

①本文选自《孟子·告子上》。〔弈（yì）秋〕古代常用技艺加名字来指称人。秋是人名，因其擅（shàn）长下围棋，所以用"弈"加人名"秋"来指称这个人。 〔诲（huì）〕教授。 ②〔通国〕全国。 ③〔善〕擅长。 ④〔使〕假使。 ⑤〔惟（wéi）弈秋之为听〕只听弈秋的话。 ⑥〔鸿（hóng）鹄（hú）〕天鹅。 ⑦〔援（yuán）〕拉。 ⑧〔弓缴（zhuó）〕指弓和箭。缴，系在箭上的丝绳，这里指带有丝绳的箭，射出后可以将箭收回。 ⑨〔弗（fú）若〕不如。 ⑩〔为（wèi）〕同"谓"，认为。一说"说"义。 ⑪〔是〕代词，"这"。 ⑫〔与（yú）〕同"欤"，表示反问的语气，译为"吗"。

【解读】

弈秋是全国的围棋高手。假使让他教两个人下棋，一个人一心一意，只听弈秋的话。另一个人虽然听着，心里却以为有只天鹅快要飞来，想拿起弓箭去射它。虽然他与专心致志的那个人一起学习，但成绩一定不如人家。能说这是因为他的智力不如那个人吗？自然不是的。

这个故事告诉我们，在相同的条件下，不同的学习态度会得到不同的学习结果。学习应该专心致志，全神贯注，不能三心二意，否则会一事无成。

［五代］周文矩《重屏会棋图》

叶公好龙①

刘 向

　　叶公子高②好龙，钩③以④写⑤龙，凿⑥以写龙，屋室雕文⑦以写龙。于是夫龙闻而下之⑧，窥⑨头于牖⑩，施⑪尾于堂⑫。叶公见之，弃而还走⑬，失其魂魄，五色⑭无主⑮。是叶公非好龙也，好夫似龙而非龙者也。

【注释】

　　①本文选自《新序·杂事》。《新序》是以讽（fěng）谏（jiàn）为目的的历史故事集。[叶公] 春秋时楚国贵族叶县沈诸（zhū）梁。[好（hào）] 喜欢。　②[子高] 叶公的字。　③[钩（gōu）] 衣服上的带钩。　④[以] 在。　⑤[写] 这里指刻画。　⑥[凿] 同"爵（jué）"，古代饮酒的器具。　⑦[雕（diāo）文] 同"雕纹"，雕刻的花纹。　⑧[下之] 来到叶公的住处。　⑨[窥（kuī）] 探望、偷看。⑩[牖（yǒu）] 窗户。　⑪[施] 同"拖"，延伸。　⑫[堂] 厅堂。⑬[还（xuán）走] 转身就跑，"还"同"旋"。　⑭[五色] 脸色。⑮[无主] 失去控制。

【解读】

　　叶公子高非常喜欢龙，衣带钩、酒器上都刻画着龙，屋子内外的雕纹上也都刻画着龙。天上的真龙知道后，便来到叶公的住所，龙头搭在窗台上探看，龙尾伸到了厅堂里。叶公看到了，转身就跑，被吓得像失了魂似的，惊恐万状。因此叶公并不是真喜欢龙，喜欢的是像龙却不是龙的东西罢了。

　　"叶公好龙"用来比喻那些自称爱好某种事物，但实际上并不是真正爱好，甚至还惧怕、反对的人。这个成语告诉我们，做人要心口如一、言行一致。

惊弓之鸟①

《战国策》

更羸②与魏③王处④京台⑤之下，仰⑥见飞鸟。更羸谓⑦魏王曰："臣为王引弓⑧虚发⑨而下鸟⑩。"魏王曰："然则⑪射可至此⑫乎？"更羸曰："可。"有间⑬，雁从东方来，更羸以虚发而下之。魏王曰："然则射可至此乎？"更羸曰："此孽⑭也。"王曰："先生何以知之⑮？"对曰："其飞徐⑯而鸣悲。飞徐者，故疮⑰痛也；鸣悲者，久失群⑱也，故疮未息⑲，而惊心未至⑳也。闻弦音，引㉑而高飞，故疮陨㉒也。"

【注释】

①本文选自《战国策·楚策》。［惊］受惊。　②［更（gēng）羸（léi）］人名，战国时有名的射箭手。　③［魏（wèi）］古国名，地在河南省北、陕西省东、山西省西南、河北省南部相邻地区。　④［处］在，停留。　⑤［京台］高台。京，大。　⑥［仰（yǎng）］抬头。　⑦［谓（wèi）］对……说。　⑧［引弓］拉弓。　⑨［虚（xū）发］虚拉弓弦不放箭。　⑩［下鸟］使鸟落下。　⑪［然则］既然这样，那么。　⑫［至此］指射箭水平可以达到这种高超的程度。　⑬［有间（jiàn）］过了一段时间。　⑭［孽（niè）］本指树木斩而复生，这里指受伤未复原之鸟。　⑮［何以知之］即"以何知之"，凭借什么知道的。　⑯［徐］缓慢。　⑰［故疮（chuāng）］旧伤。　⑱［失群］离群，孤单一个。　⑲［息］消失。这里指伤愈。　⑳［至］一本作"去"。指消除。　㉑［引］伸展翅膀。　㉒［陨（yǔn）］从高处掉下。

199

【解读】

更羸和魏王在高台之下，抬头看见一只飞鸟。更羸对魏王说："我不用箭，就能为您射下这只鸟。"魏王说："射箭技术可以如此高超吗？"更羸说："可以。"不一会儿，大雁从东方飞来，更羸一弹响弓，大雁就掉了下来。魏王说："射箭技术可以如此高超吗？"更羸说："这只大雁受过伤。"魏王说："你凭借什么知道的？"更羸说："它飞得慢，叫声悲凉。飞得慢，因为体内有伤；叫声悲凉，因为它长久失群。这只孤雁创伤未好，惊魂不定，一听到弓弦的响声便惊逃高飞，旧伤复发就跌落下来了。"

"惊弓之鸟"这个词语用来比喻受到惊吓、碰到一点儿动静就害怕的人。这个故事意在表明，一个人如果曾经遭受过重大打击，留下了心理阴影，那么以后如果再次出现类似的情景，就会因为心生恐惧而不堪（kān）一击。因此，人失败时要善于总结经验，吸取教训，重新振作起来，开始新的生活。

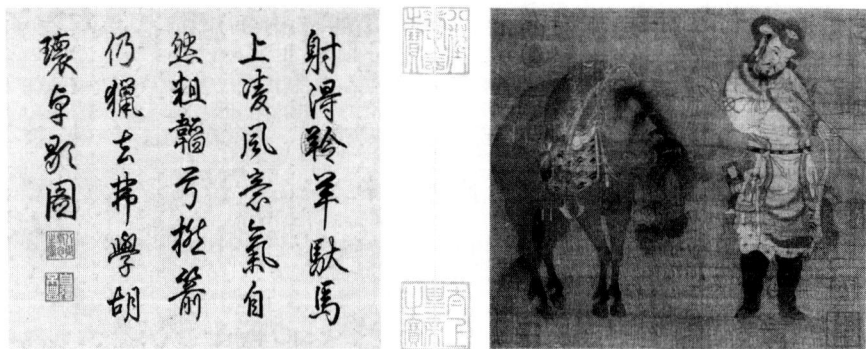

［宋］赵伯骕《番骑猎归图》

200

鹬蚌相争^①

《战国策》

蚌方^②出曝^③，而鹬啄其肉，蚌合而拑^④其喙^⑤。鹬曰：“今日不雨，明日不雨，即有死蚌。”蚌亦^⑥谓^⑦鹬曰：“今日不出^⑧，明日不出，即有死鹬。”两者不肯相舍^⑨，渔者得^⑩而并^⑪禽^⑫之。

【注释】

①本文选自《战国策·燕策》。〔鹬（yù）〕一种嘴细长的水鸟。〔蚌（bàng）〕一种带壳的软体动物。　②〔方〕刚刚。　③〔曝（pù）〕指蚌张开壳晒太阳。　④〔拑（qián）〕同“钳”，夹。　⑤〔喙（huì）〕嘴，专指鸟兽的嘴。　⑥〔亦〕也。　⑦〔谓（wèi）〕对……说。⑧〔出〕指鹬被夹住的嘴从蚌壳中出来。　⑨〔舍（shě）〕放弃。⑩〔得〕能够。　⑪〔并〕一起。　⑫〔禽（qín）〕同“擒”，捕捉，抓住。

【解读】

河蚌刚出来张开壳晒太阳，鹬就来啄它的肉。蚌壳马上闭拢夹住鹬的嘴。鹬说：“今天不下雨，明天不下雨，就有只死蚌。”河蚌也对鹬说：“今天嘴出不来，明天嘴出不来，就有只死鹬。”双方都不肯放弃，一个渔夫把它们一起捉走了。

这则寓言后演化为成语“鹬蚌相争，渔翁得利”，用来比喻双方相争，结果两败俱伤，使第三者从中获利；也用来讽刺那些目光短浅、忘记了共同的敌人而互相争斗的愚蠢之人。

螳臂当车①

《淮南子》

齐庄公②出猎③，有一虫举④足将搏⑤其轮⑥。问其御⑦曰："此何虫也?"对曰："此所谓螳螂者也。其为⑧虫也，知进不知却⑨，不量力⑩而轻敌。"庄公曰："此为人，而必为天下勇武⑪矣。"回车⑫而避⑬之。

【注释】

①本文选自《淮（huái）南子》。[螳（táng）臂]螳螂（láng）的前肢。[当（dāng）]阻挡。　②[齐庄公]春秋时期齐国国君。③[出猎]外出打猎。　④[举]抬起。　⑤[搏（bó）]搏斗。⑥[轮]车轮。　⑦[御（yù）]驾车的人。　⑧[为（wéi）]作为。"为虫"指作为虫子的特点。　⑨[却]退。　⑩[量（liàng）力]衡量自己的力量。　⑪[勇武]勇猛的武士。　⑫[回车]掉过车头。⑬[避（bì）]避开。

【解读】

齐国国王庄公出门打猎，有一只螳螂举起前腿，准备和他马车的车轮搏斗。庄公问他的车夫说："这是什么虫?"车夫说："这是螳螂。作为一只虫，它只知道进不知道退，不估计自己的力量而轻视敌方。"庄公说："这虫要是人，必定是天下勇士啊。"于是让车绕道避开了它。

弱小的螳螂想要用自己的力量阻挡马车的前进，是不自量力的表现。这个成语告诉我们，做人要有自知之明，如果不了解自己的长处和短处，单凭勇气蛮干，就无法发挥自己的优势，也无法在和别人的竞争中取得胜利。

疑邻窃铁①

《列子》

人有亡②铁者，意③其邻之子。视其行步，窃铁也；颜色，窃铁也；言语，窃铁也；动作态度无为而不窃铁也。俄而④扣⑤其谷⑥而得其铁，他日复见其邻人之子，动作态度无似窃铁者。

【注释】

①本文选自《列子·说符》。《列子》主要以故事的形式阐述道家清静无为、冲虚自然的思想观念。[疑（yí）]怀疑。[窃（qiè）]偷盗。[铁（fǔ）]通"斧"，斧子。 ②[亡（wáng）]丢失。 ③[意]怀疑。 ④[俄（é）而]不久。 ⑤[扣（hú）]挖。 ⑥[谷]地窖（jiào）。

【解读】

有一个丢了斧子的人，怀疑是邻居家的孩子所偷。他看那个孩子走路的姿势，像偷了斧子；观察那个孩子的神色，像偷了斧子；听那个孩子说话，也像是偷了斧子；那个孩子的行为神态没有不像偷了斧子的。过了几天，他在挖地窖的时候找到了斧子，他再看邻居家的那个孩子，行为神态不像偷过斧子的样子了。

孩子没变，邻居对他的态度却前后不同，这说明人对事物的认识会随自己想法的变化而变化，不同的心态可以产生不同的结果。从古至今，"事有疑似而招祸者多矣"，想要对事物作出准确的判断，就要抛弃个人成见，从实际出发，深入调查，这样才能得出正确的结论。

画蛇添足^①

《战国策》

楚^②有祠者^③，赐^④其舍人^⑤卮^⑥酒。舍人相谓^⑦曰："数人^⑧饮之^⑨不足，一人饮之有余。请画地^⑩为蛇，先成者饮酒。"一人蛇先成，引^⑪酒且^⑫饮之，乃^⑬左手持^⑭卮，右手画蛇。曰："吾能为之足^⑮。"未成，一人之蛇成，夺^⑯其卮，曰："蛇固^⑰无足，子安^⑱能为之足?"遂^⑲饮其酒。为蛇足者，终^⑳亡^㉑其酒。

【注释】

①本文选自《战国策·齐策》。　②［楚］古国名。春秋战国时强盛，其地在湖北、湖南以及河南、安徽、江苏、浙江、江西等相邻地区。③［祠（cí）者］主管祭（jì）祀（sì）的官员。［者］代词，指……的人。　④［赐（cì）］赏赐。　⑤［舍（shè）人］门客，寄食于贵族门下并为之服务的人。　⑥［卮（zhī）］古代的一种盛酒器，类似壶。⑦［谓（wèi）］说。　⑧［数人］几个人，多个人。　⑨［之］代词，酒。　⑩［画地］在地面上画。　⑪［引］拿，举。　⑫［且］将要。⑬［乃］然而，却。　⑭［持］拿着。　⑮［为（wéi）之足］给蛇画足。"为"在这里是画的意思。　⑯［夺］抢走。　⑰［固］本来，原来。　⑱［安］副词，怎么。　⑲［遂（suì）］于是。⑳［终］最终、最后。　㉑［亡（wáng）］失去。

【解读】

楚国有个主管祭祀的官员，赏酒给他的门客。门客们互相商量说："几个人喝这壶酒不够，一个人喝这壶酒还有剩余。请大家在地上画蛇，先画好的人就喝这壶酒。"一个人先画好了蛇，他拿起酒壶准备饮酒，却左手拿着酒壶，右手继续画蛇，说："我能给蛇添上脚！"没等他画完，另一个人此时画好了蛇，夺过他的酒说："蛇本来没有脚，你怎么能给它添上脚呢？"于是就把壶中的酒喝了下去。那个给蛇画上脚的人最终失掉了那壶酒。

第一个画蛇的人本来可以得到酒的，但因为他要给蛇添上脚，故意卖弄自己的聪明，反而弄巧成拙（zhuō），被他人抢了先机。这个故事告诉我们，做一件事情，必须按具体的要求和明确的目标完成，不要卖弄聪明做多余的事，也不要有了一点成绩就沾沾自喜，否则非但不能把事情做好，反而还会失去原来的优势。

自相矛盾^①

《韩非子》

楚人有鬻^②盾与矛者^③，誉^④之^⑤曰："吾^⑥盾之^⑦坚^⑧，物莫^⑨能陷^⑩也。"又誉其矛曰："吾矛之利^⑪，于物无不^⑫陷也。"或^⑬曰："以^⑭子^⑮之矛陷子之盾，何如^⑯？"其人^⑰弗^⑱能应^⑲也。夫^⑳不可陷之盾与无不陷之矛，不可同世^㉑而立^㉒。

【注释】

①本文选自《韩非子·难一》。［自相（xiāng）］相互，自己跟自己之间。［矛（máo）盾（dùn）］古代的两种兵器，用于刺杀的长矛和防守的盾牌。这里指相互抵触、排斥（chì）。 ②［鬻（yù）］卖。 ③［者］代词，用以指人。 ④［誉（yù）］本义指称赞，这里指吹嘘、夸耀。 ⑤［之］代词，指盾。 ⑥［吾（wú）］代词，我。 ⑦［之］助词，无意。 ⑧［坚］坚牢。 ⑨［莫（mò）］代词，没有什么。 ⑩［陷（xiàn）］刺破，刺穿。 ⑪［利］锋利。 ⑫［无不］没有不，全部。 ⑬［或］代词，有的人。 ⑭［以］用，使用。 ⑮［子］代词，表示第二人称，相当于"你"。 ⑯［何如］倒装句，正常语序是"如何"，意思是怎么样。 ⑰［其人］那个人。 ⑱［弗（fú）］不。 ⑲［应（yìng）］回答。 ⑳［夫］句首发语词，表示下面要开始发议论。不用译。 ㉑［同世］同一个时候。 ㉒［立］存在。

【解读】

楚国有个卖盾和矛的人，夸耀他的盾说："我的盾这样坚固，没有什么东西能刺穿它。"又赞誉他的矛说："我的矛这般锋利，任何东西没有它刺不穿的。"有人问："用你的矛刺你的盾，会怎样?"那人就回答不了了。无法被刺穿的盾和能刺破所有盾的矛，在这个世界上，是不可能同时存在的。

这个故事告诉我们，世上不可能同时存在牢不可破的盾和无坚不摧的矛，这个楚国人片面夸大了矛与盾的作用，自吹自擂，结果出现了无法自圆其说的局面。因此，说话做事要三思而后行，要讲求实际，不能言过其实，自吹自擂。"自相矛盾"后也用来比喻行事或说话前后不一相互抵触。这则寓言逻辑鲜明，充满哲理，是春秋战国时期论辩类寓言的典范之作。

塞翁失马①

《淮南子》

近塞上②之人，有善术者③。马无故④亡⑤而入胡⑥。人皆⑦吊⑧之，其父曰："此何遽⑨不为福⑩乎？"居⑪数月，其马将⑫胡骏马⑬而归。人皆贺⑭之，其父曰："此何遽不能为祸⑮乎？"家富⑯良马，其子好⑰骑，堕⑱而折其髀⑲。人皆吊⑳之，其父曰："此何遽不为福乎？"居一年，胡人大㉑入塞，丁壮㉒者引弦㉓而战，近塞之人，死者十九㉔，此㉕独以㉖跛㉗之故，父子相保㉘。故福之为祸，祸之为福，化不可极㉙，深不可测也。

【注释】

①本文选自《淮南子》。［塞（sài）翁（wēng）］边塞的老翁。［失］丢失。　②［塞上］边塞，指长城内外。　③［善术者］精通术数的人。"术数"指研究阴阳五行相生相克变化来推测人事吉凶的方法。　④［故］缘故。　⑤［亡（wáng）］走失。　⑥［胡］胡人居住的地方。　⑦［皆］都、全。　⑧［吊（diào）］对其不幸表示安慰。　⑨［何遽（jù）］怎么就。　⑩［福］幸福，福气。　⑪［居］过了。　⑫［将（jiàng）］带领。　⑬［骏（jùn）马］好马，良马。　⑭［贺（hè）］祝贺。　⑮［祸（huò）］灾祸，坏事。　⑯［富］很多。　⑰［好（hào）］喜欢。　⑱［堕（duò）］掉下来。　⑲［髀（bì）］大腿。　⑳［吊］慰（wèi）问。　㉑［大］大规模出兵。　㉒［丁壮］到达兵役年龄的年轻健壮男子。　㉓［引弦（xián）］拉弓，这里指拿起武器。　㉔［十九］十分之九，指绝大部分。　㉕［此］这，这个

人。　㉖〔独以〕只是因为。　㉗〔跛（bǒ）〕瘸腿。　㉘〔保〕保全。　㉙〔极〕穷尽，尽头。"化不可极"指变化没有止境。

【解读】

　　靠近边境居住的人中有一个精通术数的人，他们家的马无缘无故走失到了胡人的地面。人们都前来慰问他。那个老人说："这怎么就不能是一件好事呢?"过了几个月，那匹马带着胡人的良马回来了。人们都前来祝贺他们一家。那个老人说："这怎么就不能是一件坏事呢?"他家中有很多好马，他的儿子喜欢骑马，结果从马上掉下来摔得大腿骨折。人们都前来安慰他们一家。那个老人说："这怎么就不能是一件好事呢?"过了一年，胡人大举入侵边境一带，壮年男子都拿起弓箭去作战。边境一带的人，十有八九都死了。唯独他的儿子因为腿瘸的缘故免于征战，他们父子得以保全生命。所以好事变成坏事，坏事变成好事，其中的变化没有止境，其中的深奥也没有办法来探测。

　　"祸兮福所倚，福兮祸所伏。"这个故事说明，在一定的条件下，好事和坏事是可以互相转化的，坏事可以变成好事，好事也可以变成坏事。遇到坏事时可能会受到损失，但之后也许反而能得到好处。所以，无论遇到福还是祸，我们都要积极面对，以乐观的心态看待事物。

两小儿辩日^①

《列子》

孔子东游^②，见两小儿辩斗^③。问其故^④。

一儿曰："我以^⑤日始出时去^⑥人近，而^⑦日中^⑧时远也。"

一儿曰："我以日初出远，而日中时近也。"

一儿曰："日初出大如车盖^⑨，及^⑩日中，则如盘盂^⑪，此不为^⑫远者小而近者大乎?"

一儿曰："日初出沧沧凉凉^⑬，及其日中如探汤^⑭，此不为近者热而远者凉乎?"

孔子不能决^⑮也。两小儿笑曰："孰^⑯为^⑰汝多知^⑱乎?"

【注释】

①本文选自《列子·汤问》。［辩（biàn）］辩论。 ②［游］游历。③［辩斗（dòu）］争辩。斗，争。 ④［故］原因。 ⑤［以］认为。⑥［去］距离。 ⑦［而］但是。 ⑧［日中（zhōng）］正午。⑨［车盖］古时车上的篷（péng）盖，形若雨伞，呈圆形。 ⑩［及］到了。 ⑪［盘盂（yú）］古代盛放食物的器皿。圆形为盘，方形为盂。⑫［为（wéi）］是。 ⑬［沧沧（cāng）凉凉］清凉的感觉。 ⑭［探汤］把手伸进热水里。汤，热水。 ⑮［决］判断。 ⑯［孰（shú）］

谁。　⑰〔为（wèi）〕同"谓"，说。　⑱〔知（zhì）〕同"智"，智慧。

【解读】

　　一天，孔子到东方游历，看到两个小孩在争辩，便问是什么原因。一个小孩说："我认为太阳刚刚升起时离人近，中午时离人远。"另一个小孩认为太阳刚刚升起时离人远，中午时离人近。一个小孩说："太阳刚出来时像车盖一样大，到了中午却小得像盘子，这不是远小近大吗？"另一个小孩说："太阳刚出来是清凉的感觉，到了中午却像把手伸进热水里一样，这不是近热远凉吗？"孔子无法判断谁对谁错。两个小孩笑着说："谁说您很有智慧呢？"

　　这个故事告诉我们，即使非常熟悉的事物和现象，也可能包含着我们不了解或不确定的知识。宇宙无限，知识无穷，再博学的人也未必掌握所有知识。人生学无止境，需要在生活中多观察、多思考。文章以对话的形式表现人物、展开情节，生动形象的比喻和反问句扣住了题目中的"辩"字，增强了故事的论辩色彩。

愚公移山①

《列子》

太行、王屋②二山，方③七百里，高万仞④，本在冀州⑤之南，河阳⑥之北。

北山愚公者，年且⑦九十，面山而居。惩⑧山北之塞⑨，出入之迂⑩也，聚室⑪而谋⑫曰："吾与汝毕力⑬平险，指通⑭豫⑮南，达于汉阴⑯，可乎?"杂然⑰相许⑱。其妻献疑⑲曰："以君⑳之力，曾㉑不能损魁父㉒之丘㉓，如太行王屋何? 且㉔焉㉕置㉖土石?"杂㉗曰："投诸㉘渤海之尾㉙，隐土㉚之北。"

遂率子孙荷㉛担者三夫，叩石垦壤㉜，箕畚㉝运于渤海之尾。邻人京城氏㉞之孀妻㉟有遗男㊱，始龀㊲，跳往助之。寒暑易节㊳，始一反㊴焉。

河曲㊵智叟笑而止㊶之，曰："甚㊷矣，汝之不惠㊸! 以残年㊹余力，曾㊺不能毁山之一毛㊻，其如土石何㊼?"北山愚公长息㊽曰："汝心之㊾固㊿，固不可彻51，曾不若孀妻弱子。虽52我之死，有子存焉53；子又生孙，孙又生子；子又有子，子又有孙；子子孙孙无穷匮54也，而山不加增55，何苦56而57不平?"河曲智叟亡58以应。

操蛇之神59闻之，惧60其不已61也，告之于帝。帝感其诚，命夸娥氏62二子负二山，一厝63朔东64，一厝雍南65。自此，冀之南、汉之阴无陇66断焉。

【注释】

　　①本文选自《列子·汤问》。〔愚（yú）公〕叫愚公的老人。
②〔太（tài）行（háng）〕在河内野王县（今陕西省东部）。〔王屋〕在
河东东垣（yuán）县（今陕西省阳城县西南）。　③〔方〕纵横两方面
的长度。　④〔仞（rèn）〕古代长度单位，七尺或八尺。　⑤〔冀（jì）
州〕包括今河北省、陕西省、河南省黄河以北以及辽宁省辽河以西的
地区。　⑥〔河阳〕黄河北岸。　⑦〔且〕将近。　⑧〔惩（chéng）〕
为……所苦。　⑨〔塞（sè）〕阻塞。　⑩〔迂（yū）〕指出入绕远路。
⑪〔聚（jù）室〕集合全家。　⑫〔谋（móu）〕商量。　⑬〔毕（bì）
力〕尽全力。　⑭〔指通〕直通。　⑮〔豫（yù）〕豫州，今河南省黄河
以南一带。　⑯〔汉阴〕汉水南岸。　⑰〔杂然〕纷纷。　⑱〔许〕赞
成。　⑲〔献疑〕提出疑问。　⑳〔君〕对男子的尊称。　㉑〔曾
（céng）〕尚且，连……也……　㉒〔魁（kuí）父（fǔ）〕古代小山名，
在今河南省开封市。　㉓〔丘（qiū）〕土堆。　㉔〔且〕况且。
㉕〔焉（yān）〕哪里。　㉖〔置〕放。　㉗〔杂〕一起，一块儿。
㉘〔诸（zhū）〕之于。　"之"代指"土石"，"于"译为"在"。
㉙〔尾〕边，边缘。　㉚〔隐土〕古代地名。　㉛〔荷（hè）〕扛。
㉜〔叩（kòu）石垦（kěn）壤（rǎng）〕凿石头，挖泥土。　㉝〔箕
（jī）畚（běn）〕即簸（bò）箕（jī），一种用竹片或柳条编成的器具，
这里指用箕畚装土石。　㉞〔京城氏〕姓京城的人。　㉟〔孀
（shuāng）妻（qī）〕寡妇。　㊱〔遗男〕孤儿。　㊲〔龀（chèn）〕指
七八岁的小孩子换牙。　㊳〔节〕季节。　㊴〔反〕即"返"，来回。
㊵〔河曲（qū）〕古地，在今蒲州南至芮（ruì）城西风陵渡一带。
㊶〔止〕阻止。　㊷〔甚〕严重，过分。　㊸〔惠（huì）〕同"慧"，
聪明。　㊹〔残（cán）年〕一生将尽的岁月，多指人的晚年。
㊺〔曾〕尚且。　㊻〔毛〕植物。这里指草。　㊼〔如土石何〕把土石
怎么样。　㊽〔长（cháng）息〕长长地叹气。　㊾〔之〕助词，无义。

(50)［固］顽固。 (51)［彻（chè）］开通。 (52)［虽］即使。 (53)［焉（yān）］相当于“于此”，在这里。 (54)［匮（kuì）］穷尽。 (55)［加增］更增高。 (56)［苦］忧伤，愁苦。 (57)［而］助词，可不译。 (58)［亡（wú）］同“无”，没有。 (59)［操蛇之神］手中拿着蛇的山神。 (60)［惧（jù）］害怕。 (61)［已］停止。 (62)［夸娥（é）氏］神话中力气很大的神。 (63)［厝（cuò）］放置。 (64)［朔（shuò）东］朔方的东部。古代称北方为朔方，指今山西北部。 (65)［雍（yōng）南］即雍州以南，今陕西、甘肃一带。 (66)［陇（lǒng）］同“垄”，土丘。

【解读】

太行、王屋两座山，方圆七百里，高七八千丈，本来在冀州南边，黄河北岸的北边。

北山下面有个名叫愚公的人，年纪快到九十岁了，面对着山居住。他苦于山区北部的阻塞，出来进去都要绕道，就召集全家人商量说：“我跟你们尽力挖平险峻（jùn）的大山，使道路一直通到豫州南部，到达汉水南岸，好吗？”大家纷纷表示赞同。他的妻子提出疑问说：“凭你的力气，连魁父这座小山都不能削平，能把太行、王屋怎么样呢？再说，挖下来的土和石头往哪里放？”众人说：“把它扔到渤海的边上，隐土的北边。”

于是愚公率领几个儿孙中能挑担子的人上了山，凿石挖土，用簸箕运到渤海边上。邻居京城氏的寡妇有个孤儿，刚七八岁，也蹦蹦跳跳地去帮助他。冬夏换季，才能往返一次。

河曲智叟讥笑愚公，阻止他干这件事，说：“你简直太愚蠢了！凭你残余的岁月、剩下的力气，连山上的一棵草都动不了，又能把泥土石头怎么样呢？”北山愚公长叹说：“你的思想真顽固，顽固得没法开窍，连孤儿寡妇都比不上。即使我死了，还有儿子；儿子又生孙子，孙子又生儿子；儿子又有儿子，儿子又有孙子；子子孙孙无穷无尽，可是山却不会增高加大，还怕挖不平吗？"河曲智叟无话可答。

握着蛇的山神听说了这件事，怕他不停地挖下去，就向天帝报告。天帝被愚公的诚心感动，命令大力神夸娥氏的两个儿子背走了那两座山，一座放在朔方的东部，一座放在雍州的南部。从这时开始，冀州的南部直到汉水南岸，再也没有高山阻隔了。

这个故事有鲜明的幻想色彩，告诉人们要克服困难就必须坚持不懈的道理，反映了中国古代劳动人民改造自然的雄伟气魄、坚定信心和顽强毅力，同时告诫人们应摒弃因循守旧、急功近利的思想。"愚公移山"是中国人民战胜困难、争取胜利的强大思想武器，代表着自强不息的民族精神，"愚公"这一形象也成为一种精神象征，被后世所敬仰与传扬。

徐悲鸿《愚公移山》（局部）

思与行

【记诵与积累】

◎舟已行矣，而剑不行，求剑若此，不亦惑乎！（《刻舟求剑》）

◎人曰："何不试之以足？"曰："宁信度，无自信也。"

（《郑人买履》）

◎此数者愈善，而离楚愈远耳。（《南辕北辙》）

◎兔不可复得，而身为宋国笑。（《守株待兔》）

◎虎不知兽畏己而走也，以为畏狐也。（《狐假虎威》）

◎为是其智弗若与？曰：非然也。（《弈秋诲棋》）

◎是叶公非好龙也，好夫似龙而非龙者也。（《叶公好龙》）

◎闻弦音，引而高飞，故疮陨也。（《惊弓之鸟》）

◎两者不肯相舍，渔者得而并禽之。（《鹬蚌相争》）

◎其为虫也，知进不知却，不量力而轻敌。（《螳臂当车》）

◎俄而抇其谷而得其铁，他日复见其邻人之子，动作态度无似窃铁者。

（《疑邻窃铁》）

◎蛇固无足，子安能为之足？（《画蛇添足》）

◎夫不可陷之盾与无不陷之矛，不可同世而立。（《自相矛盾》）

◎故福之为祸，祸之为福，化不可极，深不可测也。

（《塞翁失马》）

◎日初出沧沧凉凉，及其日中如探汤，此不为近者热而远者凉乎？

（《两小儿辩日》）

◎虽我之死，有子存焉；子又生孙，孙又生子；子又有子，

216

子又有孙；子子孙孙无穷匮也，而山不加增，何苦而不平？

（《愚公移山》）

【熟读与精思】

"狐假虎威"中的狐狸用谎话骗过了老虎，保住了性命。"滥竽充数"中的吹竽人装模作样地骗过了齐宣王，但骗不了齐湣王，最后不得不灰溜溜地逃走了。这些寓言既有讽刺意义又极具教育价值。请你在熟读本单元寓言基础上，说一说这些寓言故事给你的启迪与教益。

【学习与践行】

◎现在社会上有不少家长，为了孩子"不输在起跑线上"，不顾实际地让孩子超前学习，以在考试中取得好成绩，然而结果却常常事与愿违。请针对这种"揠苗助长"等生活中的某种现象，写一则寓言故事来阐述你的观点。

◎人人都有自己的爱好，人人的爱好都不相同。对于小朋友来说，如何培养一个兴趣，让爱好伴随自己终身，可不是件容易的事儿。"叶公好龙"这个成语讽刺了那些言行不一致的人，同时也讲到了什么是真正的爱好。我们该怎样对待自己的爱好呢？请结合生活实际谈一谈。

第七单元　成语故事

导与引

　　成语是汉语中的活化石，它是汉语经过历史沉淀而凝结成的固定短语。成语多数是四字，也有三字或四字以上的。成语的来源主要有三：寓言故事，比如成语"刻舟求剑"来自《吕氏春秋》；神话故事，比如成语"精卫填海"来自先秦古籍《山海经》；历史故事，比如成语"完璧归赵"来自司马迁的《史记》。成语简短精辟，含义隽永，表现力强，易记易用，历来为人们所喜爱。

　　成语是中华优秀传统文化的组成部分，每一个成语的背后都有一个旨意深远的故事，这些故事是我国古代人们智慧的结晶。阅读成语故事，可以了解历史、通达事理、积累优美的语言素材，感受中华优秀传统文化的独特魅力。再有，无论说话或写作，准确恰当地使用一些成语，会使话语或文章更加活泼、风趣、有力。

　　本单元精选了20则成语故事。阅读这些言简意赅的成语故事，首先要了解它们的来龙去脉；其次，要体会成语故事的意旨，明白其中的道理；最后，在学习和生活中，学会正确运用成语，让自己的表达更生动、更形象、更深刻，不断提升思想道德修养和语言文化素养。

文与解

铁杵成针①

祝 穆

　　磨针溪，在象耳山下。世传②李太白③读书山中，未成弃④去⑤，过是⑥溪，逢老媪⑦方磨铁杵，问之，曰："欲作针。"太白感⑧其意，还卒业⑨。妪⑩自言武姓。今溪傍有武氏岩。

【注释】

　　①本文选自《方舆胜览·眉州》。［杵（chǔ）］棍、棒。　②［世传］世代相传。　③［李太白］即李白，字太白。　④［弃］放弃。⑤［去］离开。　⑥［是］这个。　⑦［老媪（ǎo）］年老的妇女。⑧［感］被……感动。　⑨［卒（zú）业］完成学业。　⑩［妪（yù）］年老的妇女。

【解读】

　　磨针溪在象耳山脚下。相传李白在山里读书，书没读好，就想放弃而离开。他路过磨针溪，遇见一位老妇在磨铁棒，就询问磨铁棒做什么，老妇说："想做一根针。"李白被她的精神感动，就回去完成了学业。老妇自称姓武，现在磨针溪边还有一块武氏岩。

　　"铁杵成针"告诉我们，做事要有恒心、有毅力，只有肯下苦功，坚持去做，才能成功。

程门立雪①

脱脱等

　　至是②，又见程颐③于洛④。时⑤盖年四十矣。一日见颐，颐偶瞑坐⑥，时与游酢⑦侍立不去。颐既觉⑧，则门外雪深一尺矣。

【注释】

　　①本文选自《宋史·道学传二·杨时》。［程门］程颐（yí）的家门。［立雪］在雪中站立。　②［至是］到此时。　③［程颐（1033—1107）］北宋时期河南府洛阳（今洛阳）人，理学家、教育家。④［洛］洛阳。　⑤［时］指杨时（1053—1135），北宋时期南剑州将乐（今属福建）人，理学家。　⑥［瞑（míng）坐］坐着打瞌睡。⑦［游酢（1053—1123）］北宋时期建州建阳（今属福建）人，理学家。酢，读 zuò。　⑧［既觉（jué）］睡醒以后。

【解读】

　　杨时到洛阳求见程颐，当时大概有四十岁了。一天拜见程颐的时候，程颐偶然坐着打瞌睡。杨时与游酢站在门外一直等着没有离开。等到程颐醒后，门外积雪已经一尺多厚了。

　　"程门立雪"讲的是宋代学者杨时和游酢向程颐拜师求学的故事。年过四十的杨时和游酢已考中进士，但面对老前辈程颐仍然毕恭毕敬，这种尊师重道的精神令人感动，值得我们今天认真学习和发扬。"程门立雪"这个成语也就被用来指尊师重道的行为。

望梅止渴①

刘义庆

魏武②行役③，失汲道④，三军皆渴，乃令曰："前有大梅林，饶子⑤，甘酸可以解渴。"士卒闻之，口皆出水，乘⑥此得及⑦前源⑧。

【注释】

①本文选自《世说新语·假（jiǎ）谲（jué）》。　②［魏武］曹操（155—220），字孟德，汉末沛（pèi）国谯（qiáo）（今安徽亳州，"亳"读 bó）人，政治家、军事家、文学家。曹操死后，儿子曹丕（pī）称帝，追尊他为魏武帝。　③［行役（yì）］行军。　④［失汲（jí）道］找不到取水的路。　⑤［饶（ráo）子］多果实。饶，多。　⑥［乘（chéng）］靠，借。　⑦［及］到达。　⑧［源］水源。

【解读】

曹操带兵行军，找不到取水的路，士兵全都口渴难忍，于是他传令说："前面有一片大梅林，梅子很多，又甜又酸，可以解渴。"士兵们听后，口水都流了出来，借这个口水解渴，军队得以到达前面有水源的地方。

曹操利用人对酸梅子的条件反射，解决了士兵们口渴难耐的问题，同时又鼓舞了士气，加快了行军的速度。这个故事告诉我们，遇到困难时不要畏缩不前，要用对成功的渴望来激励自己，这样就会有勇气去战胜困难。

凿壁偷光①

葛　洪

匡衡字稚圭②，勤学而无烛③。邻舍有烛而不逮④，衡乃穿壁⑤引其光，以书映光而读之。邑人大姓⑥文不识⑦，家富多书，衡乃与其佣作⑧，而不求偿⑨。主人怪，问衡，衡曰："愿得主人书遍读之。"主人感叹，资给以书，遂成大学⑩。

【注释】

①本文选自《西京杂记校注》卷二。［凿（záo）］打孔。　②［匡（kuāng）衡（héng）字稚（zhì）圭（guī）］西汉东海郡承县（今山东枣庄）人。　③［烛（zhú）］蜡烛。　④［不逮（dài）］照不到。　⑤［穿壁］在墙上凿洞。　⑥［邑（yì）人大姓］同县大户人家的人。　⑦［文不识］人名。　⑧［佣（yōng）作］做雇工，劳作。　⑨［偿（cháng）］报酬。　⑩［大学］大学问家。

【解读】

匡衡，字稚圭，勤奋好学，买不起蜡烛照明。邻居有蜡烛，但照不到他家，匡衡就在墙壁上凿了一个洞，使光透过来，让书对着光来读。同乡有个大户人家叫文不识，家中有很多书。匡衡就给他家做雇工，不要报酬。主人很奇怪，问他为什么，他说："我想借您的书通读一遍。"主人听了深为感叹，就把书借给他读。后来，匡衡成了大学问家。

这个故事告诉我们，外部条件会制约人的进步，但是要坚忍不拔，努力创造条件，终能获得成功。

囊萤夜读①

房玄龄等

车胤②字武子，南平③人也。曾祖浚，吴会稽太守④。父育，郡主簿⑤。太守王胡之名知人，见胤于童幼之中，谓胤父曰："此儿当大兴卿⑥门，可使专学。"胤恭勤⑦不倦，博学多通。家贫不常得油，夏月则练囊⑧盛数十萤火以照书，以夜继日焉。

【注释】

①本文选自《晋书·车胤（yìn）传》。[囊（náng）萤（yíng）]用袋子装上萤火虫。 ②[车胤（约333—401）]东晋大臣。 ③[南平]地名。 ④[会（kuài）稽（jī）太守]会稽郡的长官。 ⑤[主簿（bù）]管理文书等事务的官员。 ⑥[卿（qīng）]古代对人的尊称。 ⑦[恭（gōng）勤]谨慎勤奋。 ⑧[练囊]用白色绢子做口袋。

【解读】

车胤，字武子，南平郡人。曾祖父车浚（jùn），做过吴国会稽太守。父亲车育，做过郡主簿。南平太守王胡之以知人闻名，见到童年的车胤，对他的父亲说："这孩子将会光耀你的门户，可使他专心学习。"车胤谨慎勤学不放松，学识广博，他家境贫寒，时常没有灯油。夏天的夜晚，车胤就用白布袋子装几十只萤火虫照着书本，夜以继日地学习。

这个成语告诉我们，无论环境多么恶劣，只要我们心里有梦想，勤奋刻苦地学习，就一定能成就更好的自己。

只许州官放火，不许百姓点灯①

陆　游

田登②作③郡，自讳④其名，触⑤者必怒，吏卒多被榜笞⑥。于是举⑦州皆谓灯为火。上元⑧放⑨灯，许人入州治⑩游观。吏人遂书榜⑪揭⑫于市曰："本州依例放火三日。"

【注释】

①本文选自《老学庵（ān）笔记》卷五。［州（zhōu）官］一州的最高长官。　②［田登］人名，北宋时期的一位太守。　③［作］充当，担任。　④［讳（huì）］避讳。　⑤［触］触犯。　⑥［榜笞（chī）］拷打。榜，杖击、鞭打。　⑦［举］全。　⑧［上元］元宵节，有观灯的习俗。　⑨［放］点燃。　⑩［州治］州政府机关所在地。⑪［书榜］书写公告。　⑫［揭］公布。

【解读】

田登做州官，忌讳别人呼他的名字里的"登"音，触犯了他这规矩的人，必定让他大怒，许多官吏、兵卒因此遭受鞭打。于是全州的老百姓称"灯"为"火"。到了元宵节放灯的日子，田登允许人们在州政府所在地游览赏玩。于是官吏就在市中发布了一个文书，上面写道："本州按照惯例放火三天。"

"只许州官放火，不许百姓点灯"是旧时代官员恶劣形象的具体写照，有权有势的人自己可以胡作非为，老百姓的正当言行却要受到限制。此成语泛指自己任意而为，却不许他人有正当权利的丑陋（lòu）行径（jìng）。

画龙点睛①

张彦远

张僧繇②于金陵③安乐寺，画龙于壁，不点睛，每④云："点睛即飞去⑤。"人以为⑥诞⑦，因⑧点其一。须臾⑨，雷电破⑩壁⑪，一龙乘云⑫上天，不点睛者皆在。

【注释】

①本文选自《历代名画记·张僧繇》。 ②〔张僧（sēng）繇（yóu，一读 yáo）〕南朝梁吴（今苏州）人，画家，善画佛像山水。 ③〔金陵（líng）〕今江苏省南京市。 ④〔每〕常常。 ⑤〔去〕离开。 ⑥〔以为〕认为。 ⑦〔诞（dàn）〕虚妄，荒唐。 ⑧〔因〕于是，就。 ⑨〔须（xū）臾（yú）〕一会儿。 ⑩〔破〕击破。 ⑪〔壁〕墙壁。 ⑫〔乘云〕驾着云朵。

【解读】

张僧繇在金陵安乐寺墙壁上画了龙，但没有画眼睛，他常常说："点了眼睛龙就飞走了。"人们都觉得他说的不可信，非要请他画上，张僧繇就点了其中一条龙的眼睛。霎（shà）时间，雷电击破墙壁，点了眼睛的龙飞上了天，没有被点眼睛的龙还都在。

成语"画龙点睛"原是形容画家张僧繇作画的神妙，后常用来比喻写文章或讲话时，在关键处用几句话点明主题，使内容更加生动有力。这个成语告诉我们，做事情要把握关键点，画好最后的"点睛"之处，才能做得圆满。

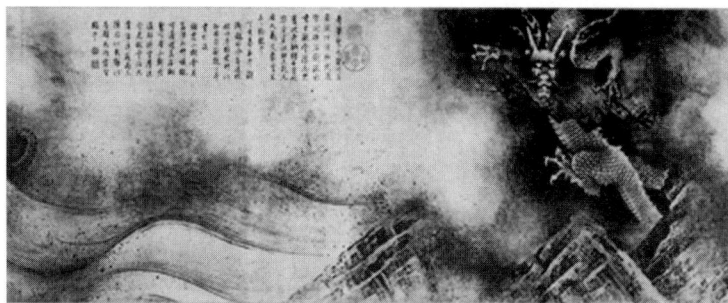

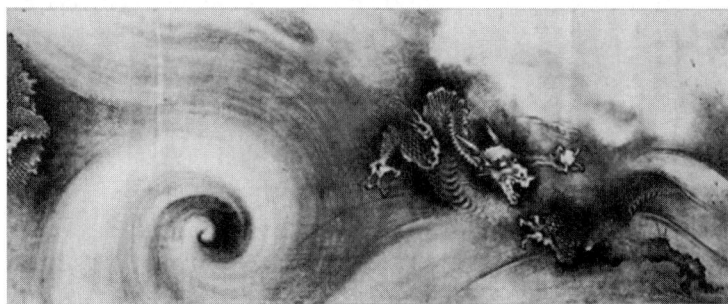

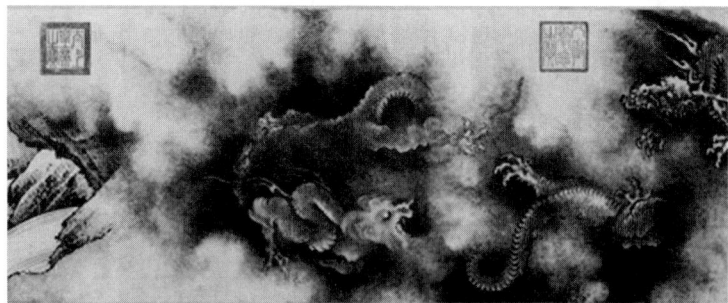

［宋］陈容《九龙图》（局部）

水滴石穿①

罗大经

张乖崖②为崇阳③令④，一吏⑤自库中出，视⑥其鬓⑦傍⑧巾下有一钱，诘⑨之，乃库中钱也。乖崖命杖⑩之，吏勃然⑪曰："一钱何足道⑫，乃⑬杖我耶⑭？尔⑮能杖我，不能斩⑯我也！"乖崖援⑰笔判⑱曰："一日一钱，千日一千，绳锯木断，水滴石穿⑲。"自⑳仗㉑剑，下阶㉒斩其首㉓，申㉔台府㉕自劾㉖。崇阳人至今传之。

【注释】

①本文选自《鹤林玉露·一钱斩（zhǎn）吏》。　②［张乖崖（yá）］即张咏（946—1015），北宋时期濮（pú）州鄄（juàn）城（今山东菏泽鄄城）人。　③［崇阳］县名，今湖北崇阳。　④［令］县令，县的行政长官。　⑤［吏］官府中职位低的当差的人。　⑥［视］看见。　⑦［鬓（bìn）］脸旁靠近耳朵的头发。　⑧［傍］旁边，附近。　⑨［诘（jié）］责问。　⑩［杖］用大荆条或大竹板击打犯人背、屁股或大腿。　⑪［勃（bó）然］因愤怒或心情紧张而变色之貌。⑫［何足道］不值得一说。"何"指怎么。　⑬［乃］竟然。　⑭［耶（yé）］助词，表疑问语气。　⑮［尔（ěr）］你。　⑯［斩（zhǎn）］杀掉。　⑰［援（yuán）］执。　⑱［判（pàn）］写判决书。　⑲［绳锯木断，水滴石穿］绳子可以把木头锯断，水滴可以把石头滴穿。⑳［自］亲自。　㉑［仗］持。　㉒［阶（jiē）］台阶。　㉓［首］头，

脑袋。　㉔〔申〕官府中下级向上级写文件。　㉕〔台府〕御史台。㉖〔自劾（hé）〕自我检举揭发。这里有自首请罪的意思。

【解读】

张乖崖担任崇阳县令时，看到一个小吏从库房里走出来，鬓角头巾里夹着一枚钱，于是就责问小吏钱是怎么回事，小吏承认是库中的钱。张乖崖命人杖打他，对他进行惩罚，但小吏反倒非常生气，他不服气地说："一枚钱有什么了不起的，至于这样杖打我吗？你虽然能杖打我，但总不能杀了我吧！"张乖崖听了很生气，立即提起笔，写下判决说："一天偷走一枚钱，一千天就会偷走一千枚钱。绳子虽软，但一直拿绳子锯木头，木头也会断；水滴不重，但不停地让水滴滴在石头上，石头也会出现一个孔洞。"他亲自拿着剑，下了台阶砍掉了小吏的脑袋，然后自己向上级写了一份报告，检举自己杀了小吏。这件事影响很大，崇阳人中间至今还流传这件事。

"水滴石穿"这个成语告诉我们，不要小看一个小小的错误，小错误要是不加防范，任其发展也会酿成大错。该成语后用来比喻无论多么细微的力量，都要坚持不懈，百折不挠（náo），任何困难都可以被克服。

按图索骥①

杨　慎

伯乐②《相马经》③有"隆颡④蚨日⑤，蹄如累曲⑥"之语，其子⑦执⑧《马经》以⑨求马，出见大蟾蜍⑩，谓⑪其父曰："得一马，略⑫与相同；但蹄不如累曲尔⑬。"伯乐知其子之⑭愚⑮，但⑯转⑰怒为笑曰："此马好跳，不堪御⑱也。"所谓⑲"按图索骏⑳"也。

【注释】

①本文选自《艺林伐山·相马经》。〔按图〕按照马的图片。本文中指相马的著作。〔索〕寻求。〔骥（jì）〕千里马、良马。　②〔伯乐〕相传为古时擅长相马的人。　③〔《相马经》〕察验马的优劣的权威著作。"经"指权威的著作。　④〔隆颡（sǎng）〕高大的额头。颡，额头。　⑤〔蚨（tiě）日〕也作"蚨目"，指眼睛鼓起，形容马的眼睛像铜钱般圆大。　⑥〔累曲（qū）〕堆起来的酒曲，形容马蹄圆大而端正。曲，指酿酒或制酱用的发酵物。　⑦〔其子〕伯乐的儿子。　⑧〔执〕拿着。　⑨〔以〕连词，可译为"来"。　⑩〔蟾（chán）蜍（chú）〕癞（lài）蛤（há）蟆（ma），背上有大小疙（gē）瘩（da）。　⑪〔谓（wèi）〕对……说。　⑫〔略〕大概，差不多。　⑬〔尔〕助词，用在句末，可译为"罢了"。　⑭〔之〕助词，可不译。　⑮〔愚（yú）〕愚蠢，笨。　⑯〔但〕只是。　⑰〔转〕改变。　⑱〔堪（kān）御（yù）〕能够驾驭。堪，能够，可以。御，驾驭，控制。　⑲〔所谓〕所说的。　⑳〔骏（jùn）〕千里马。

【解读】

伯乐善于察看马的优劣，他在自己的著作《相马经》里，写有"高大的额头，像铜钱般圆大的眼睛；蹄子圆大而端正，像堆起来的酒曲"的话。他的儿子也想相马，就拿着这本《相马经》去找千里马。他出门看见一只大癞蛤蟆，就兴高采烈地回去对他的父亲说："我找到了一匹千里马，与书上写的大略相同，只不过蹄子不像堆叠起来的酒曲罢了！"伯乐知道自己的儿子愚蠢，只能转怒为笑地说："这匹马喜欢跳跃，不好驾驭啊！"这就是所谓的"按图索骥"。

"按图索骥"这个成语告诉我们，在学习和工作中若像伯乐的儿子那样生搬硬套，拘泥成法办事，会很容易闹出笑话，也很难获得成功。因此，我们在努力学习的同时，还要注重实践，懂得变通，不断总结经验教训，形成自己的认知。今天这个成语多比喻要按照线索寻求事物的本源。

徐悲鸿《九方皋》（局部）

解铃还须系铃人①

瞿汝稷

金陵②清凉寺泰钦法灯禅师③，在众日④，性豪逸⑤，不事事⑥，众易之⑦，法眼⑧独契重⑨。眼一日问众："虎项⑩金铃，是谁解得？"众无对。师适⑪至，眼举前语问。师曰："系者解得。"眼曰："汝辈轻渠⑫不得。"

【注释】

①本文选自瞿（qú）汝稷（jì）《指月录》。〔系（jì）〕打结。②〔金陵〕古地名，今江苏省南京市。③〔泰（tài）钦（qīn）法灯禅（chán）师〕泰钦为北宋初高僧，谥号法灯禅师。禅师，和尚的尊称，尤指有德行的和尚。④〔在众日〕指法灯禅师还是普通和尚时。⑤〔性豪逸（yì）〕性情豪爽奔放。⑥〔不事事〕无所事事。前一个"事"做动词。⑦〔众易之〕众人都看不起他。"易"指轻视。⑧〔法眼〕即法眼禅师。⑨〔契（qì）重〕跟他合得来，看重他。⑩〔项（xiàng）〕脖子。⑪〔适〕恰好，正赶上。⑫〔渠（qú）〕他。

【解读】

金陵清凉寺泰钦法灯禅师还是个普通和尚时，豪爽不拘，一副无所事事的样子，众人都看不起他，只有法眼禅师器重他。一天，法眼问大家："虎脖子上的金铃铛，谁能解下来？"大家回答不了。法灯刚好走来，法眼就问他前面这个问题，法灯回答："系铃者能解！"法眼说："你们可不能轻视他啊！"

"解铃还须系铃人"这个成语告诉我们，问题是怎样产生的，就要怎样解决，必要时可以逆向思维，换个角度找答案。

胸有成竹①

苏　轼

竹之②始生，一寸之萌③耳④，而节叶⑤具⑥焉。自蜩腹蛇蚹⑦以至于剑拔⑧十寻⑨者，生而有之⑩也。今画者乃节节而为之，叶叶而累⑪之，岂复有竹乎？故画竹必先得成竹于胸中，执笔熟视，乃见其所欲画者，急起从之，振笔直遂⑫，以⑬追其所见，如兔起鹘落⑭，少纵则逝⑮矣。

【注释】

①本文选自《苏轼文集·文与可画筼（yún）筜（dāng）谷偃（yǎn）竹记》。［成竹］成熟完整的竹子形象。　②［之］助词，不译。　③［萌（méng）］嫩（nèn）芽。　④［耳］语气词，"而已"。　⑤［节叶］竹节、竹叶。　⑥［具］具有　⑦［蜩（tiáo）腹蛇蚹（fù）］比喻刚刚拔节脱壳的竹笋竹叶密集的样子。"蜩腹"指蝉蜕（tuì）下来的壳，"蛇蚹"指蛇腹下的横鳞（lín）。　⑧［剑拔（bá）］这里指竹子生长迅速，挺拔有力，形容竹子生长迅速像拔剑出鞘。　⑨［寻］古代长度单位，八尺为一寻，"十寻"形容竹子很高，是虚数。　⑩［生而有之］是它生长才具有的状态。　⑪［累（lěi）］累加，堆叠。　⑫［振（zhèn）笔直遂（suì）］挥笔一气呵成。"直遂"指直接达到目的。　⑬［以］连词，可译为"来"。　⑭［兔起鹘（hú）落］兔子刚有一点动静，鹰隼（sǔn）已自空中猛扑而下，形容速度非常快。

⑮〔少（shǎo）纵则逝〕稍一放松就消失了。

【解读】

竹子刚生出来的时候，只是一寸长的嫩芽，可是节和叶都具备了。从蝉腹、蛇鳞般的小笋，长到像剑一样挺拔直立几丈高的巨竹，都是一生来就有的节和叶。现在的人画竹却是一节一节地接起来，一叶一叶地堆上去，这样哪里还会有完整的、活生生的竹子呢？所以画竹必定要心里先有完整的竹子形象，拿起笔来细看，就好像看到所要画的竹子，马上开始跟着自己心中所想，动手作画，一气呵成，以追上所见到的，如兔子跃起奔跑、隼俯冲下搏，稍一放松就消失了。

宋代大文豪苏轼在晾晒书画时发现已故老友文与可的赠画，见物生情，于是写下这篇随笔。这个成语告诉我们，做事情要肯钻研，多用心。文与可心中有一个完整成形的竹子形态，作画时才能一挥而就，这是他长年累月细致观察的结果。这个成语后形容做事情要事先有充分的计划，做到心中有数，不慌不乱。

百步穿杨①

司马迁

楚有养由基②者，善射者也。去③柳叶百步而射之，百发④而百中⑤之。左右观者数千人，皆曰善射。有一夫立其旁，曰："善⑥，可教射矣。"养由基怒，释弓扼剑⑦，曰："客安能教我射乎？"客曰："非吾能教子⑧支左诎右⑨也。夫去柳叶百步而射之，百发而百中之，不以善息⑩，少焉⑪气衰力倦，弓拨矢钩⑫，一发不中者，百发尽⑬息⑭。"

【注释】

①本文选自《史记·周本纪》。《史记》是我国历史上第一部纪传体通史，记载了上至上古传说中的黄帝时代，下至汉武帝太初四年（公元前101年）间共三千多年的历史。［穿杨］射穿杨柳树的叶子。②［养由基］春秋时楚国大夫，善于射箭。 ③［去］离开。 ④［发（fā）］发射。 ⑤［中（zhòng）］射中。 ⑥［善］好，表示赞同。⑦［释（shì）弓扼（è）剑］放下弓，握住剑。释，放下。扼，抓住、握住。 ⑧［子］对男子的尊称。 ⑨［支左诎（qū）右］指善射的动作技巧，即左手支撑弓弧，右手屈臂拉弦。 ⑩［不以善息］不在射得好的时候停下来。 ⑪［少（shǎo）焉（yān）］一会儿。 ⑫［弓拨（bō）矢（shǐ）钩］弓歪斜不正，射出的箭路线不直。 ⑬［尽］完。 ⑭［息］消失。

【解读】

楚国有个人叫养由基，善于射箭。在距离柳叶百步之外射它，百发百中。左右围观的有几千人，都称赞他射箭技术好。唯独有个男子站在他身旁，却说："不错，可以教你射箭了。"养由基大怒，放下弓，握住剑，说："你有什么资格教我射箭呢?"那个看客说："我并非真能教您左手执弓右手拉弦。像刚才那样距离柳叶百步远来射它，已经百发百中了，可是你却不知道在射得好的时候停下来，却还要射下去，用不了多久就会气力衰竭，弓支得不正，箭发得不直，只要有一箭射不中，以前百发百中的成绩就都没有了。"

这则故事告诉我们，凡事应有度，如果不知克制而一味逞能，就容易前功尽弃。一个人无论拥有多么高超的技艺，都要谦虚谨慎。真正的高人，不仅身怀绝技，而且还拥有极高的修养与智慧。

［明］仇英《射杨图》

孟母三迁①

刘　向

邹②孟轲③之母也，号④孟母。其舍⑤近墓⑥。孟子之⑦少⑧也，嬉游⑨为墓间之事⑩，踊跃筑埋⑪。孟母曰："此非吾所以居处⑫子也。"乃去⑬，舍⑭市旁。其嬉戏为贾人⑮衒⑯卖之事。孟母又曰："此非吾所以处吾子也。"复⑰徙⑱居学宫⑲之旁。其嬉游乃设⑳俎豆㉑，揖让进退㉒。孟母曰："真可以居吾子矣。"遂㉓居之。及㉔孟子长㉕，学六艺㉖，卒㉗成大儒㉘之名。

【注释】

①本文选自《列女传选读·母仪传》。《列女传》是一部介绍中国古代优秀妇女事迹的传记性史书。[孟母]孟子的母亲。[三迁]搬好几次家。　②[邹（zōu）]地名，故址在今山东邹城一带。　③[孟轲（约前372—前289）]孟子，名轲（kē），字子舆（yú）。战国时邹人，著名哲学家、思想家、政治家、教育家，与孔子并称"孔孟"。④[号（hào）]尊称，称呼。　⑤[舍（shè）]住处。　⑥[墓（mù）]坟。　⑦[之]助词，无意义。　⑧[少（shào）]年幼时。　⑨[嬉（xī）游]嬉戏游乐，玩耍。　⑩[墓间之事]指出殡（bìn）、丧葬（zàng）、祭（jì）祀（sì）等事。　⑪[踊（yǒng）跃（yuè）筑埋]热衷于筑穴埋葬之事。　⑫[处（chǔ）]安顿。　⑬[去]离开。⑭[舍（shè）]居住。　⑮[贾（gǔ）人]商人。　⑯[衒（xuàn）]

236

沿街叫卖。　⑰〔复〕再次，又。　⑱〔徙（xǐ）〕搬迁。　⑲〔学宫〕指学校。　⑳〔设〕摆放、陈设。　㉑〔俎（zǔ）豆〕古代祭祀用的两种盛器，这里指祭祀仪式。　㉒〔揖（yī）让进退〕即打拱作（zuò）揖、进退朝堂等古代宾主相见的礼仪。　㉓〔遂（suì）〕就。　㉔〔及〕等到。　㉕〔长（zhǎng）〕长大。　㉖〔六艺〕古代学校的教育内容，即"礼、乐、射、御、书、数"六种科目。　㉗〔卒（zú）〕终于、最后。　㉘〔大儒（rú）〕儒学大家。

【解读】

孟子的母亲，世人称她孟母。她的家靠近墓地。孟子年幼时，就喜欢模仿出殡、丧葬一类墓间的事情做游戏，热衷于筑穴埋葬之类。孟母说："这里不是我的孩子所应居住的地方。"于是就离开墓地边，将家搬到集市旁。孟子的游戏变成了学做商人沿街叫卖这类事。孟母又想："这个地方还是不适合孩子居住。"于是又将家搬到学校旁边，孟子的游戏就变成学祭祀和拜揖退让的礼节。孟母说："这才是孩子居住的地方。"于是在这里定居下来。等孟子长大成人后，学习六艺，最后成为有名的儒学大家。

"孟母三迁"的故事告诉我们，环境影响人，尤其是对孩子的成长影响更大。因此，选择良好的环境，让孩子耳濡（rú）目染（rǎn），养成良好的行为习惯，是父母应尽的责任与义务。

士别三日当刮目相待①

司马光

初②，权③谓吕蒙④曰："卿⑤今当涂掌事⑥，不可不学!"蒙辞⑦以军中多务⑧。权曰："孤⑨岂⑩欲卿治经为博士⑪邪⑫! 但⑬当涉猎⑭，见往事⑮耳。卿言多务，孰若⑯孤? 孤常读书，自以为大有所益。"蒙乃始就学⑰。及⑱鲁肃⑲过寻阳⑳，与蒙论议㉑，大惊曰："卿今者才略㉒，非复㉓吴下㉔阿蒙!"蒙曰："士别三日，即更刮目相待，大兄㉕何见事㉖之㉗晚乎!"肃遂拜蒙母，结友㉘而别。

【注释】

①本文选自《资治通鉴》。《资治通鉴》是由北宋史学家司马光主编的一部多卷本编年体史书。编者在这部书里总结出许多经验教训，供统治者借鉴。[士] 智者、贤人。[别] 分开。[刮（guā）目相待] 擦拭（shì）眼睛看，指用新的眼光看待。　②[初] 当初。　③[权] 孙权（182—252），字仲谋，吴郡（jùn）富春县（今浙江省杭州市富阳区）人，三国时期孙吴的建立者。　④[吕蒙（约 179—220）] 字子明，汝南郡富陂（bēi）县（今安徽省阜南县王化镇吕家岗）人，三国时吴国名将。　⑤[卿（qīng）] 古代君对臣、上级对下级、长辈对晚辈及朋友之间表示亲切的称呼。　⑥[当涂（tú）掌事] 担任要职，执掌大权。　⑦[辞] 推托、推辞。　⑧[多务] 事务多，杂事多。⑨[孤（gū）] 古代王侯的自称。　⑩[岂（qǐ）] 难道。　⑪[治经为博（bó）士] 研究儒家经典成为知识渊博的学者。　⑫[邪（yé）] 同

"耶"，表示疑问。　⑬〔但〕只。　⑭〔涉（shè）猎（liè）〕浏览，粗略地阅读。　⑮〔往事〕过去的事情，这里指历史。　⑯〔孰（shú）若〕哪里比得上。　⑰〔乃始就学〕于是开始学习。　⑱〔及〕到……的时候。　⑲〔鲁肃（172—217）〕字子敬，临淮郡东城县（今安徽省滁州市定远县）人，东汉末年杰出战略家、外交家。　⑳〔寻阳〕县名，在今湖北黄梅西南。　㉑〔论议〕讨论。　㉒〔才略〕才能谋略。　㉓〔复〕再。　㉔〔吴下〕泛指吴地。　㉕〔大兄〕长兄，这里是对同辈年长者的尊称。　㉖〔见事〕识别事情的发展趋势、形势。　㉗〔之〕助词，无意。　㉘〔结（jié）友〕结为朋友。

【解读】

当初，孙权对吕蒙说："你现在当权掌管事务，不可以不学习！"吕蒙用军中事务繁多来推辞。孙权说："我难道想要你研究儒家经典，成为学识渊博的人吗？我只是让你泛览书籍，了解历史罢了。你说军务繁多，哪有我事务多呢？我经常读书，自己认为很有好处。"吕蒙于是开始学习。当鲁肃到寻阳的时候，和吕蒙谈话，鲁肃十分吃惊地说："你现在的才干和谋略，不再是原来的那个吴地的阿蒙了！"吕蒙说："读书人分别几天，就应当用新眼光来看待，长兄为什么识别形势这么晚啊！"于是鲁肃拜见了吕蒙的母亲，与吕蒙结交为朋友然后告别而去。

"士别三日当刮目相待"这个成语告诉我们，人不能因为事情繁忙就放弃学习，只要肯学，挤出时间读书，就会有所成就；同时也启示我们不能以一成不变的眼光看待他人。

呕心沥血①

欧阳修等

李贺②字长吉，系③出郑王后④。七岁能辞章，韩愈⑤、皇甫湜⑥始闻未信，过⑦其家，使贺赋诗，援笔辄就⑧如素构⑨，自目⑩曰《高轩过》⑪，二人大惊，自是⑫有名。为人纤瘦⑬，通眉⑭，长指爪，能疾书⑮。每旦日⑯出，骑弱马⑰，从小奚奴⑱，背古锦囊，遇所得，书投囊中。未始⑲先立题然后为诗，如它人牵合⑳程课㉑者。及暮归，足成之。非大醉、吊丧日率㉒如此。过亦不甚省㉓。母使婢㉔探囊中，见所书多，即怒曰："是儿要呕出心乃已㉕耳。"

【注释】

①本文选自《新唐书·李贺传》。〔呕（ǒu）〕吐。〔沥（lì）〕流、滴。　②〔李贺（791—817）〕字长吉，福昌（今河南宜阳）人，唐代诗人。　③〔系（xì）〕是、为。　④〔郑王后〕郑王的后代。郑王即李亮，唐高祖李渊的堂弟。　⑤〔韩愈（768—824）〕字退之，河阳（今河南孟州）人，唐代著名文学家、思想家、哲学家，愈，读 yù。⑥〔皇甫湜（777—835）〕睦州新安（今浙江淳安）人，唐代散文家。甫，读 fǔ。湜，读 shí。　⑦〔过〕前往访问。　⑧〔援（yuán）笔辄（zhé）就〕提笔就写成。　⑨〔素构〕早就构思好的。　⑩〔自目〕自己标题目。　⑪〔高轩（xuān）过〕"高轩"指高大华贵的车。"高轩过"指尊贵的人来拜访。　⑫〔自是〕从此。　⑬〔纤（xiān）瘦〕形容身材细长瘦弱。　⑭〔通眉〕两道眉毛连在一起。　⑮〔疾书〕很快地

写字。"疾"指快。　⑯[旦（dàn）日]天亮时，太阳初出时。
⑰[弱马]瘦马。　⑱[从小奚（xī）奴]带着小奴仆。　⑲[未始]
从来没有。　⑳[牵合]牵强符合。　㉑[程课]即"课程"，指写文
章必须先定题目的传统规矩。　㉒[率（shuài）]一概、一律。
㉓[省（xǐng）]知觉，觉悟。　㉔[婢（bì）]婢女。　㉕[已]停止。

【解读】

　　李贺，字长吉，是郑王的后代，七岁就能写文章，韩愈、
皇甫湜开始听到不相信，便去他家，让李贺作诗，李贺拿起笔
一挥而就，就像预先构思好了一样，自拟题名叫《高轩过》。二
人大吃一惊，李贺从此就出了名。李贺长得纤细瘦弱，双眉相
连，手指很长，能快速写字。每天清晨太阳升起时，他就骑着
一匹瘦马，带着一个小童仆，背着旧锦囊，一有心得，就写下
来投入锦囊中。他从来不先立题目然后再作诗，不像别人那样
严格按照指定的题目格式作文章。等到晚上回来，李贺就把锦
囊中的内容写成完整的作品。除了大醉或吊丧的日子外他都是
这样，过后也不怎么反省这样做对身体的伤害。他的母亲让婢
女查看锦囊，一看到写的东西过多，就生气地说："这孩子是要
呕尽心肝才罢休！"

　　唐代文学家韩愈写过这样两句诗："刳（kū）肝以为纸，沥
血以书辞。"（《归彭城》）意思是割下心肝来当纸，滴出血液书
写诗文。后人把"呕心"和"沥血"合在一起，形容极度劳心
苦思，费尽心血。"呕心沥血"这个成语现用来表示工作与学习
的艰辛不易，或比喻老师、家长以及为人民做出巨大贡献者所
付出的辛勤劳动。

莫须有^①

脱脱等

狱^②之^③将上^④也，韩世忠不平^⑤，诣^⑥桧^⑦诘^⑧其实^⑨。桧曰："飞^⑩子云^⑪与张宪^⑫书^⑬虽不明，其事体^⑭莫须有。"世忠曰："'莫须有'三字何以^⑮服天下？"

【注释】

①本文出自《宋史·岳飞传》。 ［莫（mò）须有］也许有。②［狱（yù）］案件。 ③［之］助词，无意。 ④［上］上报。⑤［不平］不公正。 ⑥［诣（yì）］到。 ⑦［桧（huì）］秦桧（1090—1155），字会之，江宁（今江苏南京）人，南宋初年宰相、奸臣。 ⑧［诘（jié）］责问。 ⑨［实］实际情况，这里指真凭实据。⑩［飞］岳飞（1103—1142），字鹏举，相州汤阴（今河南省汤阴县）人，南宋抗金名将，后被赵构和秦桧以"莫须有"的罪名陷害。⑪［云］岳飞儿子岳云。 ⑫［张宪（xiàn）］抗金将领之一。⑬［书］书信。 ⑭［事体］事件。 ⑮［何以］凭什么。

【解读】

岳飞的案件将要上报时，韩世忠感到不公正，到秦桧处诘问有何凭据。秦桧说："岳飞的儿子岳云给张宪的信件虽然没有确证，但是这些罪状或许有。"韩世忠说："'莫须有'三个字，凭什么让天下人信服呢？"

北宋末年，女真人建立金朝后南侵，占领北方大片土地。南宋建立后岳飞参加抗金斗争，带领军队收复了大片失地。当时另一官员秦桧受金军唆使，诬告陷害岳飞，使岳飞惨遭杀害。这个颠倒黑白的故事，使"莫须有"三个字有了特别含义，后用来形容无中生有，罗织罪名，凭空诬陷好人。

［宋］刘松年《中兴四将图》

投笔从戎①

范　晔

　　家贫，常为官佣②书以供养。久劳若，尝③辍④业投笔叹曰："大丈夫无他志略，犹当效傅介子⑤、张骞⑥立功异域，以取封侯，安能久事笔砚间乎？"左右皆笑之，超曰："小子⑦安⑧知壮士志哉？"

【注释】

　　①本文选自《后汉书·班超传》。班超（32—102），字仲升，扶风郡（jùn）平陵县（今陕西咸阳东北）人，东汉著名军事家、外交家。[投笔] 扔下笔。 [从戎（róng）] 投身军旅。 ②[佣（yōng）] 雇（gù）用。 ③[尝] 曾经。 ④[辍（chuò）] 停止。 ⑤[傅（fù）介子（？—前65）] 西汉时期著名外交家。 ⑥[张骞（约前164—前114）] 西汉中郡城固（今陕西省汉中市城固县）人，丝绸之路的开拓者。"骞"读 qiān。 ⑦[小子] 这里指没有志向的人。 ⑧[安] 哪里，怎么。

【解读】

　　班超家中贫寒，常作为受官府雇用的抄书人来养活自己。长期做这个事很辛苦，他曾经停下来，扔掉笔感叹说："大丈夫没有别的志向谋略，总应该效法傅介子、张骞在西域立功，以取得封侯，怎么能总是与笔墨纸砚打交道呢？"周围的人都嘲笑他，班超说："没有志向的人怎么能理解壮士的志向呢？"

　　这个成语告诉我们，人从小就要树立远大目标，保家卫国，建功立业，并为实现美好的目标而奋斗。

中流击楫①

房玄龄等

帝乃以逖②为奋威将军、豫州刺史，给千人廪③，布三千匹，不给铠仗④，使自招募。仍将⑤本流徙部曲百余家渡江，中流击楫而誓曰："祖逖不能清中原而复济者，有如大江！"辞色壮烈，众皆慨叹。屯于江阴，起冶铸⑥兵器，得二千余人而后进。

【注释】

①本文选自《晋书·祖逖（tì）传》。〔中流〕河流中央。〔击楫（jí）〕敲打船桨（jiǎng）。　②〔逖〕祖逖（266—321），字士稚，东晋时期范阳郡（jùn）遒（qiú）县（今河北涞水）人，军事家。　③〔廪（lǐn）〕粮食。　④〔铠（kǎi）仗（zhàng）〕铠甲和兵器。　⑤〔将（jiàng）〕带领。　⑥〔冶（yě）铸（zhù）〕冶炼、铸造。

【解读】

皇帝让祖逖担任奋威将军、豫州刺史，仅仅拨给他千人的口粮，三千匹布，不供给铠甲和兵器，让祖逖自己募集。祖逖率领自己一百多部属横渡长江，在河流中央敲打着船桨发誓说："我祖逖这回要是不能肃清中原再渡江回来的话，就像这江水一样有去无回！"声调激昂，气概豪壮，大家都深受感动。于是驻扎在淮阴，铸造兵器，聚集了两千多人马，就向北进发了。

做人应该像祖逖一样，以天下为己任，积极进取，建功立业。"中流击楫"后比喻收复失地、报效国家的激昂意气。

良药苦口^①

司马迁

　　沛公^②入秦宫，宫室帷帐^③狗马重宝妇女以千数，意欲留居之^④。樊哙^⑤谏^⑥沛公出舍^⑦。沛公不听^⑧。良^⑨曰："夫秦为无道^⑩，故沛公得至此。夫为天下除残贼^⑪，宜缟素^⑫为资^⑬。今始入秦，即安^⑭其乐，此所谓'助桀为虐'^⑮。且'忠言逆耳^⑯利于行，毒药^⑰苦口利于病'，愿沛公听樊哙言。"沛公乃还军^⑱霸上^⑲。

【注释】

　　①本文选自《史记·留侯世家》。　　［良药］疗效好的药物。②［沛公］即刘邦（前 256 或前 247—前 195），沛郡丰邑（今江苏沛县）人，汉朝开国皇帝，著名政治家、战略家和军事指挥家。　　③［帷（wéi）帐（zhàng）］帷幕床帐。　　④［留居之］停住在那里。⑤［樊哙（? —前 189）］泗（sì）水郡沛县（今江苏省沛县栖山镇樊庄村）人，西汉开国元勋。"樊哙"读 fán kuài。　　⑥［谏（jiàn）］规劝，劝说。　　⑦［出舍（shè）］出去居住。　　⑧［听］听从，接受。⑨［良］张良（? —前 189），颍（yǐng）川城父（今河南襄城）人，西汉开国功臣。　　⑩［无道］社会政治混乱、黑暗，统治者不行正道，做坏事。　　⑪［残（cán）贼（zéi）］凶残暴虐的人。　　⑫［缟（gǎo）素］"缟"和"素"都是白绢，这里比喻清白俭朴。　　⑬［资］凭借。⑭［安］安心于，这里指对享乐很安心。　　⑮［助桀（jié）为虐

（nüè）] 帮助坏人做坏事。桀，夏朝最后一个王，相传为暴君。
⑯［逆（nì）耳］刺耳，不顺耳。　⑰［毒药］药物的一种，常指药性猛烈的药。　⑱［还（huán）军］将军队调（diào）回。　⑲［霸（bà）上］地名，在陕西西安东部灞（bà）水高原上，为军事要地。

【解读】

　　沛公进入秦宫，那里的宫室、帐幕、狗马、贵重的宝物、美女数以千计，沛公想要留下住在宫里。樊哙劝谏沛公出去居住，沛公不听。张良说："秦朝不行德政，所以沛公才能来到这里。替天下除去凶残的暴政，应该以清廉朴素为本。现在刚刚攻入秦都，就要安享其乐，这正是人们说的'助桀为虐'。况且'忠言逆耳利于行，良药苦口利于病'，希望沛公能够听从樊哙的话。"沛公于是回军驻扎在霸上。

　　"良药"味苦难吃，但能治好病；衷心的劝告、尖锐的批评就如同"良药"一般，虽然让人听起来觉得不舒服，但对改正缺点错误很有好处。"良药苦口"这个成语告诉我们，人要成长进步，就要勇敢地接受他人的批评。同时，我们在给别人提意见时，要采取良策，使别人易于接受，以取得更好的效果。

闭门思过①

班　固

民有昆弟相与讼田②自言③，延寿④大伤⑤之，曰："幸⑥得备位⑦，为郡表率，不能宣明教化，至令民有骨肉争讼，既伤风化，重⑧使贤长吏⑨、啬夫⑩、三老⑪、孝弟⑫受其耻，咎⑬在冯翊⑭，当先退⑮。"是日，移病⑯不听事⑰，因入卧传舍⑱，闭阁思过。一县莫知所为，令丞、啬夫、三老亦皆自系⑲待罪。于是讼者宗族传相责让⑳，此两昆弟深自悔，皆自髡肉袒谢㉑，愿以田相移㉒，终死不敢复争。延寿大喜，开阁延见㉓，内㉔酒肉与相对饮食，厉㉕勉以意告乡部㉖，有以表劝㉗悔过从善之民。

【注释】

　　①本文选自《汉书·赵尹韩张两王传》。《汉书》记述了上起汉高祖元年（公元前206年），下至新朝王莽（mǎng）地皇四年（23年）共230年的史事。［闭门］关上门。［思过］反思自己的过错。　②［讼（sòng）田］为争田产而打官司。　③［自言］各自陈说。　④［延寿］即韩延寿（？—前57），西汉时期著名官员，曾任左冯（píng）翊（yì）。　⑤［伤］忧伤，难过。　⑥［幸］侥（jiǎo）幸。　⑦［备位］充任官位，当官的自谦说法。　⑧［重（chóng）］更，又。　⑨［长（zhǎng）吏］地位较高的官吏。　⑩［啬（sè）夫］官名，掌管诉讼和赋（fù）税（shuì）。　⑪［三老］官名，掌管教化、推行政令。　⑫［孝弟］官名，掌管教民务农。　⑬［咎（jiù）］过失、罪过。　⑭［冯翊］即

"左冯翊"，古代官名兼行政区名，这里指韩延寿自己。　⑮〔退〕悔改。　⑯〔移病〕当官的人上书称病。　⑰〔听事〕处理政事。　⑱〔传（zhuàn）舍（shè）〕供在外之人休息住宿的地方。　⑲〔自系（xì）〕拘禁自己，自请囚（qiú）禁。　⑳〔责让〕责问，谴（qiǎn）责。　㉑〔髡（kūn）肉袒（tǎn）谢〕剃去头发，裸（luǒ）露（lù）上体，以示请罪。　㉒〔相移〕相让。　㉓〔延（yán）见〕召见、接见。　㉔〔内〕同"纳"，放入，这里指摆出来。　㉕〔厉（lì）〕同"励"，鼓励。　㉖〔乡部〕这里指下级官吏。　㉗〔表劝〕表彰、鼓励。

【解读】

　　有两个兄弟因为争夺田产而打官司，各自向韩延寿陈说，他非常伤心，说："我有幸得到今天这个位置，作为一郡之长，现在却不能教化百姓，以至于有骨肉兄弟争讼不止，有伤风化，也让大家蒙羞，过错在我，我应该反思改过。"从这天起，韩延寿就推说有病，不再处理公务，独自待在屋里，关上门反思自己的过错。全县的官吏不知所措，都自认有罪。于是，两兄弟家族里的人都指责他们，二人也深深地忏悔，剃了头发、袒露上身来认罪，都愿意让出自己的田地，不再争斗。韩延寿见此大喜过望，重新开门见客，拿出酒肉来招待他们，并且以此来勉励大家反思自己、善待他人。

　　在生活中犯了错误能改正的人很多，可是看到别人的错误能够反省自己的人却不多，这就是韩延寿的可贵之处。"闭门思过"这个成语告诉我们，一个人的进步和改变不仅来源于学习，而且来源于通过自我反思去完善和修正自己的行为，这样的做法也会给他人带来积极的影响。

思与行

【记诵与积累】

◎颐既觉，则门外雪深一尺矣。(《程门立雪》)

◎前有大梅林，饶子，甘酸可以解渴。(《望梅止渴》)

◎愿得主人书遍读之。(《凿壁偷光》)

◎家贫不常得油，夏月则练囊盛数十萤火以照书，以夜继日焉。 (《囊萤夜读》)

◎须臾，雷电破壁，一龙乘云上天，不点睛者皆在。 (《画龙点睛》)

◎一日一钱，千日一千，绳锯木断，水滴石穿。(《水滴石穿》)

◎眼一日问众："虎项金铃，是谁解得?"众无对。师适至，眼举前语问。师曰："系者解得。" (《解铃还须系铃人》)

◎画竹必先得成竹于胸中，执笔熟视，乃见其所欲画者。 (《胸有成竹》)

◎少焉气衰力倦，弓拨矢钩，一发不中者，百发尽息。 (《百步穿杨》)

◎士别三日，即更刮目相待。(《士别三日当刮目相待》)

◎"莫须有"三字何以服天下?(《莫须有》)

◎小子安知壮士志哉?(《投笔从戎》)

◎中流击楫而誓曰："祖逖不能清中原而复济者，有如大江!" (《中流击楫》)

◎忠言逆耳利于行，毒药苦口利于病。(《良药苦口》)

250

【熟读与精思】

成语和词一样，有意思相近的，如"望梅止渴"和"画饼充饥"，都带有靠幻想进行自我慰藉的意思，"呕心沥血""煞费苦心""挖空心思""殚精竭虑""苦心孤诣"说的都是费尽心思。但意思相近的成语，在用法上却不一定相同，请查阅工具书，看看上述近义成语在使用上的区别，并试着选择其中之一写一则故事。

【学习与践行】

◎成语用简略的语言浓缩了古人的思想与智慧，学习成语不能简单地照搬，而是要结合具体情境灵活运用。请结合自己的学习经验或者别人的故事，思考从"铁杵成针"等成语中获得的启示。

◎成语不仅是中华语言宝库中独特的部分，而且是中华传统文化的一个特色，其固定结构所承载的意义和体现出来的智慧，仍能够为今天的我们提供借鉴。请结合自己日常见闻，说说现代生活中，有没有"按图索骥"和"良药苦口"这样的人和事，我们对此该注意些什么。

第八单元　声律启蒙

导与引

　　中国诗歌讲究用韵，如第一部诗歌总集《诗经》里的作品都是押韵的。唐朝以前，人们写诗歌和韵文，是依照口语的标准来押韵，直到六朝以后，出现了说明押韵标准的韵书，其中著名的是隋代陆法言的《切韵》。唐代科举考试将诗赋作为一项内容，于是出现了官方的韵书《唐韵》。宋朝有《礼部韵略》。金代王文郁编了一部《平水新刊韵略》，减至106个韵。这个标准沿用下来，成为之后科举考试的官方标准，习惯上把这个作诗押韵的标准称为"平水韵"。

　　诗歌讲究押韵，首先是诗歌这种体裁在句子形式上的要求。唐代产生的近体诗，诗句押韵的位置是固定的，就是偶句要押韵。像律诗，押韵的是二、四、六、八句；绝句，押韵的则是二、四句。不管是律诗还是绝句，第一句可以押韵，也可以不押韵。要注意的是，律诗和绝句一般押韵的字都是平声字，这些字在今天的普通话里，是阴平和阳平字，押仄声字的不多见。押韵不光是形式上的规定，它在诵读和记忆上也有作用。押韵的诗歌，因为韵脚的字读音上相同或相近，加上每句的字数一样，而且平声字和仄声字相互交替，这样读起来节奏分明，有一种声调和谐之美，同时也有利于记忆。

　　有些字的读音古今不完全相同，这在诗文押韵上有所体现，比如"贤"和"咸"，今天的普通话里读音一样，可在"平水韵"中却分别属于"先"和"咸"韵，作诗的时候是不能押韵的。为了作诗时知道这个差别，人们除了编写韵书之外，还编写了对仗的句子，按照"平水韵"，把属于同样的韵的句子编在一处，供蒙童诵读。这样的书从隋唐以来就有，流传最广的是元代祝明、潘瑛撰写的《声律发蒙》，明代司守谦的《训蒙骈句》和清初李渔的《笠翁对韵》。晚清同治、光绪以来，使用最广的是从《声律发蒙》增删而来的《声律启蒙》和《笠翁对韵》。

《声律启蒙》和《笠翁对韵》，当然不只是按照平水韵对不同的韵进行了例示，它也展现了每一句中的平仄交替的节奏。在这些语音上的特点之外，相互对应的两句之间，在语法、词汇、语义上也要对应，比如在字面上词类要相同，名词对名词，动词对动词，形容词对形容词，副词对副词，相对的词在意义上也往往相关，比如两词都是天文的、时令的、地理的、草木的、鸟兽的、衣服的、人事的等。因此《声律启蒙》和《笠翁对韵》，在押韵上和对仗上都能提供很好的示范。

《声律启蒙》和《笠翁对韵》，在明清以来的蒙学教育中很受重视，被评价为"切于幼学""易于记诵"。今天阅读和学习这两本书，一方面，要了解里面的花鸟虫鱼、天文地理、经史典故；另一方面，又要熟悉经典对仗，将有关的词语积累下来，还要体会不同的韵都包含哪些字，它们在古代和今天有何不同。本单元试图通过精选的 15 个韵的讲解，希望读者在鉴赏古诗词时，能有意识地根据自己学到的韵律知识，体会它们在用韵、对仗上的特点，特别体会诗人在创作时，用作对仗的词语和《声律启蒙》《笠翁对韵》中有什么不同，探究作者怎样结合意思的表达来遣词造句，并结合语文学习，进行对联的鉴赏和创作。

上平一东①

李渔

天对地，雨对风。大陆对长空。②山花对海树，赤日对苍穹。③雷隐隐，雾朦朦。日下对天中。④风高秋月白，雨霁晚霞红。⑤牛女二星河左右，参商两曜斗西东。⑥十月塞边，飒飒寒霜惊戍旅；三冬江上，漫漫朔雪冷渔翁。⑦

【注释】

①本篇选自刊刻于光绪十八年（1892）的琅（láng）环阁本《笠翁对韵》"上平一东（其一）"。　②［大陆］广大的陆地。［长空］辽阔无边的天空。　③［山花］山上的野花。［海树］海洋生物分泌的石灰质骨骼，聚结在一起形成的树状物。［赤日］红色的太阳。［苍穹］深青色的天空。　④［隐隐］拟声词，形容雷声。［日下］太阳落下去的地方，泛指遥远的地方。［天中］天空的中间。　⑤［风高］风大。［霁（jì）］风霜雨雪停止，天气晴好。　⑥［牛女］牵牛星和织女星。［河］天河。［参（shēn）商］参星和商星。参星在西方，商星在东方，此出彼没，两个星星永远不会同时出现。［曜（yào）］日、月和水、木、金、火、土五大行星称为"曜"，此处泛指日月星辰。［斗（dǒu）］北斗星。　⑦［塞（sài）边］边疆地区。［飒（sà）飒］突然地，很快地。［惊］这里指"使……受惊"。［戍旅］守卫边疆的军队。［三冬］

冬季的三月，指冬季。[江上] 江面上。[漫漫] 形容时间很长。[朔雪] 北方的雪。[冷] 这里指"使……感到冷"。

【解读】

"平水韵"的平声有三十个韵，分为上平声、下平声两部分，分别是十五韵，本篇押的是上平声的"一东"韵。"东"韵的字，在今天的普通话里，绝大多数的韵母是读"ong"的，比如选文中的"空""中""红"，也有读"eng"的，比如"蓬""蒙"，像"穹"读的则是"iong"。要注意的是，"平水韵"上平声的"二冬"韵，在今天普通话里变成的韵母也是这几个，比如"冬""松""钟""浓"读"ong"，"峰""锋""封""蜂"读"eng"，"凶""蚣""庸"读"iong"，因此需要特别记忆哪些字来自于"一东"，哪些字来自"二冬"。"一东"中的字，声调本来是只有一个"平声"，不过到了普通话里，分成了阴平和阳平两种，像"风""空"就是一声的阴平，"穹""朦"就是二声的阳平。

这篇选文中，有词的对仗，如"天对地""赤日对苍穹"，"天"对"地"都是简单的词，"赤日"和"苍穹"就要复杂一些。写诗作文的时候，用得最多的还是句子的对仗，像"雷隐隐，雾朦朦"。用来对仗的两个句子不都是"雷隐隐"这么简单，复杂程度不同的句子一般都能用来对仗。"风高秋月白"，就是个比较复杂的句子，大体可以分成"风高/秋月白"两部分，可以把"风高"理解成"秋月白"的原因，也可以把它当成是和"秋月白"前后相连的两件事。像"十月塞边，飒飒寒霜惊戍旅；三冬江上，漫漫朔雪冷渔翁"就更复杂了，对仗的分别是两个小句子。

选文中用作对仗的词句，"天""地""雨""风"都是名词，不过名词性的成分也有讲究，"山花""海树""大陆""长空"就都有修饰、限定的成分。名词性的成分还分为不同的类，"日下""天中""左右""西东"表示的是方位，"二星""两曜""十月""三冬"则都含有数词。句中用到的"隐隐""朦朦"和"飒飒""漫漫"都是重叠的词，"白""红"是颜色词，"寒霜""朔雪"是气候类词，"戍旅""渔翁"是表人的词；即使是修饰、限定的词，像"山花""海树"之"山""海"，"赤日""苍穹"的"赤""苍"，在意义上也都是差不多同一类别的。而"十月塞边，飒飒寒霜惊戍旅；三冬江上，漫漫朔雪冷渔翁"两个句子，在语法上也是相同的，特别是里面的"惊"和"冷"，都用到了使动的用法。

选文中对仗的句子，除了"风高秋月白，雨霁晚霞红"这样使用了复杂句子的情况外，还有完全使用了名词性成分的，那就是"牛女二星河左右，参商两曜斗西东"。"牛""女""二星""两曜""参""商""左右""西东"，都是名词性词语。这样的表达在古诗文中常见，虽然没有出现动词、形容词，但是不会影响理解，人们阅读的时候会自然地把动词、形容词补充上去。这样的句子由名词性词语连缀而成，具体可感，读起来能使人联想起直观丰富的画面，更有味道和情趣。人们常说古诗"诗中有画，画中有诗"，这是比较高超的创作手法，也是不易达到的艺术境界。从语言表达手法上来看，灵活地使用名词性成分可以达到这种效果。

上平四支①

祝　明　车万育

戈对甲，②鼓对旗。③紫燕对黄鹂。梅酸对李苦，④青眼对白眉。⑤三弄笛，⑥一围棋。⑦雨打对风吹。海棠春睡早，⑧杨柳昼眠迟。⑨张骏曾为槐树赋，⑩杜陵不作海棠诗。⑪晋士特奇，⑫可比一斑之豹；⑬唐儒博识，⑭堪为五总之龟。⑮

【注释】

①本篇选自光绪九年（1883）新镌（juān）墨耕堂藏版《声律启蒙撮要》"上平四支（三）"。原为《声律发蒙》，元人祝（zhù）明编撰（zhuàn）；至明代，潘瑛（yīng，字景辉）又为《声律发蒙》作了补充；到了清康熙（xī）年间，进士车万育（字双亭）择取《声律发蒙》的上平声、下平声部分，并作了一定的校改，将书命名为《声律启蒙撮要》，后来通称为《声律启蒙》。　②［戈］一种古代兵器，横刃，用青铜或铁制成，装有长柄。［甲］古代军人穿的护身服，用皮革或金属制成。　③［鼓］打击乐器。多为圆桶形或扁圆形，中间空，一面或两面蒙着皮革。文中指打仗时战场上用的鼓。［旗］文中指部队用的旗帜。　④［梅酸］典故说的是三国的曹操带着部队行军，没找到水源，但是大家都口渴难耐，曹操于是跟士兵说："前面有一大片梅林，结了很多果子，可以吃它解渴。"士兵们听了，流出了口水，就不觉得那么渴了。［李苦］说的是西晋的王戎七岁的时候，跟小孩儿们一起玩。他们看到路边的李子树果实累累，把树枝都压弯了。别的小孩儿都争着跑过去摘李子，只有王戎没有动。有人问他怎么不去摘李子，他回答

说："李子树长在路边，可是果子还有那么多，那一定是因为李子是苦的，所以没有人摘。"把李子摘来一尝，果然如王戎所说，是苦的。⑤〔青眼〕指的是眼睛正着看。这时黑色的眼珠在眼睛中间，表达的是对人喜爱或重视。眼睛朝上或向旁边看，露出更多的白眼珠，就是"白眼"，表达的是不喜欢或看不起别人。典故来自三国时的阮籍，他洒脱豁达，不受寻常礼教束缚，就用青眼看自己喜欢、敬重的人，用白眼面对自己不喜欢或轻视的人。〔白眉〕白色的眉毛。典故说的是三国时蜀国的马良，他有兄弟五个人，每个人都很有才华且每人的字中都有"常"字，不过马良是五人中最杰出的，当时人于是说"马氏五常，白眉最良"，因为马良眉毛中有白毛，所以说"白眉最良"。后来就用"白眉"来比喻兄弟或同辈中的杰出的人。　⑥〔三弄笛〕拨弄或吹奏乐器叫"弄"，吹奏乐曲一首或一遍称为"一弄"。典故说的是东晋时人桓伊善于吹奏笛子，有一次遇到了王徽之，王徽之便邀请他吹奏了三支曲子。桓伊吹奏的曲子被后人进行了改编，描写的是傲霜斗雪的寒梅，曲子的主调出现三次，所以这个曲子就被称为"梅花三弄"。　⑦〔一围棋〕下一局围棋。典故说的是晋时有个人叫王质，到石室山上伐木，看到几个小孩下围棋、唱歌，于是就在那里旁观。过了一会儿，小孩提醒他怎么还不回去呢，王质于是起身，可是自己砍树的斧头柄却已经烂掉了。当王质回到家后，发现当年跟他一起生活的人都去世了。人们用这个典故来比喻岁月流逝、人事变迁的快速。⑧〔海棠春睡早〕典故说的是唐玄宗见到醉酒未醒的杨贵妃，说她脸红红的，化的妆也乱了，那样子像春天的海棠花，觉没有睡够。人们用"海棠春睡"来形容女子喝醉酒或者睡眼惺忪的样子。这句字面的意思是"春天的海棠花早早入睡"。　⑨〔杨柳昼眠迟〕"杨柳"指的是柳树。"昼"指的是白天。典故说的是汉代的皇宫御苑中，有一棵人形的柳树，名字就叫"人柳"，一天要睡几次、醒几次。这句字面的意思是"人柳白天才睡，它睡得够晚的"。 ⑩［张骏曾为槐树赋］张骏（307—346），十六国时前凉国君，在位 22 年，谥号文王，庙号世祖。典故说的是过去酒泉一带不长槐树，张骏曾将取自陕西的槐树移栽到这里，但是最终都死掉了。不过到西凉武昭王李暠时，酒泉宫西北边却生出了一棵槐树，李暠因此写了一首《槐树赋》。文中说张骏作《槐树赋》，是不准确的。 ⑪［杜陵不作海棠诗］"杜陵"指的是唐代诗人杜甫，因为杜甫家住长安杜陵，晚年时又自称"杜陵野老"，后人因此称杜甫为"杜陵"。海棠诗，写海棠的诗。这句话字面的意思是"杜甫没有写过关于海棠的诗"。有人说杜甫之所以不写海棠诗，是因为他母亲的名字是海棠，杜甫不作海棠诗是为了避讳。 ⑫［晋士］晋朝的士人。这里指王献之（344—386），字子敬，书法家，和父亲王羲之并称"二王"。［特奇］即"奇特"，不寻常，特别。 ⑬［可比一斑之豹］典故说的是王献之小时候就很聪明，有一次看人玩掷骰子的游戏，他很快能推算出胜负。因为他年岁小，旁边的人都没重视他所体现出来的才华，说他的这点本事，像是透过一根管子来偷看豹子，不过是偶尔见到了一块漂亮的斑纹罢了。整个句子字面的意思是"晋朝的王献之从小就不一般，就比如时人说他透过管子看见了豹子的一块斑纹那件事"。 ⑭［唐儒］唐朝的读书人，这里指殷践猷。［博识］学识广博。 ⑮［堪为五总之龟］"堪为"意思是"可以算"。典故说的是龟百岁的时候一条尾巴，二百岁时会再生出一条尾巴，称为"一总"，千岁的时候会生出十条尾巴，达到了"五总"，称为"一聚"。五总的龟无所不知、无所不晓，人们于是就用"五总之龟"来比喻学识广博的人。唐朝的殷践猷不但通晓诸子百家的学问，而且对于医学、术数、刑法等也有研究，是一位学识广博的人，他的好朋友贺知章于是称呼他"五总龟"。

【解读】

本篇押的是上平声的"四支"韵。"支"韵的字，在今天普通话里包含着好几个不同的韵母。有的韵母是"i"，比如"皮""奇""斯""词""枝""迟"；有的韵母是"ei"，比如"眉""碑"；有的韵母是"ui"，比如"吹""龟""葵"；最独特的韵母则是读"er"，比如"儿"。

这篇选文中，词的对仗里，"戈对甲""鼓对旗"都是单纯词，"紫燕对黄鹂""青眼对白眉"则是复合词。这两对复合词里，"紫""黄""青""白"都表示颜色，读起来很形象。"梅酸对李苦""雨打对风吹"看着简单，但是"梅酸"等都要比单个的词复杂了。像"三弄笛，一围棋"跟现代汉语的表达还不太一样，表示数量的词在表示动作的词的前面，我们今天则要说成"吹奏三遍笛曲，下一局围棋"。

这篇选文中包含很多典故，明显的是张骏、杜陵、晋士、唐儒这些点出人的。需要特别注意的是"梅酸对李苦，青眼对白眉"，词句都不难理解，可是只有结合着典故才能体会背后的意思，这就需要在平时多多积累了。我国历史文化悠久，来源于人事、诗文的典故众多。一些人写诗作文时，也常常使用典故，来增加内涵、情趣和表现力。不过由于典故语句浓缩，在缺少相应背景信息时，便显得委婉含蓄而不易理解。因此读古诗古文时，一方面要留心作者对典故的使用，切忌根据字面望文生义；另一方面，自己在引用典故时，要正确理解典故的意义与用法，避免用错，这不仅会影响表达效果，有时甚至会闹出笑话。

上平五微^①

祝　明　车万育

来对往，密对稀。燕舞对莺飞。风清对月朗，^②露重对烟微。^③霜菊瘦，^④雨梅肥。^⑤客路对渔矶。^⑥晚霞舒锦绣，^⑦朝露缀珠玑。^⑧夏暑客思欹石枕，^⑨秋寒妇念寄边衣。^⑩春水才深，^⑪青草岸边渔父去；^⑫夕阳半落，^⑬绿莎原上牧童归。^⑭

【注释】

①本篇选自《声律启蒙》"上平五微（一）"。　②［朗］明亮。③［露重］露水多。　［烟微］烟气微薄。　④［霜菊］傲霜的秋菊。⑤［雨梅］雨滋润过的梅花或梅子。　⑥［客路］外乡的路，这里指旅途。［渔矶］可以用来垂钓的水边岩石。矶，水边的石滩或突出的岩石。　⑦［舒］展开，铺开。［锦绣］花纹色彩精美鲜艳的丝织品。⑧［朝露］早晨的露水。［缀］点缀、装饰。［珠玑］珠玉宝石。玑，不圆的珠子。　⑨［夏暑］夏天炎热的时候。［客思］离家在外的人想。［欹（yī）］通"依"，斜依、斜靠。［石枕］石头做的枕头，这里指可以当枕头用的石头。　⑩［秋寒］深秋寒冷的时候。［妇念］妇女想着。［边衣］戍守边疆的亲人穿的御寒的衣服。　⑪［春水］春天的河水。［才］刚刚。［深］水变深，涨水。　⑫［渔父］老渔翁。［去］离开，这里指离开河岸去打鱼。　⑬［半落］落下一半，这里说的是夕阳还没落尽。　⑭［绿莎（suō）］绿色的莎草，这里泛指绿草地。［原］宽广平坦的地方，这里指平原旷野。［牧童］放牛羊的儿童。

［元］吴镇《渔父图》

【解读】

本篇押的是上平声的"五微"韵。"微"韵的字，在今天普通话读成了几个不同的韵母。有的韵母是"ei"，比如"飞""肥"；有的读"ui"，比如"归""辉"；还有的韵母是"i"，比如"稀""衣"。比较起来看，"五微"和"四支"在古代本来不同，但到了今天的普通话里，有些却用了相同的韵母，比如"归"和"龟"现在都读"guī"，可是在"平水韵"里分别属于"五微"和"四支"。

这篇选文里，有些表达的修饰、限定性成分需要特别注意。"霜菊"的"霜"，要理解成"傲霜"，"雨梅"的"雨"，要理解成"雨滋润过"，都得给它们加上个动词才容易讲得通。像"舒锦绣""缀珠玑"，里面的"舒"和"缀"则是用动词来修饰、限定后面的名词，理解时得讲成"铺开的""点缀的"；"晚霞舒锦绣，朝露缀珠玑"，还得加上一个"像、好像"类的字眼儿，才能说得明白、通顺。同样是表示一个地方，"青草岸边""绿莎原上"在理解时就不太一样，"青草岸边渔父去"说的是老渔翁离开小草青青的岸边去打鱼，"绿莎原上牧童归"说的是牧童赶着牛羊从长满绿草的原野上回来了。

选文中出现的典故不是特别多，但是像"风清""月朗""客路""渔矶""渔父""牧童""春水""青草""边衣""霜菊"这些词语，却是古诗中常常用得到的，如果古诗读到一定的数量，有了感悟和积累，再读到这些词时，就会不由自主地产生一些独特的感受，比如"客路"会让人想到孤独、思乡，"霜菊"会引发"坚强""高洁"的感受。

上平六鱼^①

李　渔

羹对饭，^②柳对榆。短袖对长裾。^③鸡冠对凤尾，^④芍药对芙蕖。^⑤周有若，^⑥汉相如。^⑦王屋对匡庐。^⑧月明山寺远，^⑨风细水亭虚。^⑩壮士腰间三尺剑，^⑪男儿腹内五车书。^⑫疏影暗香，^⑬和靖孤山梅蕊放；^⑭轻阴清昼，^⑮渊明旧宅柳条舒。^⑯

【注释】

①本篇选自《笠翁对韵》"上平六鱼（其一）"。　②［羹］用肉类或菜蔬等制成的带浓汁的食物。［饭］煮、蒸熟的谷类食品。这里不是泛指食物的"饭"。　③［短袖］长度不超过上臂的袖子。［长裾］裾，衣服的前后襟。"长裾"在文中指长袖，多为舞女穿的长袖衣服。也指宽大的衣服。　④［鸡冠］鸡头顶上突起的红色或略紫的肉质组织，像帽子，故名。这里指的是鸡冠花，花的形状像鸡冠。［凤尾］凤凰的尾羽。这里指的是凤尾竹，枝细柔软、叶子密生，形如凤尾。　⑤［芙蕖（qú）］荷花的别名。　⑥［周有若］周，朝代名，这里指东周。有若，春秋时鲁国人，孔子弟子。字子有，也称为"有子"。有若记性好，喜欢钻研古代制度、学问、风俗等，长得非常像孔子，孔子去世后，弟子们怀念孔子，就一起推选有若为老师，对待他像孔子活着时候那样。　"有若"也是一个普通语词，意思是如同、好像。　⑦［汉相如］汉，朝代名，这里指西汉。相如，指司马相如，西汉辞赋家。字长卿，蜀郡成都（今属四川）人。作品有《上林赋》《子虚赋》等。"相如"也是一个普通名词，意思是相同、相近。　⑧［王屋］山名，在山西省阳城、垣曲两地之间，山有三重，形状像王者宫殿，故

名。［匡庐］山名，即庐山。相传殷、周时，有个叫匡俗的人，他们兄弟七个人在这里搭建房子，过着隐居的生活，这个山因此就被称为"匡庐"。"屋""庐"作为普通名词，都有房屋、房舍的意思。⑨［山寺］山中的寺院。［远］以为很遥远。这句的意思是说：在明亮的月色下，看那山中古寺，是那么缥缈遥远。⑩［风细］风轻微。［水亭］临水的亭子。［虚］感觉空荡荡的。这句的意思是说：微风吹过水边的亭子，显得空空荡荡。⑪［壮士］意气豪壮而勇敢的人，勇士。［三尺剑］古代剑长三尺，所以称剑为"三尺剑"。⑫［男儿］男子汉，大丈夫。［腹］肚子。［五车书］典故说的是战国时宋国的学问家惠施，懂得许多方面的学问，他著的书很多，能装得下五辆车，后来用"五车书"形容人读书多、学问渊博。⑬［疏影］疏朗的影子。［暗香］清淡的香气。"疏影暗香"说的是梅花的树枝和香气，来自林逋《山园小梅》中的名句"疏影横斜水清浅，暗香浮动月黄昏"。⑭［和靖］北宋诗人林逋（bū），字君复，谥号和靖。钱塘（今浙江杭州）人，他隐居在西湖孤山，不出来做官，也不婚娶，只是种梅养鹤，就有了个"梅妻鹤子"的称号。［孤山］山名，在杭州西湖中，孤峰独耸，秀丽清幽。［梅蕊］这里指梅花。⑮［轻阴］疏淡的树荫。［清昼］白天。⑯［渊明旧宅柳条舒］"渊明"指陶渊明，东晋诗人，一名潜，字元亮，自号五柳先生，谥号靖节，浔阳柴桑（今江西九江）人，因厌恶官场而隐居于田园，是隐逸诗人的代表。"旧宅"指旧屋、故居。柳条舒，柳条伸出。典故说的是陶渊明宅子边有五棵柳树，柳枝伸展，在白天投下了疏淡的荫凉。

【解读】

本篇押的是上平声的"六鱼韵"。"鱼"韵的字，在今天普通话里读成了几个不同的韵母。有的韵母是"ü"，比如"虚""居""驴"，有的读"u"，比如"如""书""锄"；要特别注意的是"车"，当它指的是象棋里的棋子"车"时，韵母是"ü"。

"平水韵"的"七虞韵"在今天的普通话里，韵母也读成了"ü"（比如"须""衢"）、"u"（比如"湖""珠"），原本在"平水韵"中不同的两个韵，在普通话里就用了相同的韵母，像"渠""衢"这样普通话里的同音字，前者属于"平水韵"的"六鱼韵"，后者属于"七虞韵"，要分辨二者的不同，就要一个一个记忆了。这样的混淆很容易发生，本篇押的是"六鱼韵"，可是"羹对饭，柳对榆"中的"榆"，却是"七虞韵"。

这篇选文里，"鸡冠对凤尾""王屋对匡庐"都是单个的词语对仗。"月明山寺远，风细水亭虚"每一句字数不多，但在语义上都分为两部分，"月明""风细"说了原因，"山寺远""水亭虚"讲了人的感受。跟这两句相似的是最后两句，不过是每一句的前半部分说了结果，后半部分对它作了解释和说明。

理解这篇选文，有时候要补充一些词语。比如"壮士腰间三尺剑，男儿腹内五车书"，每个句子都由名词性成分组成，要说成"壮士腰间挂着三尺剑，男儿腹内藏有五车书"，才讲得通。像"鸡冠对凤尾""周有若，汉相如""王屋对匡庐"，还要注意它们几个层次的意义，比如"有若""相如"，既是普通的词语，又是人的名字。通过比较这些相对的词句，还可以推测某些词语的意义加深理解，加强语言积累。比如"有若"和"相如"作为普通语词，都是"如同、好像"的意思。

上平九佳^①

李　渔

勤对俭,^②巧对乖。^③水榭对山斋。^④冰桃对雪藕,^⑤漏箭对更牌。^⑥寒翠袖,^⑦贵荆钗。^⑧慷慨对诙谐。^⑨竹径风声籁,^⑩花蹊月影筛。^⑪携囊佳韵随时贮,^⑫荷锄沉酣到处埋。^⑬江海孤踪,^⑭云浪风涛惊旅梦;^⑮乡关万里,^⑯烟峦云树切归怀。^⑰

【注释】

①本篇选自《笠翁对韵》"上平九佳（其三）"。　②［俭］节俭。③［巧］灵巧。［乖］机灵、聪明。　④［水榭（xiè）］建筑在水边或水上,供人们游憩眺望的亭阁。［山斋］山中房屋。　⑤［冰桃对雪藕］典故说的是周穆王在春宵宫与方士集会,西王母也来了,她进献了万岁冰桃、千年碧藕。"冰桃"与"碧藕"都是仙果,"碧藕"后来演变成了"雪藕"。用"冰"和"雪"来称呼鲜果,强调的都是色白、味凉、入口清脆。　⑥［漏箭］古人用漏壶计时。漏壶中插入一根标竿,称为漏箭,上面刻着时辰刻度。漏箭下有一只箭舟,托着漏箭浮在水面上。水流出或流入壶中时,漏箭就跟着下沉或上升,显示出相应的时辰刻度,人们看这个刻度,就知道时间了。［更（gēng）牌］古代夜间报更用的计时竹签,上面刻着更、点,按时由专人递送,供重要人士知晓。也称为"更筹""更签"。　⑦［寒翠袖］"翠袖"指青绿色衣袖,为女子装束,这里是用它来指代女子。　"寒"的意思是"使……寒冷"。"寒翠袖"的字面意思是"女子衣衫单薄,在这冷天里,让她感到寒气袭人"。　⑧［贵荆钗］"荆钗"指用荆条枝儿做成的首饰,古代贫家妇女用它来绾头发,这里是用它来指代贫家妇女。

"贵"的意思是"以……为可贵"。"贵荆钗"的字面意思是"贫家妇女贤惠勤劳，虽然穷困，但人们尊重她"。　⑨〔慷慨〕本指情绪激昂，这里指豪爽、大方。〔诙谐〕幽默、风趣。　⑩〔竹径〕竹林中的小路。〔籁〕本是古代的一种竹制管乐器，这里指吹奏籁所发出的动听声音，也可译作"笛声"。"竹径风声籁"字面的意思是"竹林小路上，微风吹过竹林发出的声响，像美妙动听的笛音"。　⑪〔花蹊〕花木之间的小路。〔月影〕月光。〔筛〕一种用竹丝等编制成的器具，上面有许多小孔，可以把细碎的东西漏下去，把成块的较粗的留在上头。"花蹊月影筛"字面的意思是"花间小路上，月光透过花木，洒下的影子斑斑驳驳，就像多孔的筛子一样"。　⑫〔携〕带着。〔囊〕袋子。〔佳韵〕好的诗句。〔贮〕储存，收藏。典故来自唐代的李贺，他出门的时候，总会带着个年轻仆人，骑头驴子，背着一个又旧又破的绸缎做的袋子，一想到一句好诗，就马上记下来，把它投到袋子里去。　⑬〔荷锄〕扛着锄头。这里的"锄"不准确，《晋书》里说的是"锸（chā）"，是挖土用的锹一类工具。〔沉酣〕喝酒畅快、尽兴，这里指醉酒而死。〔到处〕所到之处。〔埋〕埋葬。典故来自西晋的刘伶，他崇尚自然，不受世俗礼教拘束，嗜酒如命，常常坐一辆鹿拉的车、带着一壶酒出门，让人扛着把锹跟着，并嘱咐说："我要是醉死了，就就地埋掉我。"⑭〔孤踪〕孤独的踪迹。　⑮〔云浪〕像云一样的浪。〔风涛〕水面的风与波涛。〔旅梦〕出行在外的人的思乡之梦。这两句放到一起的意思是"一个人在江海中漂泊，遇到了惊涛骇浪，它们惊醒了思乡的梦"。⑯〔乡关〕"关"指城门，"乡关"指故乡、家乡。　⑰〔烟峦〕烟气笼罩的山峦。〔云树〕云雾笼罩的树木。〔切〕击中，这里指激起。〔归怀〕回家的心思。这两句放到一起的意思是"离家虽有万里之遥，但看到炊烟笼罩着的山峦树木，不由得产生了回家的念头"。

【解读】

　　本篇押的是上平声的"九佳韵"。"佳"韵的字，在今天普

［明］戴进《关山行旅图》

通话里读成了几个不同的韵母。有的韵母是"ai"，比如"埋""排"，有的读"uai"，如"怀""乖"；有的读"ie"，比如"街""鞋"。"平水韵"的"十灰韵"在今天的普通话里，韵母也有读成"ai"的，比如"开""来"，只看"ai"这个韵母，是不太好区分一个字是属于"九佳韵"还是"十灰韵"的。

选文中出现了几组形容词的对仗，它们是"勤对俭""巧对乖""慷慨对诙谐"。在"寒翠袖，贵荆钗"中，"寒"和"贵"虽然都是形容词，但用法都不简单，要补充上一些词语像动词那样来理解。"竹径风声籁，花蹊月影筛"，用的都是名词，"竹径""花蹊"说的是处所，来分别限定"风声""月影"，可"籁"和"筛"就得添加上"像……一样"，才可以理解全句。把几个名词放到一块儿，也有好处，那就是这些名词描述的都是实物，具体可感，读起来自然是很形象直观了，就如一幅画呈现在了眼前。

选文呈现了一些文化名词，"水榭""山斋""漏箭""更牌""翠袖""荆钗"是古代的名物，"冰桃""雪藕"来源于神话，"竹径风声""花蹊月影"描述的则是一种清幽雅致的意境。李贺和刘伶的典故，因为没有出现他们的名字，都要结合着典籍的记录来理解，光从字面上是没法弄明白的。最后一句讲的是行旅和思乡，它们是古代诗人常常咏叹的主题，每个小分句又是一个复杂的结构，要结合着语意理解，比较古今表述的不同，体会字面表达的整齐和语意蕴含的丰富两方面的特点。

上平十一真^①

祝　明　车万育

哀对乐，^②富对贫。好友对嘉宾。^③弹冠对结绶，^④白日对青春。^⑤金翡翠，^⑥玉麒麟。^⑦虎爪对龙麟。^⑧柳塘生细浪，^⑨花径起香尘。^⑩闲爱登山穿谢屐，^⑪醉思漉酒脱陶巾。^⑫雪冷霜严，^⑬倚槛松筠同傲岁；^⑭日迟风暖，^⑮满园花柳各争春。^⑯

【注释】

①本篇选自《声律启蒙》"上平十一真（二）"。　②〔哀〕悲痛，悲伤。〔乐（lè）〕快乐，欢乐。　③〔嘉宾〕尊贵的客人。　④〔弹（tán）冠（guān）〕典故说的是西汉王吉（字子阳）和好友贡禹的事，王吉做官后，贡禹掸掉帽子上的尘土，也准备去做官，说的是好朋友的志趣相同。"弹冠"指的是掸掉帽子上的尘土，表示的是庄重的意思。后来这个词发展出了关系好的人，一个人做官后，照顾帮助另一个人做官，就有了贬义。这个词发展出的另一个意思是做官。〔结绶（shòu）〕"绶"指系在印信上的丝带，"结绶"指的是用丝带把印佩带在身上，这里指的也是做官。　⑤〔白日〕太阳，也指白天。〔青春〕春天。古人认为青色代表东方，对应着春季，所以说青春指春天。将"白日"和"青春"对仗，最为人熟知的句子是杜甫《闻官军收河南河北》"白日放歌须纵酒，青春作伴好还乡"。　⑥〔金翡翠〕珍贵的翠鸟；"金"指"金线"时，"金翡翠"指的是用金线绣成的翠鸟，本文用的是这个意思。　⑦〔玉麒麟〕玉石雕成的麒麟，古代常作为印信造型。　⑧〔虎爪（zhǎo）〕老虎的爪子，也指虎爪那样的形状。〔龙鳞〕

龙的鳞片，也指龙鳞那样的形状，或形容龙鳞样子的事物。　⑨〔柳塘〕周围栽着柳树的池塘。〔细浪〕细小的波纹。　⑩〔花径〕花间的小路。〔香尘〕带有香味的尘土。　⑪〔闲〕空闲。〔谢屐（jī）〕屐，指木底鞋。"谢屐"是一种前后齿可装卸的木底鞋，最早是南朝时宋诗人谢灵运游山时所穿，所以称为"谢公屐""谢屐"。穿这鞋上山，拿掉前齿，下山时卸下后齿，让身体重心稳定，便于行走。　⑫〔思〕想，想要。〔漉（lù）〕过滤。〔脱〕摘下。〔陶巾〕"巾"指的是古人用来包裹头的布帛，后来演变成一种帽子。"陶巾"又叫"陶令巾"，指的是东晋陶渊明的软帽，用葛布制成，他把酒酿好之后，用自己的软帽过滤残渣，滤完之后又把帽子戴到了头上。　⑬〔严〕浓，厚；另一种解释是极冷。　⑭〔倚槛（jiàn）〕靠近栏杆。〔筠（yún）〕竹子。〔傲岁〕"岁"指"岁寒"，一年中的严寒时节，"傲岁"指的是不畏一年中的严寒时节。　⑮〔日迟〕太阳照得久而温暖。　⑯〔各〕各个，每一个。〔争春〕争相在春天表现美丽的姿态。

【解读】

　　本篇押的是上平声的"十一真"韵。"真"韵的字，在今天普通话里包含着好几个不同的韵母。有的韵母是"en"，比如"真""尘"；有的韵母是"un"，比如"春""唇"；有的韵母是"in"，比如"巾""邻"。要注意的是，"十二文"在今天普通话中也有同样的韵母，比如"芬""分""纹""闻""熏""君""欣""勤"；"十三元"的情况也是差不多的，比如"门""根""村""昏"。如果不特别记忆，光看现代汉语普通话的韵母，不太容易弄明白一个字属于"十一真""十二文""十三元"的哪个韵。

　　典故有事典和语典的分别，事典来源于古书中的故事，语典来源于古诗文中的某句话。这篇选文里，"弹冠""结绶""谢展""陶巾"属于事典。不过，出现比较多的还是语典。"白日""青春"很早时候就对仗使用，《楚辞·大招》说"青春受谢，白日昭只"；说到"松筠傲岁"，首先想到的是《论语·子罕》中说"岁寒，然后知松柏之后凋也"；"日迟"在《诗经·豳风·七月》，是"春日迟迟，采蘩祁祁"。要理解、学好这些词语，一定要结合着它们的出处。

选文中的句子，成分都较完整，理解起来一般不需要添加更多的词语。要注意的是，其中的一些词语不能照着字面去理解。"青春"在现代汉语中的意思是"青年时期"，可文中指"春天"。"翡翠"在现代汉语中一般指"绿色、蓝绿色的玉石"，但文中指的是"翠鸟"。"花径"也不能理解成"落满花瓣的路"，而是"花间小路"。"傲岁"之"傲"不是一般说的"骄傲"，它指的是"轻视、不怕寒冷"。"日迟"的"迟"讲的则是春天天长了，好像太阳运行得缓慢一样，太阳照得久，天气自然会暖和。

古诗文中的词语，往往一词几个义项，这就需要结合上下文语境进行斟酌，揣摩作者想要表达的意思，确定一个合适的意义。同时，同样的字眼儿，在古代的意义和今天的意义可能不同，因此不能简单用词语的现代意义往古代词语上套。

上平十四寒①

祝　明　车万育

多对少，易对难。虎踞对龙蟠。②龙舟对凤辇，③白鹤对青鸾。④风淅淅，⑤露溥溥，⑥绣毂对雕鞍。⑦鱼游荷叶沼，⑧鹭立蓼花滩。⑨有酒阮貂奚用解，⑩无鱼冯铗必须弹。⑪丁固梦松，柯叶忽然生腹上；⑫文郎画竹，枝梢倏尔长毫端。⑬

【注释】

①本篇选自《声律启蒙》"上平十四寒（一）"。　②［虎踞（jù）］"踞"是"蹲"的意思，"虎踞"指老虎蹲着。［龙蟠（pán）］"蟠"指的是"曲折环绕，回环连结"，"龙蟠"指龙盘卧。"虎踞""龙蟠"多用来形容山势，前者指山势雄伟，后者指山势连绵，两个词连着用，指的是地势险要。　③［龙舟］专供帝王乘坐的船，早时为龙、凤形。［凤辇（niǎn）］"辇"指的是人拉的车，"凤辇"指帝王乘坐的车驾，以凤凰作装饰。　④［青鸾］传说中凤凰一类的神鸟，赤色多者为凤，青色多者为鸾。青鸾和白鹤，多为神仙坐骑。　⑤［淅淅］拟声词，指风雨的声音，这里是风声。　⑥［溥（tuán）溥］露水多的样子，另一种说法是露珠圆的样子。　⑦［绣毂（gǔ）］"毂"指车轮的中心部位，周围与车辐的一端相接，中间是圆孔，用来插车轴。"绣毂"指装饰华丽的车子。　［雕鞍］刻饰花纹的马鞍，这里指华美的马鞍。⑧［荷叶沼（zhǎo）］"沼"指水池。"荷叶沼"指荷叶茂盛稠密的水池。　⑨［蓼（liǎo）花滩］"蓼"指一种草本植物，开白色或浅红色花，生在水边或水中。"滩"指江、河、湖、海边水深时淹没、水浅时露出的地方。"蓼花滩"说的是蓼花盛开的水滩。　⑩［阮（ruǎn）貂

(diāo)〕"阮"指东晋阮孚（fú），为"竹林七贤"阮咸的儿子，他酷爱饮酒，行为放纵，不受拘束，四十九岁就去世了。"貂"指皇帝左右侍臣所戴帽子的装饰，由貂的尾巴制成。"奚用"指的是"为什么"，这里指"不用，不须"。"解"指"摘下，取下"。典故说的是阮孚在晋元帝时担任安东参军，常常酗酒，并解下帽上的貂饰换酒，为此被人揭发，不过皇帝没有追究。整句的字面意思是"有酒喝的时候，阮孚帽子上的貂饰就不用解下来换酒了"。　⑪〔冯铗（jiá）〕"冯"指战国时齐国人冯谖（xuān）。"铗"指剑，一说指剑把。弹，用手指弹击、敲打。典故说的是冯谖做齐国孟尝君的门客，一开始不受孟尝君重视，饮食比较粗劣，冯谖就靠着柱子，一边弹击宝剑，一边唱："长剑啊，我们回家去吧！食物里没有鱼！"孟尝君知道了，满足了他的要求，让冯谖有鱼吃。此后又满足了冯谖出门有车，老母亲得到供养的要求，于是冯谖就全心全意地为孟尝君出谋划策。后来就用"冯谖弹铗"比喻怀才不遇或有才华的人希望得到赏识、重用。　⑫〔丁固〕人名，三国时吴国人，曾任左御史大夫、司徒。〔柯〕草木的枝茎。典故说的是丁固做尚书的时候，做了一个梦，梦见肚子上长出了松树，就对人说："'松'字由'十''八''公'组成，十八年以后，我要做'三公'吧！"十八年后，丁固做了"司徒"，果然位列"三公"之一。后来就用"梦松"来比喻祝愿人做"三公"的高官。　⑬〔文郎〕人名，北宋画家文同，字与可，号笑笑先生，世称石室先生、锦江道人，与司马光、苏轼是好朋友。〔倏（shū）尔〕迅速、快速，也指时间短。〔长（zhǎng）〕生长，这里指出现、画出来。〔毫端〕毛笔的末端，这里指笔底、笔下。典故说的是文与可善于画竹子，他画竹子时，心中先有了竹子的形象，等他拿起笔来细看纸面，就好像看到了自己要画的竹子一样，然后按照这个形象快速画竹，一气呵成。后来就用"胸有成竹"比喻做事之前，已有通盘的考虑。

【解读】

本篇押的是上平声的"十四寒"韵。"寒"韵的字，在今天普通话里包含着好几个不同的韵母。有的韵母是"an"，比如"寒""丹"；有的韵母是"uan"，比如"宽""端"。要注意的是，现代汉语普通话中，韵母"an"和"uan"可不都是来自"平水韵"的"十四寒"。有些来自"十五删"，比如"攀""山""关""环"；有些来自"平水韵"下平声的"一先"，比如"然""毡""川""船"；有些来自下平声的"十三覃"，比如"南""岚"；有些来自下平声的"十四盐"，比如"瞻""髯"；有些来自下平声的"十五咸"，比如"帆""馋"。

这篇选文一个突出的特色，是出现了好几组表动物的词。比如"虎"和"龙"，"龙"和"凤"，"白鹤"和"青鸾"，"鱼"和"鹭"。动物和动物的对仗，不是固定不变的，同一个动物名，在不同的语境中可以对应不同的词。比如同是"龙"，就有"虎踞对龙蟠""龙舟对凤辇"。有的时候，因为词的多义性，也会出现差异更大的对仗，在"鱼游荷叶沼，鹭立蓼花滩"里，"鱼"是活生生的动物，可在"有酒阮貂奚用解，无鱼冯铗必须弹"中，"鱼"就是做好的香喷喷的美食了。

选文中的对仗，都很整齐，"多对少，易对难"在现代汉语中常用，是典型的例子。不过尤其要注意的是，复杂一些的结构中，对应位置上的成分，几乎都是同一类的。像"虎踞对龙蟠"中，"虎"和"龙"是表动物的名词，"踞"和"蟠"表示动作；"风浙浙，露泫泫"里，"风"和"露"各是一种气象，"浙浙"和"泫泫"不但描绘了它们的状态，而且词形都是重叠式的。这样整齐的对仗也体现在后面的句子中，"荷叶沼""蓼花滩"、"有酒""无鱼"、"阮貂""冯铗"都是如此，就连"奚用""必须"和"忽然""倏尔"这些意义不很实在的词，也都是成对出现的。

下平一先^①

祝　明　车万育

晴对雨，地对天。天地对山川。^②山川对草木，赤壁对青田。^③郏鄏鼎，^④武城弦。^⑤木笔对苔钱。^⑥金城三月柳，^⑦玉井九秋莲。^⑧何处春朝风景好，^⑨谁家秋夜月华圆。^⑩珠缀花梢，^⑪千点蔷薇香露；^⑫练横树杪，^⑬几丝杨柳残烟。^⑭

【注释】

①本篇选自《声律启蒙》"下平一先（一）"。　②［天地］天空和大地。［山川］"川"指河，"山川"指山岳和河流。　③［赤壁］长江边上的山名，字面意思是"红色的石壁"，为著名的古战场，汉献帝建安十三年（208），孙权与刘备联军，在这里大破曹操的军队。具体地点说法不一：一说在今湖北武昌西赤矶山；一说在今湖北蒲圻（qí）西之赤壁山；一说在今湖北黄冈的赤鼻矶。［青田］山名，在浙江省青田西北境，山上有泉石形成的胜景，是道教所称"三十六洞天"之一，以产青田石、青田鹤闻名。"青田"得名有几种说法：一说青田山下有田，产青芝，所以叫"青田"；一说这里产一种草，叶子像竹叶，可以作绿色染料，因为产得多，所以叫"青田"。　④［郏（jiá）鄏（rǔ）鼎（dǐng)］"郏鄏"指地名，为周朝的东都，成王时周公所筑，在今河南洛阳。"鼎"指"定鼎"，据说禹铸造了九个鼎，来象征九州，从商朝到周朝，都将九鼎作为传国重器，放在国都中，因此就把定立国都称为"定鼎"。这句的字面意思是"成王把郏鄏定为国都"。　⑤［武城弦］"武城"指地名，春秋时鲁国的城邑，在今山东费县西南。"弦"本来指乐器上发声的弦，这里指弹奏乐器。典故说的是孔子到弟子子

游主政的武城，听到了弹琴瑟唱诗歌的声音，就笑着说："治理这么个小地方，用得着以弦歌来教育老百姓吗?"子游回答说："我以前听您说过，做官的学习，就会有仁爱之心；老百姓学习，就容易听指挥。以弦歌进行教育是有用的。"孔子听了子游的话，说道："子游说的是对的，我刚才说的是跟他开玩笑罢了。"这句的字面意思是"子游在武城弹琴瑟唱诗歌"。　⑥〔木笔〕树名，即"木兰"，它的花没开放的时候，花苞有半寸长，形尖像毛笔头，上面有毛，因此称它为木笔。〔苔钱〕即"苔藓"，说的是小而圆、钱币形的苔藓。　⑦〔金城〕地名，东晋时丹阳郡江乘县地，故址在今南京栖霞区一带。典故说的是东晋桓温北伐时经过金城，看到自己过去做琅琊内使时在此地栽植的柳树，已经长得非常粗壮了，就拉着枝条，流着眼泪感慨："树木的变化都这样大，何况是人呢?"后来就用"金城柳"形容人物世事兴衰的变化之大。　⑧〔玉井〕太华山顶的水池，另一种说法是华山西峰下的深潭，本文说的是前者。太华山顶的玉井生千叶莲花，吃了它可以飞升成仙，又说莲花有十丈，藕大如船。"九秋"指秋天三月九十天，荷花在秋季结莲子，所以说"九秋莲"。典故也有感慨满目萧索、时光飞逝之意。　⑨〔春朝（zhāo）〕春天的早晨，也指春天。　⑩〔月华〕月光、月色，也指月亮。　⑪〔珠〕珍珠。〔缀〕连，这里指吊挂。〔花梢〕花木的枝梢。　⑫〔香露〕带着香味的露水，这里指花草上的露水。　⑬〔练〕白色的丝织品，这里指白绢。〔横〕横着放置，这里指横挂。〔树杪（miǎo）〕树梢。　⑭〔杨柳〕指柳树。〔残烟〕零散稀疏的烟雾。

【解读】

　　本篇押的是下平声的"一先"韵。"先"韵的字，在今天普通话里包含着好几个不同的韵母。有的韵母是"ian"，比如"年""天"；有的韵母是"üan"，比如"娟""泉"；有的韵母是"an"，比如"蝉""然"；有的韵母是"uan"，比如"川"

［明］仇英《莲溪鱼隐图》

"船"。"先"韵在普通话里的这些读法，不只是和上平声的"十四寒"有混淆的，与上平声的"十五删"也有很多都一样，比如韵母是"ian"的"间""闲"，韵母是"uan"的"关""还"，韵母是"an"的"攀""山"。

这篇选文呈现的对仗很有特色。在"地对天"里，"地"和"天"是对仗的两个词，但是到"天地对山川"里，"天地"就组合到了一起，与"山川"相对。随着关注视角的不同，同一个词就有不同的词和它对仗，这在"天地对山川"和"山川对草木"里最明显。跟这个相近的还有"柳"，"三月柳"和"九秋莲"相对，"杨柳"和"蔷薇"相对，"柳"都和"花"相对，不过是"莲""蔷薇"又有不同。这体现出对仗的基本要求，也有变化之美。

变化是灵活对仗的表现。像"郏鄏鼎，武城弦"中，"鼎"和"弦"在类别上很不一致，可是因为"郏鄏""武城"都是地名，它们也就可以相对。在"金城""玉井"、"木笔""苔钱"中，"金""玉"、"木""苔"因为都能归入同类，所以它们修饰、限定的"城""井"、"笔""钱"也都可以相对了。这样富于变化的对仗在古诗中常见，它让作者的表达既遵循了规则，又体现出一定的灵活性，减少了束缚。像"窗含西岭千秋雪，门泊东吴万里船"，"雪"和"船"本来不是常见的可以对仗的词语，但有了"千秋"和"万里"修饰，它们不但可以对仗，而且读起来意境也很和谐、自然。

下平四豪①

祝　明　车万育

琴对瑟,②剑对刀。地迥对天高。③峨冠对博带,④紫绶对绯袍。⑤煎异茗,⑥酌香醪。⑦虎兕对猿猱。⑧武夫攻骑射,⑨野妇务蚕缫。⑩秋雨一川淇澳竹,⑪春风两岸武陵桃。⑫螺髻青浓,⑬楼外晚山千仞;⑭鸭头绿腻,⑮溪中春水半篙。⑯

【注释】

①本篇选自《声律启蒙》"下平四豪（一）"。　②［琴］一种弦乐器,指古琴。琴身狭长,用梧桐等木料做成音箱,上古有五根弦,至周朝增加为七根弦,面板外侧有十三个指示音节的标志,底板有供出音用的两个孔,称为"龙池""凤沼"。［瑟］一种弦乐器,古已有之。外形和古琴相似,不过没有指示音节的标志,古瑟有五十弦、二十五弦、十五弦等多种,每弦下有一个承托的木柱,可以上下移动来定音。瑟常常与琴或笙合奏。　③［迥（jiǒng）］遥远、僻远,这里指大地辽阔。　④［峨冠（guān）］"峨"指"高","峨冠"指顶部高起的帽子。［博带］"博"指"大","博带"指宽大的衣带。"峨冠博带"在古代是儒生或士大夫的装束。　⑤［紫绶（shòu）］"绶"指丝带,古代用它系佩玉、官印或作服饰等。绶带的颜色常用来标志人的不同身份与等级,"紫绶"是高级官员用的绶带。［绯（fēi）袍］"绯"指红色。"绯袍"指红色官服。按唐朝的服饰规定,文武官员四品服深绯,五品服浅绯,能穿红色官服的人,级别都不低。　⑥［煎］熬煮。［异茗

(míng)〕"茗"指茶芽儿或晚采的茶，泛指茶。"异茗"指不平常的、稀有的茶。 ⑦〔酌（zhuó）〕倒酒。〔香醪（láo）〕"醪"指汁、渣混合的酒，又称"浊酒"，这里指酒。 "香醪"指香味馥郁的美酒。⑧〔兕（sì）〕古代野兽名，似野牛，青毛，皮结实而厚，可以做铠甲，也有人说兕是雌犀牛。"虎兕"常比喻凶恶残暴的人。〔猱（náo）〕野兽名，猿类，身体便捷，善于攀缘。 ⑨〔武夫〕勇武的人，特指军人。〔攻〕专心研习。〔骑射〕骑马和射箭。 ⑩〔野妇〕乡村妇女。"野"指乡村田野。〔务〕努力从事、操劳。〔蚕缫（sāo）〕养蚕缫丝。"缫"指把蚕茧浸在热水里，抽出蚕丝。 ⑪〔一川〕一条河。〔淇澳（yù）〕"淇"指淇河，水名，在河南北部，古为黄河支流，现由浚县入卫河，成为其支流；"澳"指水边弯曲处，也写作"奥"；"淇澳"指淇河曲折的水边。典故来自《诗经·卫风·淇奥》"瞻彼淇奥，绿竹猗（yī）猗"，说的是淇河曲折的水边，绿竹优美茂盛。整句字面的意思是秋雨笼罩着整条淇河，曲折的水边上绿竹优美茂盛。 ⑫〔武陵〕地名，在今湖南常德。典故来自东晋陶渊明的《桃花源记》，说的是有一个打鱼的武陵人，顺着溪水前行，忘记了路程远近，后来到了一处溪水两岸开满桃花的地方，在溪水尽头的山洞穿过，进入了人们自由和乐生活的桃花源。整句字面的意思是春风吹拂着武陵溪水两岸，岸上的桃花灿烂妖娆。 ⑬〔螺（luó）髻（jì）〕本来指螺壳状的发髻，这里比喻螺髻状的峰峦。〔青浓〕青而浓重。 ⑭〔千仞（rèn）〕形容极高或极深。"仞"是古代长度单位，一说七尺为一仞，一说八尺为一仞。 ⑮〔鸭头〕鸭子头部，因是绿色，所以古人用它来形容水色。〔绿腻〕绿而浓重。 ⑯〔春水〕春天的河水。〔半篙（gāo）〕形容春天的河水深度到了撑船竹篙的一半。

【解读】

本篇押的是下平声的"四豪"韵。"豪"韵的字，在今天普通话里的韵母是"ao"，比如"桃""篙""豪""毛"。除了"豪"韵字外，"平水韵"中其他韵在今天普通话中的韵母，也有读"ao"的，比如下平声的"二萧"韵中，"朝""韶""桡"的韵母是"ao"；下平声的"三肴"韵中，"巢""梢""茅""包"的韵母也是"ao"。这样看来，普通话里读"ao"韵母的字，并不都是来自下平声的"四豪"韵，在"平水韵"里，它们中有的是有区别的，是不能押韵的。

这篇选文的对仗中，出现的不只是天地山川等自然风景，更多的是人文性更强的风物。"琴"与"瑟"是乐器，"剑"与"刀"是武器，"峨冠""博带""紫绶""绯袍"则是服装衣饰，"煎异茗，酌香醪"属饮食起居，"武夫攻骑射，野妇务蚕缲"是不同职业人的工作。即使是写山水、写竹桃，也要把人的因素加到其中，妖艳的桃花是武陵源的，雨润青竹则是淇澳的。

简单词语的对仗，可以让人体会词语的意义，做一些简单的积累，像"地对天""雨对风"。简单的积累，最后都要走向应用，这篇选文提供了很好的示范，比如"地迥对天高"，就让"地对天"更具体了。看"秋雨一川淇澳竹，春风两岸武陵桃"，不仅写到了对应的"春风""秋雨"，而且把与它们相关的事物描摹得更具体，更有味道。而"螺髻青浓，楼外晚山千仞；鸭头绿腻，溪中春水半篙"，用"螺髻"形容山形，以"鸭头"描画水色，写法鲜活灵动，更难得的是，"山""水"、"中""外"、"千""半"，这些普通的对仗，加上了一些修饰限定之后组合到一起，就有了独特的画面感和别致的趣味了。

下平五歌①

祝 明 车万育

山对水，海对河。雪竹对烟萝。②新欢对旧恨，③痛饮对高歌。④琴再抚，剑重磨。⑤媚柳对枯荷。⑥荷盘从雨洗，⑦柳线任风搓。⑧饮酒岂知欹醉帽，⑨观棋不觉烂樵柯。⑩山寺清幽，⑪直踞千寻云岭；⑫江楼宏敞，⑬遥临万顷烟波。⑭

【注释】

①本篇选自《声律启蒙》"下平五歌（一）"。 ②［雪竹］雪中的竹子。［烟萝］草、树茂密之处，雾霭升腾，藤萝缠绕。 ③［新欢］新的欢乐、新的欢快，也指新近认识而钟爱的人，文中指前者。［旧恨］从前的仇恨。 ④［痛饮］"痛"指痛快、尽兴。"痛饮"指尽情地喝酒。［高歌］高声唱歌。 ⑤［抚］拨弹、弹奏。［磨］摩擦刀剑，使刃锋利。 ⑥［媚柳］柳枝轻柔婀娜，所以"媚柳"指姿态美好的柳枝。［枯荷］枯萎的荷叶。 ⑦［荷盘］荷叶形状如圆盘，所以称"荷盘"。［从］任凭、听凭。［洗］清洗。 ⑧［柳线］柳条细长柔软，下垂如线，所以称"柳线"。［任］任凭、听凭。［搓］揉搓，这里指柳条任凭大风舞动。 ⑨［欹（qī）］歪斜、倾斜。［醉帽］醉汉的帽子。典故说的是魏晋南北朝时的士人纵情饮酒，帽子歪斜了也不去管，而大家都以为这样做很洒脱。这句字面的意思是酒喝醉了的时候，人怎么会注意到自己的帽子歪了呢！ ⑩［樵（qiáo）柯（kē）］"柯"指的是斧子的柄，"樵柯"指的是砍柴的斧子柄。人们用这个典故来比喻岁月流逝、人事变迁的快速。 ⑪［清幽］风景秀丽，环境幽静。⑫［直踞］"直"表示方位，这里指高处，"踞"指坐、坐落，"直踞"指高高地坐落。［千寻］"寻"是古代长度单位，一般为八尺，"千寻"

［五代］巨然《湖山春晓图》

形容极高或极长。〔云岭〕高耸入云的山峰。 ⑬〔江楼〕江边的楼。〔宏敞〕高大宽敞。 ⑭〔遥临〕远远地对着。〔万顷〕"顷"是土地面积单位，一百亩为一顷，"万顷"形容面积极为广阔。〔烟波〕指烟雾苍茫的水面。

【解读】

　　本篇押的是下平声的"五歌"韵。"歌"韵的字，在今天普通话里包含着好几个不同的韵母。有的韵母是"e"，比如"河""歌"；有的韵母是"o"，比如"磨""波"；有的韵母是"uo"，比如"萝""蓑"。普通话里读"e""o""uo"韵母的字，并不都是来自"歌"韵，有些是来自入声韵，比如"德""客""博""佛""说""阔"，因此不能简单地根据普通话韵母"e""o""uo"，来确定一个字是不是属于"歌"韵。

　　这篇选文涉及不少人事。"山寺清幽""江楼宏敞"中的"山寺"和"江楼"，自然说的是不同的建筑。"新欢对旧恨"讲情感，"痛饮对高歌"说的是表达情感的突出方式，"琴再抚，剑重磨"，"饮酒岂知歃醉帽，观棋不觉烂樵柯"也都描摹了古人独特的生活。即使是"媚柳对枯荷""荷盘从雨洗，柳线任风搓"，说的虽是荷、柳这样的花与树，但它们都是拟人化的，物中蕴含着人的情韵。

　　这篇选文的内容，多是同类，但是描摹出的场景又有不同。中间既有"山对水，海对河"这样的一般对仗，也有"山寺清幽，直跻千寻云岭；江楼宏敞，遥临万顷烟波"这种更为特别的山水意境。说柳树与荷花，也是各异其趣，"媚柳对枯荷"，"荷盘从雨洗，柳线任风搓"，情态自有不同。即使是饮酒，"痛饮对高歌"，"饮酒岂知歃醉帽，观棋不觉烂樵柯"，在对仗带来的对比中，也使人感到了同样酒的不同喝法。

下平六麻^①

李 渔

雷对电，^②雾对霞。蚁阵对蜂衙。^③寄梅对怀橘，^④酿酒对烹茶。^⑤宜男草，^⑥益母花。^⑦杨柳对蒹葭。^⑧班姬辞帝辇，^⑨蔡琰泣胡笳。^⑩舞榭歌楼千万尺，^⑪竹篱茅舍两三家。^⑫珊枕半床，^⑬月明时梦飞塞外；^⑭银筝一曲，^⑮花落处人在天涯。^⑯

【注释】

①本篇选自《笠翁对韵》"下平六麻（其二）"。 ②［雷］打雷。［电］闪电。 ③［蚁阵］琅环阁本原作"蚁阙"，传世本多作"蚁阵"，蚂蚁战斗时的阵势。［蜂衙］群蜂聚集在蜂王周边时的情景，群蜂早晚聚集，簇拥蜂王，就像古代官吏到上司衙门排班参见那样。④［寄］赠送。"寄梅"的典故说的是南朝宋人陆凯与范晔是好朋友，陆凯从江南送一枝梅花到长安给范晔，同时写了首诗给范晔，"折花逢驿使，寄与陇头人。江南无所有，聊赠一枝春"，后来就用"寄梅"来表达对朋友的思念和问候。［怀］指隐藏、收藏。"怀橘"的典故说的是三国时吴国陆绩六岁的时候，在九江拜见袁术，袁术拿出橘子给他吃，他却藏起了三个。临走的时候，陆绩拜别袁术，藏起的橘子掉到了地上。袁术就说："你做客的时候还偷藏橘子啊？"陆绩跪下来回答："我藏起橘子，是想回去带给母亲。"袁术对这个孩子特别赞赏，后来就用"怀橘"表达孩子对父母的孝敬。 ⑤［烹（pēng）茶］煮茶。

⑥〔宜男〕应该会生男孩，这里指一种草药宜男草，古人认为孕妇佩戴它，会生男孩。　⑦〔益母〕对母亲有好处，这里说的是一种益母草草药，它用于治疗妇女的一些疾病。益母草的根、茎、花、叶、实都入药，这里说"益母花"，是为押韵。　⑧〔杨柳〕柳树，古人常借柳树表达送别时的依依不舍之情。〔蒹（jiān）葭（jiā）〕"蒹"是没长穗的芦苇，"葭"是初生的芦苇，"蒹葭"指芦苇，古人常借蒹葭表达思念异地的友人。　⑨〔班姬（jī）〕"姬"指美女，在汉代又指宫中女官，这里说的是汉成帝的嫔妃班婕妤。〔辞〕推辞、拒绝。〔帝〕皇帝，这里指汉成帝。〔辇（niǎn）〕人拉的车，秦、汉后指帝王、后妃所乘的车。典故说的是班婕妤德才兼备，年轻时被汉成帝宠爱。有一次成帝到宫廷的后园游玩，想让班婕妤跟自己坐同一辆车，班婕妤推辞说，"我看古代的图画上，圣贤之君都是有名的大臣在身边，只有夏、商、周三朝的末代君主，才让宠爱的女人陪在身边，如果您让我和您同乘一辆车，恐怕您和他们就一样了"，成帝认为班婕妤说得有道理，就没有让她一起坐车。当时的王太后听说了这件事，也非常欣赏班婕妤。尽管如此，在另一个嫔妃赵飞燕入宫后，班婕妤还是被汉成帝冷落了。⑩〔蔡琰（yǎn）〕东汉人，字文姬，是文学家、书法家蔡邕之女。〔泣〕无声流泪或低声而哭，这里指悲伤地创作。〔胡笳（jiā）〕"笳"指古代的管乐器，因汉代流行于塞北、西域一带，所以称"胡笳"，这里指蔡琰创作的古乐府琴曲歌辞《胡笳十八拍》，共十八章，一章为一拍，叙述她被匈奴掳走，在他乡生活了十二年的悲惨遭遇，表达了对故乡的怀念和舍不得离开孩子的矛盾心情。典故说的是蔡琰在第一任丈夫卫仲道去世后，回到娘家，在兴平年间遭遇战乱，被匈奴人掳走，嫁给了南匈奴左贤王，生下了两个孩子，十二年后，曹操派人把她赎了回来，传说她作了《胡笳十八拍》。　⑪〔舞榭（xiè）〕"榭"指建在

高台上的木屋，一般是游览观赏的地方，"舞榭"指歌舞用的楼屋。［歌楼］表演歌舞的楼。　⑫［竹篱］竹编的篱笆。［茅舍（shè）］"舍"指房屋、居室，"茅舍"指用茅草盖的房屋。　⑬［珊枕］用珊瑚装饰的枕头。［半床］不满一床，床上只有一人睡是半床，这里多指独居女子对不在身边的丈夫的思念。　⑭［梦飞塞外］"梦飞"指梦中飞翔，"梦飞塞外"指的是人在梦里飞到了塞外。这句字面的意思是月亮升起来的时候，在梦中飞到塞外和亲人相会，醒来后只有一个人孤零零地躺在床上。　⑮［银筝］"筝"指拨弦乐器，外形和瑟很像，弦数历代以来由五弦增至十二弦、十三弦、十六弦，现在又增至十八弦、二十一弦、二十五弦等，"银筝"是用银装饰的筝或用银字表示音调高低的筝。　⑯［处］本义为处所、地方，引申为时、时候，这里指后者。［天涯］天边，指极远的地方。这句的字面意思是花落的时候，思念的人远在天边，便用筝弹奏一曲，来表达自己的思念。

【解读】

本篇押的是下平声的"六麻"韵。"麻"韵的字，在今天普通话里包含着好几个不同的韵母。有的韵母是"a"，比如"茶""琶"；有的韵母是"ia"，比如"家""霞"；有的韵母是"ua"，比如"花""瓜"；最特殊的是"斜""蛇"，前者的韵母是"ie"，后者的韵母是"e"。普通话里读"a""ia""ua"韵母的字，并不都是来自"麻"韵，有些是来自上平声"九佳"韵，比如"佳""崖""娃""哇"，前者的韵母是"ia"，后者的韵母是"ua"。

这篇选文中涉及好多植物，它们在传统文化中，都饱含着情感因素，很多已经演化成了表示特定意义的符号。"宜男草，益母花"尽管是两种中草药，可是名字里也有适合什么人用的字眼儿。"寄梅"和"怀橘"，"竹篱"和"茅舍"，都是人的行为或活动场所，可是因为跟特定植物联系到了一起，那些行为和活动场所也就不一样了。这中间最特殊的是"杨柳对蒹葭"，虽然字面上没有人的字眼儿，可是它们却都表达了同友人间的感情，前者象征了送别时的依依不舍，后者呈现了对远方友人的思念。

　　选文中的对仗，有的虽然涉及历史故事，但像"班姬辞帝辇，蔡琰泣胡笳"那样，透过字面都好理解。不过有些由普通语词构成的对仗，虽然每个字词都容易理解，但是背后的意蕴却不易明白。"舞榭歌楼千万尺，竹篱茅舍两三家"，凸显的是繁华与简陋、喧闹与宁静；而"珊枕半床，月明时梦飞塞外；银筝一曲，花落处人在天涯"，每个句子前后部分语言好像没说明白，但意境和情感又是融合在一起的，明白了这一点，才能很好地理解句子要说的意思。

下平七阳①

祝　明　车万育

荀对孟，②老对庄。③郸柳对垂杨。④仙宫对梵宇，⑤小
阁对长廊。⑥风月窟，⑦水云乡。⑧蟋蟀对螳螂。暖烟香霭
霭，⑨寒烛影煌煌。⑩伍子欲酬渔父剑，⑪韩生尝窃贾公
香。⑫三月韶光，⑬常忆花明柳媚；⑭一年好景，难忘橘绿
橙黄。⑮

【注释】

①本篇选自《声律启蒙》"下平七阳（三）"。　②〔荀（xún）〕指
荀子（约前313—前238），战国末期的思想家、教育家。名况，时人尊
称他为"卿"，汉代人避宣帝讳，称他孙卿。赵国人。他批判和总结了
先秦诸子的思想，反对天命、鬼神迷信之说，肯定"天行有常"，提出
"制天命而用之"的人定胜天的思想。他认为人性生来是"恶"的，重
视环境和教育对人的影响。坚持"正名"之说，强调封建等级制。韩
非子、李斯都是他的学生。著作有《荀子》。〔孟〕指孟子。他被认为
是孔子学说的继承者，有"亚圣"之称。他把孔子"仁"的观念发展
为"仁政"学说，提出"民贵君轻"，劝告统治者重视人民。他肯定人
性生来是善的。著作有《孟子》。　③〔老〕指老子，春秋时思想家，
道家的创始人。一种说法是老子即老聃（dān），姓李名耳，字伯阳，
楚国苦县厉乡曲仁里人；一种说法是老子即太史儋，或老莱子。老子
的思想反映在《老子》书中，他用"道"说明宇宙万物的演变。他认
为一切事物的变化都是有和无的统一（"有无相生"）。他提出"无为而
治"的思想。道教将老子奉为教主，称"太上老君"。　〔庄〕指庄子
（约前369—前286），战国时哲学家。名周。宋国蒙（今河南商丘东北）

人。继承、发展了老子"道法自然"的观点。认为"道"是无限的，"无所不在"。他认为万物是无差别的（"万物皆一也"），一切都处在变动之中（"无动而不变，无时而不移"）。他主张安时处顺、逍遥自得，追求"天地与我并生，万物与我为一"的精神境界。著作有《庄子》。

④〔輤（duǒ）柳〕"輤"指下垂，"輤柳"是垂柳。〔垂杨〕指垂柳，古诗文杨、柳常通用。　⑤〔仙宫〕天帝所住的宫殿，也指皇宫、道观（guàn），这里指道观（道教的庙宇）。〔梵（fàn）宇〕佛寺。　⑥〔小阁〕"阁"指楼阁，"小阁"是小巧的楼阁。〔长廊〕长长的廊屋。⑦〔风月窟〕"风月"指清风明月，泛指美好的景色。"窟"指洞室。"风月窟"指能欣赏清风明月的好地方。　⑧〔水云乡〕水云弥漫、风景清幽的地方，多指隐者游居之地。　⑨〔暖烟〕温暖的烟，这里指春天的烟霭。〔霭（ǎi）霭〕形容云烟密集的样子。　⑩〔寒烛〕寒冷的烛火，这里指冬夜里的烛火。〔影〕指光、光线。〔煌煌〕形容明亮耀眼的样子。　⑪〔伍子〕"子"是古代对男子的尊称或美称。"伍子"指春秋末年楚国人伍子胥（？—前484），名员，字子胥，是楚国大夫伍奢的次子。在父亲被楚平王杀了后，伍子胥逃到吴国，帮助阖闾刺杀吴王僚，夺得了王位，后来帮助吴王阖闾攻入楚国，被封于申，又称为申胥。到吴王夫差时，打败了越国，并劝夫差拒绝越国求和，并且不要再攻打齐国，夫差没有采纳他的意见，并且渐渐疏远他，后来夫差听信谗言，赐剑命伍子胥自尽。伍子胥死后九年，越国灭掉了吴国。〔酬〕感谢，报答。〔渔父（fǔ）〕"父"是对老年男子的尊称，"渔父"指老渔翁。典故说的是伍子胥逃往吴国，要过江却没有船，正紧急时，一个老渔翁摇着船出现在江上，把他送到了对岸，伍子胥解下自己的宝剑来感谢他，但是老渔翁说："按照楚国的规定，有谁捉到伍子胥，赐给他有五万石俸禄的官职和执圭而朝的爵位，哪里是价值一百金的宝剑抵得上的呢！"老渔翁没有接受宝剑，转身离开了。⑫〔韩生〕"生"指有才学的人、读书人。"韩生"指的是西晋人韩寿，字德真，南阳堵阳（今河南方城）人，生卒年不详，做过散骑常侍、

河南尹。[尝]曾经。[窃]偷盗、窃取。[贾公]"公"是对尊长的敬称，这里指的是西晋人贾充（217—282），字公闾，平阳襄陵（今山西襄汾东北）人，曾在魏国任大将军司马、廷尉，是司马昭的心腹，参与过司马氏代魏密谋，西晋建立后，升任司空、太尉等要职，封鲁郡公，死后追赠太宰，谥号武。[香]香料或其制成品。典故说的是韩寿与贾充的女儿贾午私下里要好，贾午还偷了晋武帝赐给贾充的名贵香料送给了韩寿，贾充了解到了这件事后，就把女儿嫁给了韩寿。⑬[韶光]美好的时光，常指春光。 ⑭[花明柳媚]"明"指花色鲜艳。"媚"指柳枝轻柔婀娜。"花明柳媚"形容春天绿柳成荫、繁花似锦的景象。 ⑮这两句化自北宋苏轼《赠刘景文》的"一年好景君须记，正是橙黄橘绿时"，说的是一年中美好的景色您一定要记住，那就是橙子金黄、橘子青绿的深秋时节。

【解读】

本篇押的是下平声的"七阳"韵。"阳"韵的字，在今天普通话里包含着好几个不同的韵母。有的韵母是"ang"，比如"塘""长"；有的韵母是"iang"，比如"娘""乡"；有的韵母是"uang"，比如"床""黄"。要注意的是，"平水韵"上平声的"三江"韵，在今天普通话里变成的韵母也是这几个，比如"邦""缸"读"ang"，"江""腔"读"iang"，"双""窗"读"uang"，因此需要特别记忆哪些字来自"七阳"，哪些字来自"三江"。

这篇选文中的对仗，像"仙宫对梵宇，小阁对长廊"，"宫"和"宇"都是建筑物，加上"仙""梵"以后，又指一道一佛，自然是很严格、规整的了。不过也有些不太典型的对仗："垂杨"指的是柳树，它和对仗的"鞢柳"在意义上差别并不大；"风月窟，水云乡"中的"窟"是自然的洞穴，"乡"是人居的处所，并不是一类；"渔父剑""贾公香"，"剑"属武器，"香"是日常生活用品。而像"花明柳媚""橘绿橙黄"就更明显了，前者是光泽和形态，后者是颜色，差别就更大一些。可见一个合适的对仗，不用拘泥于类别上是否完全同一，实际应用中它们还是灵活的。

这篇选文中涉及了好几个人。像"荀对孟，老对庄"，都是用了常用称呼中的一个字，"荀""孟""庄"，可是"老"就不好说是姓，不过因为他们都是古代很有名的人，所以用了这一个字，人们也都不会有误解。人物出现最多的是"伍子欲酬渔父剑，韩生尝窃贾公香"，"伍子""韩生""贾公"都含有姓氏，"渔父""韩生"表明了人的职业特点，而"子""公""生""父"也都表达了对人的尊重。

这篇选文中最后两句"三月韶光，常忆花明柳媚；一年好景，难忘橘绿橙黄"也很值得注意，它们都化用了古诗词中有关的句子。"三月韶光，常忆花明柳媚"，源自宋末元初俞德邻《送王舍人之燕山》而略有变化，原句是"柳媚花明二月天，金羁络马路三千"。"一年好景，难忘橘绿橙黄"，则来自北宋苏轼《赠刘景文》"一年好景君须记，正是橙黄橘绿时"。俞德邻、苏轼的原诗句当然很好，不过放到一起重新对仗，则又生出了新意，在春与秋美景的对比中，凸显出两个季节的独特与可爱。

下平九青①

祝　明　车万育

书对史，②传对经。③鹦鹉对鹡鸰。④黄茅对白荻，⑤绿草对青萍。⑥风绕铎，⑦雨淋铃。⑧水阁对山亭。⑨渚莲千朵白，⑩岸柳两行青。⑪汉代宫中生秀柞，⑫尧时阶畔长祥蓂。⑬一枰决胜，棋子分黑白；⑭半幅通灵，画色间丹青。⑮

【注释】

①本篇选自《声律启蒙》"下平九青（三）"。　②〔书〕文书、文件，这里指史书，如《汉书》《后汉书》《旧唐书》《新唐书》。〔史〕史册、史书，如《史记》《新五代史》。　③〔传（zhuàn）〕本指注释、解释，注释、解释经义的文字也称为传，如《春秋左氏传》《春秋公羊传》。〔经〕本指对典范著作的尊称，这里指儒家经典，如《诗经》《易经》。　④〔鹡（jí）鸰（líng）〕鸟类的一属。最常见的一种，身体小，头顶黑色，前额纯白色，嘴细长，尾和翅膀都很长，黑色，有白斑，腹部白色，吃昆虫和小鱼等。《诗经·小雅·常棣》"脊令在原，兄弟急难"，其中的"脊令"即"鹡鸰"，后来人们就用"鹡鸰"比喻兄弟。　⑤〔黄茅〕茅草名，根尖儿有黄毛，深秋开花成穗。〔白荻（dí）〕"荻"是多年生草本植物，与芦同类，生长在水边，根和茎都有竹子那样的节，叶长，抱茎而生，秋天生紫色或白色、草黄色花穗，茎可以编席箔（bó）。　⑥〔青萍〕即浮萍，"浮萍"是浮生在水面上的一种草本植物，叶扁平，呈椭圆形或倒卵形，表面绿色，背面紫红色，叶下生须根，花白色。　⑦〔绕（rào）〕缠绕、环绕，这里指风从不同方向吹。〔铎（duó）〕本指古代的乐器，是大铃的一种，在宣布政教法令或

295

遇战事时使用，由青铜制成，形状和钲差不多但有舌，舌有木制和金属制两种，前者是木铎，后者是金铎，后来一般的铃铛也称为铎。"风绕铎"说的是悬挂的小铃铛，被不同方向的风吹动而发出声响。典故说的是唐朝岐王李范的宫内竹林中，悬挂着一些碎玉片，每当碎玉片碰撞而发声，就知道是起风了，这些玉片就叫"占风铎"。 ⑧［雨淋铃］雨打铃铛，又写作"雨霖（lín）铃"，字面意思是阴雨连绵中长闻铃声。典故说的是安史之乱时，发生了马嵬（wéi）兵变，杨贵妃死，后唐玄宗入蜀，经斜谷，赶上连日下雨，并于雨中听到铃声，在山谷中回荡不绝，为了悼念杨贵妃，即仿照雨中铃声作了《雨霖铃》曲，曲调表达了凄苦的离愁。 ⑨［水阁］水边的楼阁。［山亭］山间的亭子。 ⑩［渚（zhǔ）莲］"渚"本指小洲、水中的小块陆地，这里指的是水边。 "渚莲"说的是水边荷花。 ⑪［岸柳］岸上的柳树。⑫［秀柞（zuò）］"柞"是一种常绿灌木或小乔木，生有棘刺，叶子卵形或长椭圆状卵形，边缘有锯齿，初秋时开花，花小，黄白色，木质坚硬，树皮及叶可入药。"秀柞"指特别、特异的柞树。典故说的是西汉时陕西周至东南有一离宫叫五柞宫，宫内有五棵柞树连抱而生，非常独特，就用它们给离宫命了名。 ⑬［尧（yáo）］传说中的上古贤明的帝王，号陶唐氏，名放勋，史称唐尧，传说曾命羲（xī）和掌管时令，制定历法，又选舜（shùn）作为他的接班人，对舜考核三年后让舜管理政事，尧死后由舜即位，史称"禅（shàn）让"。［阶畔］台阶旁边。［祥蓂（míng）］"祥"指吉祥。"蓂"指蓂荚，是古代传说中的一种瑞草，它每月从初一至十五，每日结一荚，从十六至月终，每日落一荚，如果那个月是小月，只有二十九天，就会剩一个枯萎但未落的荚，人们根据荚数的多少，可以知道某一天是何日。 ⑭［一枰（píng）］"枰"指棋局、棋盘，这里指棋局。这句字面的意思是一局棋要决出胜负，得分别使用黑白两种棋子。 ⑮［半幅］半幅画。［通灵］通达于神灵，形容画艺高超，达到了出神入化的境地。［画色］图画上的墨色。［间（jiàn）］间杂、夹杂，这里指一起使用。［丹青］红色和青色的颜料，这里泛指有着绚丽色彩的多种颜料。这句字面的意思是画得绝妙的哪怕是半幅画，那色彩也一定是使用了多种不同的颜料。

【解读】

本篇押的是下平声的"九青"韵。"青"韵的字，在今天普通话里的韵母主要是"ing"，比如"屏""星""汀""萤""萍"；只有几个字的读法特殊，比如"馨"的韵母是"in"，"扃"的韵母是"iong"。"平水韵"下平声的"八庚"韵在今天普通话中韵母也有读"ing"的，比如"京""莺""兵""晴""鸣"，跟它情况差不多的是下平声的"十蒸"韵，比如"鹰""冰""兴""陵""蝇"，也都读"ing"。

这篇选文中的对仗，出现了很多的颜色词。"黄茅对白荻，绿草对青萍"，里面出现了"黄""白""绿""青"。有意思的是，"白""青"还不止一次出现，"渚莲千朵白，岸柳两行青"，"棋子分黑白""画色间丹青"，里面都有"白"和"青"。这些颜色词，有的是临时修饰、限定的，像"绿草对青萍"中的"绿"和"青"，有的就和后边的词连在一起，成为特定的名词了，比如"黄茅"，指的就是一类特别的茅草。

对仗的几句里，"书对史，传对经""鹦鹉对鹨鸰""黄茅对白荻，绿草对青萍"都只是一些词语，它们对于事物的归类和认识是有好处的。积累这些词语更重要的另一个目的，是进入句子，进行实际的使用，像"黄""白""绿""青"，到具体的句子中就更有个性和生命了。"渚莲千朵白，岸柳两行青""棋子分黑白""画色间丹青"当中，再一次出现了"青"和"白"，之所以用得这么多，除了当时的场景如此外，恐怕是这两个颜色对比很强烈，读起来特别有画面感吧。古人作诗，常会引入颜色词，比如"两个黄鹂鸣翠柳，一行白鹭上青天""日出江花红胜火，春来江水绿如蓝""接天莲叶无穷碧，映日荷花别样红"都是经典的句子。

［明］仇英《临溪水阁图》

下平十一尤①

祝　明　车万育

　　唇对齿，角对头。②策马对骑牛。③毫尖对笔底，④绮阁对雕楼。⑤杨柳岸，荻芦洲。⑥语燕对啼鸠。⑦客乘金络马，⑧人泛木兰舟。⑨绿野耕夫春举耜，⑩碧池渔父晚垂钩。⑪波浪千层，喜见蛟龙得水；⑫云霄万里，惊看雕鹗横秋。⑬

【注释】

　　①本篇选自《声律启蒙》"下平十一尤（二）"。　②〔角〕牛、羊、鹿、犀等兽类头顶或鼻子上部突生的坚硬骨状物，一般细长而弯曲，上端较尖，有防御进攻等作用。　③〔策〕赶马用的棍子，一端有尖刺，能刺马的身体，让它奔跑，这里指用策赶马。　④〔毫尖〕"毫"本指长而尖的毛，这里指毛笔。"毫尖"指毛笔头、毛笔尖，说的是书写时落笔的地方。〔笔底〕笔的下端，指的也是书写时落笔的地方。　⑤〔绮（qǐ）阁〕"绮"是有花纹的丝织品，这里是华丽、华美的意思。"绮阁"指华丽的楼阁。〔雕楼〕"雕"指雕刻、雕琢，这里指用花纹、纹彩装饰。"雕楼"指装饰华美的楼。　⑥〔荻（dí）〕多年生草本植物，与芦同类，生长在水边，根和茎都有竹子那样的节，叶长，抱茎而生，秋天生紫色或白色、草黄色花穗，茎可以编席箔（bó）。〔芦〕多年生草本植物，生于湿地或浅水，叶子披针形，茎中空，光滑，花紫色，茎可造纸、编席等，根茎叫芦根，可供药用，穗可做扫帚。〔洲〕水中的陆地。　⑦〔语燕〕"语"指谈话、谈论，也用来比喻虫豸（zhì）禽兽等啼鸣吼叫。"语燕"指鸣叫的燕子。〔啼鸠〕啼叫的斑鸠。　⑧〔客〕客人、贵宾，也用作对人的客气称呼。〔金络

（luò）〕"络"指马笼头。"金络"是用金子装饰的马笼头。 ⑨〔人〕这里指游人。〔木兰舟〕"木兰"指一种香木，又名"杜兰""林兰"，皮似桂而香，状如楠树。"木兰舟"指的是用木兰树造的船，后来用作船的美称，但不一定是木兰制造的了。 ⑩〔绿野〕绿色的原野。〔耕夫〕指农夫，务农的人。〔举耜（sì）〕"耜"指古代一种农具，形状像现在的锹，另说跟犁上的铧相似的东西。"举耜"指的是举起耜，这里指开始干农活。 ⑪〔渔父〕老渔翁。〔垂钩〕即垂钓，垂竿钓鱼。⑫〔蛟（jiāo）龙〕古代传说中的两种动物，居深水中，相传蛟能发洪水，龙能兴云雨。蛟龙得到了水，就能兴云作雾、腾跃高空，多用来比喻有才能的人获得施展的机会。 ⑬〔云霄（xiāo）〕天际、高空。〔惊看〕惊奇地注视。〔雕鹗（è）〕"雕"指一种大型猛禽，嘴呈钩状，视力很强，腿部羽毛直达趾间，雌雄同色，也叫鹫。"鹗"是雕的一种，性凶猛，背褐色，头顶颈后及腹部白色，嘴短脚长，趾具锐爪，栖水边，捕鱼为食，俗称鱼鹰。"雕鹗"比喻才能超群者。〔横秋〕本指充塞秋天的空中，这里指雕鹗振翅天宇、纵横高空。

【解读】

本篇押的是下平声的"十一尤"韵。"尤"韵的字，在今天普通话里包含两个不同的韵母。有的韵母是"ou"，比如"舟""钩""楼""头"；有的韵母是"iu"，比如"秋""牛""鸠""流""丘""悠"。要注意的是，"平水韵"中有些入声字，在今天普通话里变成的韵母也是"ou"，比如"粥""轴"，这些字要特别记忆。

这篇选文中的对仗，提到了众所熟知的几种动物，这里面既有耕地、骑乘的牛马，檐间的燕子，林中的斑鸠，翱翔九天的雕鹗，也有想象中兴云布雨的蛟龙。古诗文里的这些动物，都有些约定俗成的感情渗透其中。"策马"是纵横驰骋，说的是勇武自由；"骑牛"是田园之乐，说的是悠闲自得；燕子的呢喃和斑鸠的啼鸣，往往象征着恋人之间美好的感情；而得水的蛟龙、横秋的雕鹗，那就是人得以施展才能的象征了。

能够对仗的词语，一类是意思相对的，比如"贫对富，塞对通""行对止，速对迟"，另一类是意思相关的，甚至是相近的，这篇选文中就有很多这样的对仗。"唇对齿，角对头"中，"唇""齿"、"角""头"在部位上都很接近；"毫尖对笔底"中，二者说的几乎就是一个东西；"绮阁对雕楼""语燕对啼鸠"说的对象也都是相近的类别；而"喜见""惊看"、"语燕""啼鸠"中的"见""看"、"语""啼"几乎是同义词了。这些相关相近的词语，甚至可以连在一起使用，比如"骑乘""杨柳""荻芦""蛟龙""雕鹗""头角""唇齿""看见"。学习对仗时，对仗词语的这个特点需要注意。

另外需要注意的是，本篇是在呈现一个词语可以和另一个词语对仗，同时又符合韵律的要求。因此很多时候，对应的词句分别描写了一个场景或画面，但是放到一起，却不像古诗中那样，表达一个完整的、紧密联系的意境。像"波浪千层，喜见蛟龙得水；云霄万里，惊看雕鹗横秋"，两句的意思都是形容人施展才能和抱负，但是却不太好说它们是在一处的场景，是现实的情境。即使"绿野耕夫春举耜，碧池渔父晚垂钩"这样的表达，虽然写的都是田园中的生活，但它也只是从词语、意义上的比较着眼，而不是说二者共同表达了一个前后相连的意思。

下平十三覃①

祝　明　车万育

千对百，两对三，地北对天南。②佛堂对仙洞，③道院对禅庵。④山泼黛，⑤水浮蓝。⑥雪岭对云潭。⑦凤飞方翙翙，⑧虎视已眈眈。⑨窗下书生时讽咏，⑩筵前酒客日耽酣。⑪白草满郊，⑫秋日牧征人之马；⑬绿桑盈亩，⑭春时供农妇之蚕。⑮

【注释】

①本篇选自《声律启蒙》"下平十三覃（一）"。　②〔地北〕北部的大地，这里指北方。〔天南〕南方的天空，也指岭南，泛指南方。③〔佛堂〕"堂"指建在高台基之上的厅房，泛指房屋的正厅。"佛堂"本指佛所住的堂殿，这里指供奉佛像的堂殿、堂屋。〔仙洞〕本指仙人的洞府，这里指道观。　④〔道院〕道士居住的地方。〔禅（chán）庵（ān）〕"禅"指佛教的派别禅宗。"庵"原指圆顶草屋，这里指寺院，多指出家的女佛教徒所居。"禅庵"指佛门僧人修行禅定时所居住的禅房或佛寺。　⑤〔泼黛（dài）〕"泼"指将液体向外倾洒、使散开。"黛"指青黑色的颜料，古时女子用它画眉，也指青黑色。"泼黛"指泼洒出青黑的颜料，这里形容山色青黑一片。　⑥〔浮蓝〕"浮"指漂浮。"蓝"本指植物，其叶可制蓝色染料，也指像晴天天空的颜色。"浮蓝"指水面漂浮着碧蓝的染料，这里形容水面碧蓝一片。　⑦〔雪岭〕覆盖着积雪的山岭。〔云潭（tán）〕指温泉潭，因上面有蒸气如云，故称。　⑧〔凤〕凤凰。〔方〕正在。〔翙（huì）翙〕鸟飞动时发出的声音。典故来自《诗经·大雅·卷阿》"凤凰于飞，翙翙其羽"，字面意思是凤凰飞翔，翅羽发出翙翙的声响。　⑨〔视〕注视。〔眈眈

（dān）〕眼睛向下注视的样子，这里指老虎贪婪、凶狠地注视。⑩〔窗下〕指窗户下、窗前，也指私塾当中。〔书生〕读书人。〔时〕经常、时时。〔讽（fěng）咏〕"讽"本指背诵，泛指诵读。"咏"指吟唱、歌吟。"讽咏"指诵读。　⑪〔筵（yán）前〕"筵"原来指铺垫用的席子，后来指宴席。"筵前"指酒席上。〔酒客〕指好饮酒的人。〔日〕每天。〔耽（dān）酣〕"耽"指沉溺于。"酣"指饮酒尽兴、半醉。"耽酣"指沉湎于酒、贪杯。　⑫〔白草〕指牧草，干熟时呈白色，故名。〔郊〕指野外。　⑬〔牧（mù）〕放牧、饲养。〔征人〕出征或戍边的军人。　⑭〔盈亩（mǔ）〕"盈"指满。"亩"原指土地面积单位，也指农田、田地。"盈亩"指长满了农田。　⑮〔供（gōng）〕供给、供应。〔农妇〕农家妇女。

【解读】

本篇押的是下平声的"十三覃"韵。"覃"韵的字，在今天普通话里的韵母是"an"，比如"三""南""蓝""潭""甘""谈"。"平水韵"下平声的"十四盐"韵在今天普通话中韵母也有读"an"的，比如"瞻""髯"，跟它情况差不多的是下平声的"十五咸"韵，比如"帆""函""衫""馋"，也都读"an"。"十三覃""十四盐""十五咸"在"平水韵"中本来是接近的，它们中的一些字在今天普通话中韵母相同是容易理解的。不过像前面介绍过的，上平声的"十四寒""十五删"和下平声的"一先"中的一些字，它们在今天普通话中的韵母也读"an"，这就要细致地进行区分了。

这篇选文中的对仗和其他篇目最大的不同在于，文字浅显易懂，没有承载更多的文化意义，透过词句字面，大体可以理解它的意思。这些词句，几乎没有用典。尽管"凤飞方翔翔"可以找到《诗经·大雅·卷阿》"凤凰于飞，翙翙其羽"中的源头，但是即使不知道《诗经》中的这句话，仍可以大体从字面上理解"凤飞方翙翙"。因此这个选篇给人的启示就是，选择恰当、普通的语词，就像"千对百，两对三，地北对天南"那样，也可以形成妥帖、合适的对仗。

选文中出现的词句，一个特点是具体生动，像"山泼黛，水浮蓝。雪岭对云潭"，让"山""水""岭""潭"不再是一个个呆板的词语，因为有了"黛""蓝""雪""云"的限定，变得鲜活可感。选文第二个特点，是出现了不同身份、职业的人，中国传统所说的"三教九流""五行八作"中的一些人得到了体现。"佛堂对仙洞，道院对禅庵"说的尽管是一些特殊的建筑，但实际上点明了佛、道二教。除了"酒客"之外，"书生""征人""农妇"应该说都是特定行业的人。

本篇中的语句，阅读时要注意停顿和节奏，弄错了停顿位置，不但会影响意思的理解和表达，同时听着也会感觉别扭、不通畅。"山泼黛，水浮蓝"，停顿要在"山"和"水"之后；"凤飞方翙翙，虎视已眈眈"，停顿应在"凤飞"和"虎视"之后。"窗下书生时讽咏，筵前酒客日耽酣"，停顿则在"书生"和"酒客"之后。最需要注意的是"秋日牧征人之马""春时供农妇之蚕"二句，"秋日"和"春时"、"牧"和"供"之后，都要有停顿，这样才可以清晰呈现原句的意思和结构。

思与行

【记诵与积累】

◎风高秋月白，雨霁晚霞红。（《上平一东》）

◎十月塞边，飒飒寒霜惊戍旅；三冬江上，漫漫朔雪冷渔翁。 （《上平一东》）

◎海棠春睡早，杨柳昼眠迟。（《上平四支》）

◎春水才深，青草岸边渔父去；夕阳半落，绿莎原上牧童归。 （《上平五微》）

◎月明山寺远，风细水亭虚。（《上平六鱼》）

◎疏影暗香，和靖孤山梅蕊放；轻阴清昼，渊明旧宅柳条舒。 （《上平六鱼》）

◎竹径风声籁，花蹊月影筛。（《上平九佳》）

◎江海孤踪，云浪风涛惊旅梦；乡关万里，烟峦云树切归怀。 （《上平九佳》）

◎柳塘生细浪，花径起香尘。（《上平十一真》）

◎鱼游荷叶沼，鹭立蓼花滩。（《上平十四寒》）

◎珠缀花梢，千点蔷薇香露；练横树杪，几丝杨柳残烟。 （《下平一先》）

◎秋雨一川淇澳竹，春风两岸武陵桃。（《下平四豪》）

◎新欢对旧恨，痛饮对高歌。（《下平五歌》）

◎山寺清幽，直踞千寻云岭；江楼宏敞，遥临万顷烟波。 （《下平五歌》）

◎舞榭歌楼千万尺，竹篱茅舍两三家。(《下平六麻》)

◎珊枕半床，月明时梦飞塞外；银筝一曲，花落处人在天涯。 (《下平六麻》)

◎三月韶光，常忆花明柳媚；一年好景，难忘橘绿橙黄。 (《下平七阳》)

◎渚莲千朵白，岸柳两行青。(《下平九青》)

◎波浪千层，喜见蛟龙得水；云霄万里，惊看雕鹗横秋。 (《下平十一尤》)

【熟读与精思】

在熟读本单元语篇基础上，选择一两首唐代以来的格律诗，结合诗意理解，说说韵脚字的韵母有什么特点，简略分析这些诗句是如何对仗的。

【学习与践行】

对联，雅称楹联，俗称对子。对联言简意深，对仗工整，平仄协调，是一字一音的汉语语言独特的艺术形式，是中华民族的文化瑰宝。人们在生日、节庆、新房落成、店铺开业、朋友来往等场合，往往会赠送、张贴对联。请选择自己喜欢的一个场合，试着撰写一副对联。

第九单元 　《孝经》和《小学》

导与引

　　我国传统启蒙课本《三字经》说，"玉不琢，不成器。人不学，不知义"，"子不学，非所宜。幼不学，老何为"。小时候的学习，能为人的一生奠定良好的基础。那么这人生的第一粒扣子是什么呢？古人主要指的是《孝经》和《小学》。《孝经》流传到今天已有两千多年，《小学》成书虽然还不到一千年，但它汇集的主要是《论语》《孟子》《礼记》等经典内容，这些内容出现的时间并不比《孝经》晚，应该说这两本书的影响都持续了两千多年。

　　《孝经》受到历代君主的重视。早在西汉的时候，汉文帝就设立了《孝经》博士；到了汉宣帝地节三年（前67），郡乡一级的学校里，要求讲授《孝经》。汉代提倡"孝"治，《孝经》和《论语》，连同《诗》《书》《礼》《易》《春秋》五经，合称"七经"。六朝时，皇帝、皇太子听经、讲经、注经，成为重要的宫廷活动。到隋唐以后，都将《孝经》颁行天下。开元十年（722），唐玄宗参考此前的各种注解，为今文《孝经》作了"御注"，天宝二载（743）又作了增补修订，第二年亲自书写《孝经》，将其刻在了石碑上，石碑今天仍存于西安碑林。《小学》也为历代学者重视。朱熹即说，"后生初学，且看小学之书，那是做人底样子"；元朝大儒许衡也讲，"《小学》《四书》，吾敬信如神明。自汝孩提，便会讲习，望于此有得，他书虽不治，无憾也"。《孝经》《小学》后来传入朝鲜、日本等国，在海外也有巨大影响。

《孝经》和《小学》，讲的都不是某一学科的具体知识和技能，而是为人处世的一些道理，包括言行举止、饮食起居的规矩，求学受教、完善自我的要求，尊重师长、交结朋友的讲究，涵养德行、敬爱父母的修养。这些道理与人的一生相伴，它们不只是小孩子应培育的个人修养，也是大人不断修炼和提升自我的基本要求。小孩子做到了这些要求，那是自然而然的教养；大人坚守这些规矩，那是做好工作、有所作为的保障，所以南宋的理学家、教育家朱熹就说，《小学》讲的道理是"所以为修身、齐家、治国、平天下之本"。

《孝经》和《小学》讲道理，可不是板起面孔、严肃地说教，它往往是结合日常生活，告诉人们该怎么做，对小孩子来讲，那就是一部生动鲜活的小学生守则。本单元精选了学习、孝道、交友、举止、衣服、饮食六个方面的 15 篇 25 章内容，来展现古人的生活和他们遵守的规矩与道理。今天阅读和学习这两部书，一方面要结合自己的经验，体会哪些规矩还保留在我们的生活当中，另一方面要思考，这些道理对我们有什么样的启示，今天应如何更好地学习与践行。

人之有道也①

《小学》

人之有道也，②饱食、暖衣、逸居而无教，③则近于禽兽。④圣人有忧之，⑤使契为司徒，⑥教以人伦，⑦父子有亲，⑧君臣有义，⑨夫妇有别，⑩长幼有序，⑪朋友有信。⑫

【注释】

①本篇选自《小学》。《小学》是我国古代儿童教育课本，南宋理学家、教育家朱熹（1130—1200）和门人刘子澄所编，明代陈选曾作《小学集注》。这一段文字出自《孟子·滕（téng）文公上》。《孟子》是儒家经典之一，记载了孟子及其弟子的思想观点和政治活动，由战国时孟子及其弟子万章等人所著。　②［有道］即"为道"，为人的道理。　③［逸（yì）居］"逸"指安乐。"居"指居住。"逸居"指住得安逸。［无教］没有教养。　④［则］就、那么。［近于］接近于，和……相近。［禽兽］鸟类和兽类的统称。　⑤［圣人］品德最高尚、智慧最高超的人，这里指尧（yáo）。［有］同"又"。　⑥［使］派、让。［契（xiè）］商朝的祖先，舜时辅助大禹（yǔ）治水有功，被任命为司徒，封在商。［为］做、担任。［司徒］官名，掌管国家的土地和人民的教化。　⑦［教］教育、教化。［以］拿、用。［人伦］过去礼教所规定

的人与人之间的关系，特指尊卑长幼之间的等级关系。 ⑧［父子］父亲和儿子。［有亲］有骨肉之爱。 ⑨［君臣］君主和大臣。［有义］有礼义上的要求。 ⑩［夫妇］丈夫和妻子。［有别］有内和外的差别。 ⑪［长（zhǎng）幼］年纪大的和年纪小的。［有序］有尊卑（bēi）的顺序。 ⑫［有信］有诚信、讲信用。

【解读】

人之所以为人，吃饱了，穿暖了，住得安逸了，如果没有教养，就和禽兽差不多了。圣人又为这个忧虑，就让契做司徒，用关于人与人关系的道理、行为规范来教育民众，父子之间要亲密相爱，君臣之间要讲究礼义，夫妻之间要内外有别，老少之间要讲究尊卑顺序，朋友之间要讲究诚信。

本篇讲的是教养的重要性。吃得饱、穿得暖、住得好对于人而言，只是肉体上的满足，可是人之所以为人，最重要的是要接受教育，在智力、情感、道德等方面实现成长，特别是要懂得人与人关系的道理和行为规范。

懂得了道理和规矩，其实只是完成了提升修养的第一步。修养讲究的是知行合一，知道了道理和规矩，接下来要在一言一行中努力去践行。能真正做到这一点的人，才能处理好各种各样的人际关系，享受融洽和谐、美满幸福的生活。

先生施教①

《小学》

先生施教，②弟子是则，③温恭自虚，④所受是极。⑤见善从之，⑥闻义则服。⑦温柔孝弟，⑧毋骄恃力。⑨志毋虚邪，⑩行必正直。⑪游居有常，⑫必就有德。⑬颜色整齐，⑭中心必式。⑮夙兴夜寐，⑯衣带必饬；⑰朝益暮习，⑱小心翼翼。⑲一此不懈，⑳是谓学则。㉑

【注释】

①本篇选自《小学》，这一段文字原出自《管子·弟子职》。《管子》是战国时齐稷下学者托名春秋初政治家管仲所作，现存七十六篇，分为八类，内容庞杂，包含道、名、法等家的思想以及天文、历数、舆地、经济和农业等知识。　②[先生]字面意思是在自己之前出生的人，这里指老师。[施（shī）教]进行教育。　③[弟子]这里指学生。[是]因此、因而、就。[则]效法、学习。　④[温恭（gōng）]温和恭敬。[自虚]自己要谦虚。　⑤[所受]"受"指接受，这里是学习的意思。"所受"指的是所学的东西。[是极]"极"指到达顶点。"是极"指学到的东西因此才能彻底。　⑥[善]指美好的人或事。[从之]"从"本指追随，这里是学习。"从之"指跟着学。　⑦[闻]听到。[义]指符合正义或道德规范的事。[服]实行、施行。　⑧[温柔]温和柔顺。[孝弟]指孝顺父母、敬爱兄长。"弟"同"悌（tì）"，指敬爱兄长。　⑨[毋（wú）]不可、莫要。[恃（shì）力]"恃"指依赖、凭借。"恃力"指依仗勇武有力。　⑩[志]志向。[虚邪]虚伪邪恶。　⑪[行]行为。[正直]公正无私、刚直坦率。　⑫[游]求学、求职。[居]在家赋闲，未当官。[有常]"有"指具有、怀有。"常"指

规矩。"有常"指遵守规矩。　⑬〔必〕必须、务必。〔就〕接近。〔有德〕有德行的人。　⑭〔颜色〕本指面容、面色，这里指容貌举止。〔整齐〕有条理、不乱。　⑮〔中心〕内心，这里指内心想法、思想。〔式〕法式、规范，这里指合乎规范。　⑯〔夙（sù）〕早晨。〔兴〕起身、起来。〔寐（mèi）〕睡觉。　⑰〔衣带〕衣服与带子，这里指衣着、装束。〔饬（chì）〕严谨整齐。　⑱〔朝（zhāo）〕早晨。〔益〕本指增加，这里是学习新的。〔暮〕晚上。〔习〕复习巩固旧的。　⑲〔翼（yì）翼〕小心谨慎的样子。　⑳〔一此〕"一"指专一。"此"指上面说的要求。"一此"指专心遵守前面说到的这些要求。〔不懈（xiè）〕不松懈、不懒惰。　㉑〔是〕代词，这。〔谓〕同"为"，指"是"。〔学则〕学习的法则。

【解读】

老师施行教育，学生就要跟着学习，做到温和恭敬、谦逊虚心，学到的东西才能彻底。看见美好的要跟着学，听到符合正义或道德规范的事，就努力实行。要温和柔顺、孝敬父母、尊重兄长，不要骄横、仗着身强体壮欺人。志向不能虚伪奸邪，行为必须公正刚直。在外求学和居家都要遵守常规，务必接近结交有德行的人。容貌举止要端庄整齐，思想必须合乎规范。早起晚睡，衣饰齐整。早晨学习新知，晚上复习旧识，始终小心翼翼。专心遵守前面说到的要求不要松懈，这些就是学习的法则。

本篇讲的是古人的"学生守则"，它说到了学生的学习态度、品德修养、志向追求、独处交游等方面的原则，也提到了容貌举止、衣服装饰、学习习惯等日常的具体行为，这些规矩对今天的我们仍然很有启发。

爱亲者①

《孝经》

爱亲者，不敢恶于人；②敬亲者，③不敢慢于人。④爱敬尽于事亲，⑤而德教加于百姓，⑥刑于四海。⑦盖天子之孝也。⑧

【注释】

①本篇选自《孝经·天子章第二》，《孝经》由唐玄（xuán）宗注、宋邢昺（bǐng）疏。《孝经》是儒家经典之一，主要讲的是行孝的道理和原则，并通过行孝来鼓励对君王尽忠。　②［爱亲］"亲"指父母。"爱亲"指爱父母。［者］助词，……的人。［恶（wù）］讨厌、憎恶。③［敬亲者］尊敬父母的人。　④［慢］对人傲慢、怠（dài）慢、不敬。　⑤［尽］竭尽、全部投入。［事亲］侍奉父母。　⑥［而］并且。［德教］道德教化，这里指孝道的教育。［加］施加。　⑦［刑（xíng）］典范、榜样，这里是做榜样。［四海］一说古人认为我国四境有海环绕，就用四海指代天下、全国各处，一说是指四邻各族居住的地域。　⑧［盖］句首语气词，有强调的意味。［天子］古代认为帝王的权力是神授予的，所以称帝王为天子。

【解读】

天子不但爱自己的父母，并教育天下臣民都不能厌恶自己的父母；不但尊敬自己的父母，而且教育天下臣民都不要怠慢自己的父母。天子侍奉父母时能够尽可能地热爱、尊敬，就能够用至高无上的道德教化百姓，为天下人做个好榜样。这就是天子所行的孝道。

《孝经》将孝分为五等，本篇讲的是第一等"天子之孝"。尽管天子地位崇高、权力极大，但是他行孝时要做到的最基本的内容，仍旧是爱父母、敬重父母。不过正是因为天子的地位比较特殊，他们的一举一动为众人关注，他不但要自己行孝，还要以身作则，教育天下臣民都去行孝。这样的想法不只是《孝经》里有，《孟子·离娄上》也说"天子不仁，不保四海"，"仁之实，事亲是也"，意思是帝王如果不能尽孝，那么他就不能保有整个国家。因此天子要带头行孝。

对父母尽孝，是包括天子在内的每一个人应该尽到的本分，它不应该因为人在权势、地位、财富上的差别而有不同。尽孝是一种具体侍奉父母的行为，表达的则是对于父母的敬爱之情。因此在与父母相处时，不一定在物质上给予父母多少丰厚的享受，真正的孝，是在个人力所能及的范围内在生活上给予父母以充分的关心，在情感上给予父母以最多的热爱与尊敬。尽孝，在天子与平民之间，没有高低不同。

在上不骄^①

《孝经》

在上不骄,^②高而不危；制节谨度,^③满而不溢。^④高而不危，所以长守贵也。^⑤满而不溢，所以长守富也。^⑥富贵不离其身，然后能保其社稷,^⑦而和其民人。^⑧盖诸侯之孝也。^⑨

【注释】

①本篇选自《孝经·诸侯章第三》。　②〔在上〕在上位，诸侯的地位在万民之上，这里指诸侯。　③〔制节〕克制节俭。〔谨度〕慎行礼法、严守礼法。　④〔满〕水充满，这里指财富充足。〔溢（yì）〕水满而流出，这里指超越标准的奢侈、浪费。　⑤〔长（cháng）〕长久、长期。〔守〕保持、维持。〔贵〕尊贵，这里指地位显要。　⑥〔富〕财物多，这里指富有。　⑦〔社稷（jì）〕"社"指土地神。"稷"指五谷之神。"社稷"指古代帝王、诸侯所祭的土神和谷神，这里代指国家。　⑧〔和〕和谐、和睦，这里指与人和睦相处。〔民人〕人民、老百姓。　⑨〔诸侯〕古代帝王所分封的各国的国君。西周开国时，周天子依亲疏与功勋分封诸侯，有公、侯、伯、子、男五等爵位，可以世袭。在其统辖区域内，世代掌握军政大权，但按礼要服从王命，定期向帝王朝贡述职，并有出军赋和服役的义务。

【解读】

身居高位但不高傲无礼，那么尽管高高在上，也不会有倾覆的危险；同时能够克制节俭，做事谨慎地遵照礼法，那么尽管拥有大量的财富，也不会违背规定、奢侈浪费。身居高位而没有倾覆的危险，就可以长久地保持尊贵的地位。拥有大量财富而不违背规定、奢侈浪费，就能长久地保有财富。富贵不会丧失，然后才能保持国家不会覆灭，让老百姓和睦相处。这就是诸侯所行的孝道。

本篇是对诸侯劝孝，要求诸侯在对父母尽孝的基础上，在个人修养上做到礼貌谦逊、节俭克制，使自己长期保持富贵，并使老百姓和睦相处，实现国家的长治久安。

"诸侯之孝"，并没有讲诸侯如何对父母尽孝，这里所强调的内容，与其说是尽孝，倒不如说是如何对待权力与财富更合适。权力大的人，身处于高位，往往易于傲慢蛮横；富有的人，常常不思节俭，生活中奢侈浪费。这样的行为和思想，当然是不正确的，不论是在古代还是在今天，与人为善、平等和谐地待人，在生活中勤俭节约，既是一种生活态度，更是一种优秀的美德和修养。

非法不言^①

《孝经》

非法不言，^②非道不行；^③口无择言，^④身无择行；言满天下无口过，^⑤行满天下无怨恶。^⑥

【注释】

①本篇选自《孝经·卿大夫章第四》。　②［非法］不符合礼法。［言］说。　③［非道］不合道义。［行］做事。　④［择］同"致"（dù），败坏、祸害，这里指坏话、不合适的言论。　⑤［满］遍布。［天下］全国。［口过］言语的过失，失言。　⑥［怨恶（wù）］怨恨、憎恶。

【解读】

不合乎礼法的话不讲，不合道义的事不做；口中没有不合适的话，身上没有不合适的行为；在天下各处说话自然都不会失言，在天下各处做事自然都不会招致怨恨和不满。本篇是对卿大夫劝孝，要求卿大夫在对父母尽孝的基础上，在平时的言行上要谨慎，不合适的话与事不要说和做，这样的话，走到哪里都会畅通无阻，不会招惹麻烦。

"谨言慎行"是对这一篇内容的最好概括。其中的言语是人与人之间最常用、最简单的沟通方式，若想做到谨言，就不要说谎、挑拨是非，不以恶语伤人。而要想做到"慎行"，最重要的是做到"三思"，做事之前想一想是否合乎道义，然后再决定怎么做。

孝子之事亲也①

《孝经》

孝子之事亲也，②居则致其敬，③养则致其乐，④病则致其忧，⑤丧则致其哀，⑥祭则致其严。⑦五者备矣，⑧然后能事亲。

【注释】

①本篇选自《孝经·纪孝行章第十》。 ②［孝子］孝顺父母的儿子。 ③［居］平时家居。［则］就。［致］表达。 ④［养］奉养、赡养。［乐（lè）］和乐，这里指和颜悦色。 ⑤［病］重病。［忧］忧伤焦虑。 ⑥［丧（sāng）］父母去世时，办理殓奠殡葬等事宜。［哀］悲痛、悲伤。 ⑦［祭（jì）］祭奠，以仪式追悼死者。［严］严肃、庄重。 ⑧［备］全、齐备。

【解读】

孝子侍奉父母，平时就要表达出对父母的尊敬，奉养他们时要和颜悦色，父母生了重病时要表达自己的忧虑与关切，父母去世时要表达出悲伤和哀痛，祭祀时一定要充分表达严肃庄重。这五个方面都做齐全了，才能说是能侍奉双亲、尽了孝道。

本篇讲的是尽孝时的具体表现，这里没有讲一般的让父母吃饱穿暖等细节，而是强调了道德、品行方面的要求，真正从心底里重视孝，并在态度上、情感上表达出来，这体现了儒家对思想精神的一贯的重视。

君子之教以孝也^①

《孝经》

君子之教以孝也，^②非家至而日见之也。^③教以孝，所以敬天下之为人父者也。^④教以悌，^⑤所以敬天下之为人兄者也。^⑥教以臣，^⑦所以敬天下之为人君者也。^⑧

【注释】

①本篇选自《孝经·广至德章第十三》。 ②〔君子〕有道德人。〔之〕助词，用在主语和谓语之间，不译。〔教以孝〕"以"是介词，拿、用。"教以孝"意思是用孝道教化人。 ③〔非〕不是。〔家至〕每家都走到。〔日见〕每天见面。〔之〕人，这里指受教的人。 ④〔所以〕因此。〔敬〕使受到尊敬。〔为人父者〕做父亲的人。 ⑤〔悌(tì)〕敬爱兄长，这里指敬爱兄长的道理和本分。 ⑥〔为人兄者〕做兄长的人。 ⑦〔臣〕大臣，这里指为臣的道理和本分。 ⑧〔为人君者〕做君主的人。

【解读】

君子用孝道来教化人，并不是要挨家挨户都走到、天天见面去告诉他怎么做，而是要以身作则，为他人做好表率。以孝道教化人，因而会使天下做父亲的都受到尊敬。以敬爱兄长的道理和本分去教化人，因而会使天下做兄长的都受到尊敬。以做大臣的道理和本分去教化人，因而会使天下做君主的都受到尊敬。

本篇讲的是为什么说孝道是至高无上的道德，指出君子要以身作则，为人们做出表率，大家就会见贤思齐、努力学习，做好为人子、为人弟、为人臣的本分，使父亲、兄长和君主受到尊敬。

天子有争臣七人①

《孝经》

天子有争臣七人，②虽无道，③不失其天下；④诸侯有争臣五人，⑤虽无道，不失其国；⑥大夫有争臣三人，⑦虽无道，不失其家⑧；士有争友，⑨则身不离于令名；⑩父有争子，⑪则身不陷于不义。⑫故当⑬不义，则子不可以不争于父；臣不可以不争于君。故当不义，则争之，从父之令，⑭又焉得为孝乎！⑮

【注释】

①本篇选自《孝经·谏诤章第十五》。 ②〔争臣〕"争"同"诤"(zhèng)，直言规劝。"争臣"指敢于直言规劝的大臣。〔七人〕指辅佐天子的七位大臣，包括三公、四辅，"三公"指太师、太傅、太保，"四辅"中前曰疑、后曰丞、左曰辅、右曰弼。 ③〔虽〕即使。〔无道〕不行正道，不遵守圣贤之道，道德品性不好。 ④〔失〕丧失、失去。 ⑤〔五人〕指辅佐诸侯的五位大臣，包括三卿和内史、外史，"三卿"指司马、司空、司徒。 ⑥〔国〕指封国，天子分地所封的诸侯国。 ⑦〔大夫〕古代职官名称，周代的国君之下有卿、大夫、士三等，大夫在卿之下，分上、中、下三级。〔争臣〕这里指大夫敢于直言劝谏的家臣，包括家相、室老、侧室。 ⑧〔家〕大夫的封地。⑨〔士〕古代职官名称，周代的士位居大夫之下，也分上、中、下三级。〔争友〕能直言规劝的朋友。 ⑩〔身〕自身、自己。〔离〕离开，

这里指失去。［令名］好名声。"令"指善、美好。　⑪［争子］能直言规劝父母的儿子。　⑫［陷］坠入、陷入。［不义］不合乎道义。⑬［当］值、遇到。　⑭［从］听从、顺从。［令］命令。　⑮［焉］怎么，哪里。［得］能够。［为］算作。

【解读】

天子身边有七位敢于直言劝谏的大臣，即使他不行正道，也不至于失去天下；诸侯身边有五位敢于直言劝谏的大臣，即使他不行正道，也不至于失去封国；大夫身边有三位敢于直言劝谏的家臣，即使他不行正道，也不至于失去封地；士身边有敢于直言劝谏的朋友，那他本人就不会失去好名声；父亲身边有敢于直言劝谏的儿子，他本人就不会陷于不义之中。所以遇到有不义之举时，做儿子的不可以不向父亲直言劝谏；做大臣的不可以不向君主直言劝谏。因此，遇到不义之举，就要直言劝谏，这时候还不分是非、盲目听从父亲的命令，又怎么能算得上是孝呢？

行孝的一个很重要的方面，是敬爱父母，但是不是无条件地服从父母呢？本篇对此作出了回答。"当不义则争之"，说的是当尊长、朋友做得不对时，也要诚恳地提出来。《孝经》的这个原则，在今天看来，仍旧是有意义的。

宗庙致敬①

《孝经》

宗庙致敬，②不忘亲也。③修身慎行，④恐辱先也。⑤宗庙致敬，鬼神著矣。⑥孝悌之至，⑦通于神明，⑧光于四海，⑨无所不通。

【注释】

①本篇选自《孝经·感应章第十六》。　②［宗（zōng）庙］古代帝王、诸侯祭祀祖宗的庙宇。　③［亲］父母，这里指亲人。④［修身］陶冶身心，涵养德性。　［慎行］行为庄重，谨慎处事。⑤［恐］担心、害怕。［辱（rǔ）］侮辱，使受辱。［先］先辈、祖先。⑥［鬼神］死去的祖先。［著］一说读 zhù，祖先的神灵彰明、显著。一说读 zhuó，说的是祖先的神灵在宗庙中就位，保护后人。　⑦［孝悌（tì）］孝顺父母，敬爱兄长。［至］达到极点。　⑧［通］相通，通达。⑨［光］同"广"，充满。［四海］天下、全国各处。

【解读】

在宗庙中举行祭祀、表达敬意，这是表示没有忘记去世的亲人。注意自身修养、小心谨慎做事，这是担心给先辈带来耻辱。在宗庙中举行祭祀、表达敬意，祖先的神灵就会降临这里，安享祭祀，保佑后代。孝顺父母、敬爱兄长做到极致，就会和神明相通，德行遍布天下，没有它达不到的地方。

行孝的人要通过祭祀表达对先人的怀念，并在生活中涵养品德、谨慎行事，不要给先辈带来耻辱。

孝子之丧亲也①

《孝经》

孝子之丧亲也，②哭不偯，③礼无容，④言不文，⑤服美不安，⑥闻乐不乐，⑦食旨不甘，⑧此哀戚之情也。⑨

【注释】

①本篇选自《孝经·丧亲章第十八》。　②〔丧（sàng）亲〕父亲或母亲去世。　③〔偯（yǐ）〕哭的尾声，这里指哭的尾声自然停止，而不是刻意的拖腔拿调，使尾声曲折、拉长。　④〔礼〕行为举止方面的礼节。〔无容〕不讲究仪容。　⑤〔言〕言语。〔文〕指修饰、装饰。　⑥〔服美〕穿着漂亮华丽的衣服。　⑦〔闻乐（yuè）〕听音乐，这里指听到快乐、动听的音乐。〔不乐（lè）〕不会感到快乐。　⑧〔旨（zhǐ）〕好吃的美味。〔甘〕鲜美可口。　⑨〔哀〕悲痛、悲伤。〔戚（qī）〕忧愁、悲伤。〔情〕情感。

【解读】

孝子的父母去世的时候，悲伤的儿子哭得上气不接下气，而不是拖腔拿调，行为举止的礼节不再讲究仪态容貌，说话不再强调文采，穿着漂亮华丽的衣服会内心不安，听到快乐、动听的音乐也不会感到愉悦，吃着美味佳肴也不觉得可口，这都体现了孝子悲痛哀伤的感情啊！

孝顺父母的儿子，会在父母去世之后，感受到深切的悲痛与哀伤，并处理好后事，这才是完成了父母生前死后的义务。也就是《孝经》里说的"生事爱敬，死事哀戚，生民之本尽矣"。

"朋友之交"五章①

《小学》

曾子曰：②"君子以文会友，③以友辅仁。④"

（《论语·颜渊》）

子贡问友。⑤子曰：⑥"忠告而善道之，⑦不可则止，⑧毋自辱焉。⑨"

（《论语·颜渊》）

益者三友，⑩损者三友。⑪友直，⑫友谅，⑬友多闻，⑭益矣。⑮友便僻，⑯友善柔，⑰友便佞，⑱损矣。

（《论语·季氏》）

孟子曰：⑲"不挟长，⑳不挟贵，㉑不挟兄弟而友。友也者，㉒友其德也，㉓不可以有挟也。㉔"

（《孟子·万章下》）

君子不尽人之欢，㉕不竭人之忠，㉖以全交也。㉗

（《礼记·曲礼上》）

【注释】

①本篇选自《小学》，五章文字分别出自《论语》《孟子》和《礼记》，"朋友之交"意为"朋友间的交往"。《论语》为儒家经典之一，是孔子弟子及其再传弟子关于孔子言行的记录，内容有孔子谈话、答弟子问及弟子间相与讨论，共二十篇，东汉列为七经之一。《礼记》为儒家经典之一，是孔子弟子及其再传、三传弟子等所记，相传为西汉戴圣编纂，内容是秦汉以前各种礼仪论著的选集，有四十九篇，又称

《小戴礼记》。　②［曾子（前505—前435）］孔子学生，名参，南武城（今山东枣庄附近）人，比孔子小四十六岁。　［曰（yuē）］说。③［君子］有道德的人。［以］用。［文］文章，这里指学问。［会友］聚集朋友。　④［辅］辅助、帮助。［仁］仁爱、相亲。仁是古代一种含义极广的道德观念，核心指人与人相互亲爱，孔子把它作为最高的道德标准。　⑤［子贡（前502—?）］孔子学生，姓端木，名赐，字子贡，卫人，比孔子小三十一岁。　［友］朋友，这里指如何对待朋友。⑥［子］这里指孔子。　⑦［忠告］真诚地劝告。［善道（dǎo）］"道"指引导。"善道"即好好地引导。　⑧［不可］不可以，这里指朋友不听从。［止］停止。　⑨［自辱］使自己受辱。［焉］助词，表示肯定。⑩［益者］有益的，这里指有益的朋友。［三友］三种朋友。　⑪［损（sǔn）者］有损害的，这里指有害的朋友。　⑫［友］这里意为交朋友。［直］正直，这里指正直的人。　⑬［谅（liàng）］诚信、诚实，这里指诚实的人。　⑭［多闻］见闻广博，这里指见闻广博的人。⑮［矣］助词，跟"了"相同。　⑯［便（pián）僻（pì）］巴结、讨好、逢迎，这里指巴结、讨好、逢迎的人。　⑰［善柔］这里指善于用和悦或柔媚的情态诱惑人的人。　⑱［便（pián）佞（nìng）］"便"和"佞"都指善辩、口才好，这里指夸夸其谈的人。　⑲［孟子］名轲，字子舆，邹（zōu，今山东邹城东南）人。　⑳［挟（xié）］依仗。［长（zhǎng）］年纪大。　㉑［贵］地位显要。　㉒［也者］助词，表提示的语气。　㉓［其德］他的道德。［也］助词，表示判断的语气。"友其德也"字面的意思是和他的道德交朋友。　㉔［有挟］有所依仗的想法。　㉕［尽］竭尽、穷尽，这里指全部要求。［欢］使高兴。㉖［竭（jié）］全部使出。［忠］忠诚。　㉗［以］连词，相当于"以便"。［全交］保全、维护友情。

【解读】

曾子说："君子用学问来聚会朋友，用朋友来帮助自己培养仁德。"

子贡问对待朋友的方法。孔子道："忠心地劝告他，好好地引导他，他不听从，就要停止劝告和引导了，不要使自己遭受侮辱。"

有益的朋友有三种，有害的朋友也有三种。和正直的人交朋友，和诚信的人交朋友，和见闻广博的人交朋友，就有益了。和巴结奉承的人交朋友，和当面恭维背后说坏话的人交朋友，和圆滑善辩的人交朋友，就有害了。

孟子说："不要依仗自己年纪大、不要依仗自己地位高、不要依仗自己兄弟的富贵来交朋友。交朋友，是因为朋友的好品德而去结交他，不能有任何有所依仗的想法。"

君子不会要求别人时时事事都让自己高兴，也不会要求别人时时事事都要对自己忠诚，这样才能维护好友情。

这五章讲的是要结交什么样的朋友和如何对待朋友、维护友情。要结交正直、诚信、见识广博的朋友，以便帮助自己涵养品德。朋友有什么做得不好，要劝告引导他，不过要注意分寸。为了维护友情，不要要求朋友时时事事都迁就自己，一味让自己高兴、对自己忠诚。

"心术之要"三章①

《小学》

非礼勿视，②非礼勿听，非礼勿言，③非礼勿动。④

（《论语·颜渊》）

君子有九思：⑤视思明，⑥听思聪，⑦色思温，⑧貌思恭，⑨言思忠，⑩事思敬，⑪疑思问，⑫忿思难，⑬见得思义。⑭

（《论语·季氏》）

君子食无求饱，⑮居无求安，⑯敏于事而慎于言，⑰就有道而正焉，⑱可谓好学也已。⑲

（《论语·学而》）

【注释】

①本篇选自《小学》，三章文字均出自《论语》，都是孔子所说的话。"心术之要"指的是思想品质的要点。　②［非］违背、不符合。［礼］礼仪制度。［勿（wù）］不要，表禁止。［视］看。　③［言］讲、说。　④［动］行动、做事。　⑤［九思］"思"指思索、考虑。"九思"指九件要考虑的事。　⑥［明］看得明白。　⑦［聪］本指听觉灵敏，这里指听得清楚。　⑧［色］脸色，这里指表情。［温］温和。　⑨［貌（mào）］容貌姿态。［恭（gōng）］恭敬、庄重。　⑩［言］说话。［忠］诚实。　⑪［事］做事。［敬］严肃认真。　⑫［疑］有疑问。［问］请问、请教。　⑬［忿（fèn）］愤怒。［难（nàn）］危难、祸患。　⑭［见得］看见可以得到的。［义］符合正义或道德规范。　⑮［食］吃东西。［无］不、不要。［求］要求。［饱］饱足。　⑯［居］居住。［安］安逸。　⑰［敏］勤劳敏捷。［于］介词，对。［慎（shèn）］谨慎。　⑱［就］到、去。［有道］有道德的人。［正］端正、匡正。［焉］助词。　⑲［可谓（wèi）］可以说是。［好（hào）学］喜

爱学习。[也已]助词，表肯定语气。

【解读】

不符合礼仪要求的事不要看，不符合礼仪要求的话不要听，不符合礼仪要求的话不要说，不符合礼仪要求的事不要做。

君子有九种要考虑的事：看呢，要看明白；听呢，要听清楚；脸上的表情，要温和；容貌姿态，要恭敬庄重；说话，要诚实；做事，要严肃认真；有了疑问，要考虑怎样向人家请教；要发怒了，得考虑会有什么后患；看见可得的好处，要考虑自己是不是应该得到。

君子，吃东西不要求饱足，居住不要求安逸，勤勤快快、利利索索做事，又能谨慎讲话，到有道德的人那里去匡正自己，这样，可以说是好学了。

三章选文说的是道德修养的三个主要方面。第一，要遵守礼仪规范，并列举了不能做的、不符合礼仪要求的行为。第二，作为君子，需要时时注意的九个方面的一般的修养。第三，有志于学的君子，所要注意的跟做学问有关的几个方面的行为。对于今天的普通人来说，这些要求在日常生活中，也需要努力做到。

君子之容舒迟①

《小学》

君子之容舒迟，见所尊者齐遬，②足容重，③手容恭，④目容端，⑤口容止，⑥声容静，⑦头容直，⑧气容肃，⑨立容德，⑩色容庄。⑪

【注释】

①本篇选自《小学》，这段文字原出自《礼记·玉藻》，属于“威仪之则”（庄严的仪容举止的准则）。 ②［容］指仪容，包括容貌、姿态等。［舒迟］从容不迫的样子。［所尊者］所尊敬的人。［齐（zhāi）遬（sù）］“齐”指庄重严肃。“遬”同“敕（chì）”，指谨敬、整饬。 ③［足容］脚走路时的仪容。下文“手容”“目容”“口容”“声容”“头容”“气容”“立容”“色容”分别指相应器官或动作、姿态方面的要求。［重］稳重。 ④［恭］恭敬。 ⑤［端］端正，不东张西望。 ⑥［止］停止，不做噘嘴、撇嘴等动作。 ⑦［静］安静，不随意发出声音。 ⑧［直］挺直、伸直，不摇头晃脑。 ⑨［肃］肃静，呼吸自然、不急促。 ⑩［德］同“植”，立正，挺身直立。 ⑪［色］神情。［庄］严肃、庄重。

【解读】

君子平常的仪容是从容自然的，但见到了所尊敬的人，就要庄严郑重了，这时走路要稳重，手上动作要恭敬，眼睛不要东张西望，嘴巴不要乱动，声音不要随意发出，头颈要伸直，呼吸要自然，站立时要挺拔，神情要严肃。

本文讲到了君子在日常和见尊者时不同的仪容举止准则，列举了足、手、目、口、声、头、气、立、色九个方面的要求，这些是生活中的小事，但体现着一个人的修养。

"衣服之制"三章①

《小学》

为人子者，②父母存，③冠衣不纯素。④孤子当室，⑤冠衣不纯采。⑥　　　　　　　　　　（《礼记·曲礼上》）

君子不以绀緅饰，⑦红紫不以为亵服。⑧当暑，⑨袗绤绤，⑩必表而出之。⑪　　　　　　　　　　（《论语·乡党》）

士志于道而耻恶衣恶食者，⑫未足与议也。⑬

（《论语·里仁》）

【注释】

①本篇选自《小学》，三章文字分别出自《礼记》《论语》，"衣服之制"意为衣服的准则。　②［为人子］做人的儿子。［者］助词，指代人。　③［存］健在、在世。　④［冠（guān）衣］帽子和衣服。［纯（zhǔn）素］"纯"意为镶边儿。"素"指白色丝织品。"纯素"指白色的镶边儿。　⑤［孤子］年少丧父的儿子，或小时就没了父母的儿子。　［当（dāng）室］主持家事。　⑥［采］彩色的丝织品。⑦［以］介词，相当于"用"。［绀（gàn）］深青透红之色，相当于今天说的天青色。［緅（zōu）］青多红少的颜色，比绀的颜色更暗，接近于今天说的铁灰色。［饰］滚边儿、镶边儿。　⑧［为（wéi）］制作。［亵（xiè）服］古人家居时穿的便服。　⑨［当（dāng）暑］"当"意为"到"。"暑"指炎热的夏天。"当暑"指到了炎热夏天的时候。⑩［袗（zhěn）］单衣，这里意为穿单衣。［绤（chī）］用细的葛纤维织成的布。［绤（xì）］用粗的葛纤维织成的布。　⑪［必］一定。［表］罩上外衣。［出之］"之"指葛布做的单衣。"出之"指使葛布做的单衣穿在外面。　⑫［士］原指智者、贤者，后泛指读书人。［志于］指有

志于、在某方面有志向。[道]规律，这里指真理。[耻]认为是耻辱。[恶（è）]粗劣、不好。[衣]衣服。[食]食物。　⑬[未足]不足、不够，这里指不值得。[与]和，这里指"和他"。[议]商议、讨论。

【解读】

做儿子的，当父母健在的时候，戴的帽子、穿的衣服，不能用白色的镶边儿。孤子当家时，戴的帽子、穿的衣服，不能用彩色的镶边儿。

君子不用天青色、铁灰色材料镶边儿，浅红、紫色的布料不能用来做平时家居穿的便服。到了炎热的夏天，穿着粗葛布或细葛布做的单衣，但要在里面穿上衬衣，让葛布做的单衣穿在外面。

读书人有志于真理，却以粗劣的衣服和食物为耻辱，这样的人，不值得和他讨论真理。

穿什么衣服、怎么穿，在古人看来，不只是防寒保暖、遮身蔽体的问题，它和身份、地位、穿着场合有着密切的联系。父母健在时不用白色的镶边儿，是因为白色是丧服的颜色；父母去世后不用彩色的镶边儿，是因为彩色表达的是欢乐，而自己还沉浸在思念父母的哀思中。绀缌和红紫，要么是礼服用在一些特别的场合，要么是地位高的人的服饰颜色。夏天穿的衣服轻薄，但里面要有衬衣，是为了不要露出身体。而有志于真理的读书人，不要讲究吃穿，要安贫乐道。

"饮食之节"三章①

《小学》

食不厌精,②脍不厌细。③食馈而餲,④鱼馁而肉败,⑤不食。⑥色恶,⑦不食。臭恶,⑧不食。失饪,⑨不食。不时,⑩不食。割不正,⑪不食。不得其酱,⑫不食。肉虽多,不使胜食气。⑬唯酒无量,⑭不及乱。⑮沽酒市脯不食。⑯不撤姜食,⑰不多食。⑱　　　　　　　　（《论语·乡党》）

君无故不杀牛,⑲大夫无故不杀羊,⑳士无故不杀犬、豕。㉑君子远庖厨,㉒凡有血气之类,㉓弗身践也。㉔

（《礼记·玉藻》）

饮食之人,㉕则人贱之矣,㉖为其养小以失大也。㉗

（《孟子·告子上》）

【注释】

①三章文字分别出自《论语》《礼记》《孟子》,"饮食之节"意为饮食的准则,"节"意为"法度、法则"。　②〔食〕粮食,这里指米。〔不厌（yàn）〕"厌"是嫌弃、厌恶。"不厌"指不嫌弃、不排斥。〔精〕米舂（chōng）得很精细。　③〔脍（kuài）〕本指细切的鱼肉,这里指鱼和肉。　④〔食〕粮食。〔馈（yì）〕食物放久了腐败变味。〔而〕并且。〔餲（ài）〕义同"馈"。　⑤〔馁（něi）〕鱼腐败变质。〔败〕肉腐败变质。　⑥〔食〕吃。　⑦〔色〕颜色,这里指食物的颜色。〔恶（è）〕差、不好。　⑧〔臭（xiù）〕气味。　⑨〔失〕违背,这里指没有做好、做得不恰当。　〔饪（rèn）〕本指煮熟,这里指烹饪（rèn）。⑩〔不时〕"时"指时候。"不时"指不是该吃饭的时候。　⑪〔割〕

用刀分解猪、牛、羊的骨肉。〔不正〕古人分解猪、牛、羊有一定方法，不按习惯方法分解，就是"不正"。　⑫〔不得〕不能得到，这里指没有。〔其〕代词，他的。〔酱（jiàng）〕古人吃肉时用来调味的酱料。　⑬〔胜（shèng）〕超过。〔食气〕"气"同"饩（xì）"，指粮食。"食气"指主食。　⑭〔唯（wéi）〕只有。〔无量（liàng）〕"量"指限度。"无量"指不限量。　⑮〔不及〕不到。〔乱〕神志昏乱、迷乱，这里指喝醉。　⑯〔沽（gū）〕购买。〔市〕购买。〔脯（fǔ）〕干肉。⑰〔撤（chè）〕除去、撤除。〔姜（jiāng）〕生姜，调味品。〔食〕食物。　⑱〔多食〕多吃。　⑲〔君〕国君。〔无故〕没有原因或理由，这里指祭祀、宴请宾客的事。　⑳〔大夫〕古代职官名称，周代的国君之下有卿、大夫、士三等，大夫在卿之下，分上、中、下三级。㉑〔士〕古代职官名称，周代的士位居大夫之下，也分上、中、下三级。〔犬（quǎn）〕狗。〔豕（shǐ）〕猪。　㉒〔远〕离开、避开。〔庖（páo）厨（chú）〕宰杀烹饪禽兽之处。　㉓〔血气〕血液和气息。〔类〕种类。　㉔〔弗（fú）〕不。〔身〕自身、自己。〔践〕同"翦"（jiǎn），杀。　㉕〔饮（yǐn）食〕吃喝。〔之〕助词，相当于"的"。㉖〔则〕连词，相当于"那么""就"。〔贱（jiàn）〕本指地位低，这里指轻视、鄙（bǐ）视。〔之〕代词，指"他"。〔矣〕助词，跟"了"相同。　㉗〔为（wèi）〕介词，因为。〔其〕代词，指"他"。〔养〕保养。〔小〕指吃吃喝喝这种满足口腹之欲的小事。〔以〕相当于"却"。〔失〕失去、丧失。〔大〕指意志、志气这些大的重要的方面。

【解读】

　　米不嫌舂得精细，鱼和肉不嫌切得细。粮食腐败变味，鱼和肉腐败变质，都不吃。食物的颜色不好，不吃。气味难闻，不吃。烹饪得不合适，不吃。不到该吃饭的时候，不吃。不按习惯的方法分解、切割的肉，不吃。没有调味的酱料，不吃。席上的肉虽然多，但吃它的量不超过主食。只有酒不限量，但不要到喝醉的地步。买来的酒和肉干不吃。吃完了，姜不撤除，但不多吃。

没有祭祀、宴请宾客等特殊的原因，国君不能杀牛，大夫不能杀羊，士不能杀狗和猪。君子要远离宰杀烹饪禽兽的庖厨，凡是有血液和气息的生物，不要亲自去杀它。

只讲究吃喝而不想提高思想境界的人，人们都看不起他，因为他保养了小事，却丧失了大的方面。

三章选文说的是饮食方面的要求。吃的东西，要有益于健康，食物没存放好，或者烹饪不得当都不要吃，像腐败变质的鱼肉，变味、变色的食物，都不能吃。饮食在礼仪上的讲究，还体现在对食物本身的尊重上，肉切得不合适、缺少配料，都不能吃。饮食也和道德修养有关，喝酒不要过量，姜不可多吃，强调的是适可而止；没有祭祀、宴请宾客等情况，不要杀生，讲究的是仁德；不要过分强调吃喝，人要有远大的理想和精神追求。

三章讲的饮食，都没有特别强调食物本身是否精美，而是阐明吃喝要讲究规矩。在古人眼里，食物本身好并不意味着"吃得好"，只有食物不损健康、烹制得法、合乎礼仪要求，才是真正"吃得好"。吃的是食物，而体现出来的，则是一种文化。

思与行

【记诵与积累】

◎饱食、暖衣、逸居而无教，则近于禽兽。（《人之有道也》）

◎父子有亲，君臣有义，夫妇有别，长幼有序，朋友有信。

（《人之有道也》）

◎先生施教，弟子是则，温恭自虚，所受是极。（《先生施教》）

◎见善从之，闻义则服。（《先生施教》）

◎志毋虚邪，行必正直。（《先生施教》）

◎爱亲者，不敢恶于人；敬亲者，不敢慢于人。（《爱亲者》）

◎在上不骄，高而不危；制节谨度，满而不溢。（《在上不骄》）

◎士有争友，则身不离于令名。（《天子有争臣七人》）

◎故当不义，则争之，从父之令，又焉得为孝乎！

（《天子有争臣七人》）

◎宗庙致敬，不忘亲也。修身慎行，恐辱先也。（《宗庙致敬》）

◎孝悌之至，通于神明，光于四海，无所不通。（《宗庙致敬》）

◎君子以文会友，以友辅仁。（《"朋友之交"五章》）

◎友也者，友其德也，不可以有挟也。（《"朋友之交"五章》）

◎非礼勿视，非礼勿听，非礼勿言，非礼勿动。

（《"心术之要"三章》）

◎君子有九思：视思明，听思聪，色思温，貌思恭，言思忠，事思敬，疑思问，忿思难，见得思义。（《"心术之要"三章》）

◎君子食无求饱，居无求安，敏于事而慎于言，就有道而

正焉，可谓好学也已。 　　　　　　　（《"心术之要"三章》）

◎士志于道而耻恶衣恶食者，未足与议也。

（《"衣服之制"三章》）

◎君子远庖厨。（《"饮食之节"三章》）

◎饮食之人，则人贱之矣，为其养小以失大也。

（《"饮食之节"三章》）

【熟读与精思】

孝敬父母是中华传统美德。有些地方为了倡导孝敬父母，用古代的《二十四孝图》来进行宣传。请搜集资料，了解《二十四孝图》的内容，并根据本单元所学，谈谈利用《二十四孝图》宣传"孝"是否合适，为什么？

【学习与践行】

◎本单元的选篇中，有好几处讲到了服饰。想一想，古人的服饰有什么特点，在礼仪上有哪些服饰要求，这对我们今天的穿着有什么启示。

◎社会是人的社会，人是社会的人。人生活在社会当中，在和其他人相处的时候，免不了要交朋友。交什么样的朋友，怎么和朋友相处，每个人的理解可能不会完全一样。读了本单元的《"朋友之交"》五章之后，总结一下古人在交朋友这件事上是怎么做的，这对我们今天与朋友相处有什么启示。

后　记

　　经过几年集中研究，我们完成了教育部哲学社会科学研究重大委托项目"中国阅读文化建设的战略与策略研究"与国家语委"十三五"科研规划重点项目"中华优秀传统文化教育的目标、内容及实施策略研究"，现在，我们又承担了北京市教育科学"十四五"规划优先关注项目"中华优秀传统文化融入课程体系研究"。为更好地落实阅读文化理念，使阅读上升为一种文化，成为人们的日常习惯、生活方式和精神追求，进一步深化拓展中华优秀传统文化学习，汲取中国智慧、弘扬中国精神、传播中国价值，不断增强中华优秀传统文化的生命力和影响力，依据课题研究成果和对当前中华优秀传统文化学习情况的调查，我们认为中国和世界已发生了巨变，需要一套适应新时代国民特别是青少年阅读的中华优秀传统文化选本，以当代的视野，汲取古代文化的精华，赓续深入骨髓的精神血脉，借以育人、成人。于是决定编写一套循序渐进、适合社会各层次阅读的中华优秀传统文化分级选本，培根铸魂，为民族复兴凝聚起精神力量。

　　2020年暮春，我们启动了选本编写。由我提出编写思路，拟定编写说明。依照编写说明，编委会经过反复筛选，最后选定历代经典作品六百零三篇，名为"中华优秀传统文化六百篇"（以下简称"六百篇"）。"六百篇"不仅包括人文社会科学，还涉及古代科学技术、医学发明、中外关系等诸多内容，尤其注重编选亲情伦理、修身立德、家国情怀等主题的传世佳作。力图以当代人的眼光审视传统文化，启发引导学习者从中汲取古人的智慧和经验，注重文化熏陶和实践养成，将跨越时空的思想理念、价值标准、审美风范转化为自身的精神追求和行为习惯，不断加深对传统文化的认知和理解，增强文化自信和价值观自信。

"六百篇"依据学习者的接受心理和认知特点编排，按启蒙级、初级、中级、高级分层分级编写，对应这四个级别，形成启蒙本、初级本、中级本、高级本四本书。这四本书具体篇数为：启蒙本208篇，初级本167篇，中级本124篇，高级本104篇，合计603篇。四本书整体设计，纵向上，按照从经、史、子、集里择取的经典篇目有序编排，全面渗透中华优秀传统文化的思想理念、传统美德和人文精神；横向上，每本书设9个单元，四本书共计36个单元。单元内设"导与引""文与解""思与行"三个板块，各板块之间前后呼应，全面体现课题组在研究中提炼、总结、深化形成的中华优秀传统文化"学行信教育模式"，使国民特别是青少年通过系统阅读中华优秀传统文化经典篇目，达至学、行、信三者并进，使能力和素养获得双重提升。本书编排体例与风格新颖、独特，具有开创性，这种体例与样式，是我们经过十余年教材和读物编写的探索结果，也是本书的一大亮点和特色。以体现中华优秀传统文化学习的科学性、时代性、普适性，使中华文脉绵延繁盛。

在"六百篇"编写过程中，我们既立足于现实的需要，追求学术的高标准，又遵循学习的规律，兼顾不同年龄层次读者的需求，充分借鉴历代名家对选篇解说的思想精髓，根据新时代中华优秀传统文化学习要求，对每篇诗文都作了注释和解读。希望能帮助学习者深入、反复、潜心阅读中华优秀传统文化经典篇目，领会古典诗文的意境和意旨，以滋养心灵、润泽生命、成全人格，成为担当民族复兴大任的时代新人。

本书编委共 23 人，具体分工如下：李云龙、李英杰、孙凤霞、侯静雯、郭婉玉承担启蒙本编写，姚守梅、孙荻芬、吴东、黄甜甜、高杨、陈昕承担初级本编写，韩涵、罗文平、唐成军、黄利亚、谢富渝承担中级本编写，曾然非、许黄裳、马胜科、奚遥、李荣、杜雪晶承担高级本编写。李云龙、姚守梅、韩涵、曾然非分别负责启蒙本、初级本、中级本、高级本的统稿，最后由我对四本书全面统稿并审定。本书的编写虽花费了大量的时间和精力，但限于我们的水平，书中定有不当不妥之处，诚望广大读者批评指正，便于修订时再完善。

最后，感谢课题组全体成员齐心协力完成课题研究，感谢编委会同人克服重重困难完成编写任务，感谢在本书编写过程中多位专家学者提供的宝贵意见，让我们赶在壬寅年除夕见到样书。在此，还要特别感谢北京师范大学出版社各位领导和编辑为本书出版付出的辛勤劳动。

任　翔
壬寅年除夕夜

图书在版编目（CIP）数据

中华优秀传统文化六百篇. 启蒙本/任翔主编. —北京：北京师范大学
出版社，2023.6
ISBN 978-7-303-28707-9

Ⅰ.①中… Ⅱ.①任… Ⅲ.①中华文化－通俗读物 Ⅳ.①K203－49

中国版本图书馆 CIP 数据核字（2023）第 018167 号

中华优秀传统文化六百篇·启蒙本
ZHONGHUA YOUXIU CHUANTONG WENHUA LIUBAIPIAN·QIMENGBEN

任　翔　主编

策划编辑：禹明超	责任编辑：禹明超
美术编辑：王齐云	装帧设计：王齐云
责任校对：陈　民	责任印制：马　洁　赵　龙

出版发行：北京师范大学出版社	开本：730mm×980mm　1/16	版次：2023 年 6 月第 1 版
印刷：保定市中画美凯印刷有限公司	印张：22.5	印次：2023 年 6 月第 1 次印刷
经销：全国新华书店	字数：320 千字	定价：68.00 元

北京师范大学出版社

http://www.bnup.com
北京市西城区新街口外大街 12-3 号
邮政编码：100088
营销中心电话：010-58805602
主题出版与重大项目策划部：010-58805385

版权所有·侵权必究

反盗版、侵权举报电话：010-58800697
北京读者服务部电话：010-58808104
外埠邮购电话：010-58808083
本书如有印装质量问题，请与印制管理部联系调换。
印制管理部电话：010-58808284